九州の山研究会編

九州の山歩き
南部編

熊本・宮崎・鹿児島の91エリア

海鳥社

まえがき

　九州南部には美しく豊かな自然に恵まれた山が数多くあります。世界自然遺産の屋久島，火山活動が活発な霧島，世界一のカルデラを持つ阿蘇，主峰・祖母山を中心とする祖母傾国定公園，フクジュソウ・ヤマシャクヤク・カタクリなど希少植物の宝庫の五家荘を中心とする九州山地，ブナやヒメシャラの自然林が残る九州脊梁，特別天然記念物のニホンカモシカが生息する大崩山系，クライマーを魅了する花崗岩大スラブの鉾岳・比叡山等々。

　また，山の高さを問わず，人々の生活に密接に関わり信仰の対象となっている山，神話や伝説などの歴史を秘めた山，地質学・生物学的に貴重な山などもあります。その多種多様な山の魅力が，多くの登山者を引きつけています。

　本書では九州南部の熊本，宮崎，鹿児島の山のうち91エリア・108コース・129山を紹介しています。執筆は登山経験が豊富で，それぞれの山に精通している者が担当しました。県境にある霧島，市房山，九州脊梁の山などは両県の登山口からのコースを掲載し，また広い山域の屋久島，大崩山などは複数のコースを取り上げ，その山の特徴や魅力を堪能できるようにしました。

　ところで，登山口までのアクセスですが，登山口周辺は過疎化が進み，公共の交通機関が減っている所が多くなっています。一方で，林道の整備が進んだため，登山口まで車やタクシーで移動し，そこから2，3時間で山頂に着くことができる，つまり日帰り登山が可能な山が非常に多くなりました。

また，豊かな自然や魅力的な景観を活かしてキャンプ場を作ったり，宿泊施設を開設したりしている山村も増えています。このような施設を利用することで，長時間を要する登山や，そこを基点にいくつかの山に登る滞在型の登山を楽しむこともできます。そして登山者が施設を利用することで，少しでも地域の活性化につながればよいと思います。

　以前，九州山地の山はうっそうとしたスズタケに覆われていましたが，近年，急速に減っています。森の中が明るく，歩きやすくなった反面，土壌や大木の根が露出し，稜線ではブナの巨木が倒れるなどの現象が起こっています。スズタケ減少の大きな要因として局地的に異常繁殖している鹿の食害があり，鹿よけのネットを張るなどの対策がなされている所もあります。また，森林伐採，酸性雨，地球温暖化などの影響も考えられます。このかけがえのない自然を次の世代に引き継ぐためにも，広域的な関係機関の早急な対策が望まれるところです。

　九州の山でも，登山者の多くは中高年の方です。ところが作今，若い女性の登山者を見かけるようになりました。動機はどうであれ，若い人たちが自然に親しみ，山の楽しさを体験することは大変良いことだと思います。しかし，自然が相手の登山では，登山者の無知・未熟さや無謀な計画が思わぬ事故を招くことがあります。本書巻末の「登山を始める前に」などを参考に，安全登山を心がけて下さい。

　これから，あちこちの山に登りたいと思っている読者の皆さんに，本書が少しでもお役に立てれば幸いです。

久永博之

写真＝杵島岳と往生岳（熊本）
扉写真＝矢筈岳と開聞岳（鹿児島）

目 次

- まえがき ……………………………… 2
- 本書利用のために ………………… 7

熊本県

- 1 阿蘇高岳－阿蘇中岳 ………… 8
- 2 烏帽子岳 …………………………… 12
- 3 杵島岳－往生岳 ………………… 14
- 4 根子岳東峰 ……………………… 16
- 5 俵山 ………………………………… 18
- 6 冠ケ岳 ……………………………… 20
- 7 鞍岳－ツームシ山 ……………… 22
- 8 涌蓋山 ……………………………… 24
- 9 八方ケ岳 …………………………… 26
- 10 国見山－三国山 ………………… 28
- 11 小岱山 ……………………………… 30
- 12 甲佐岳 ……………………………… 32
- 13 洞ガ岳 ……………………………… 34
- 14 目丸山 ……………………………… 36
- 15 京丈山 ……………………………… 38
- 16 天主山 ……………………………… 40
- 17 小川岳－黒峰 宮崎 …………… 42
- 18 向坂山 宮崎 …………………… 44
- 19 国見岳・五勇山・烏帽子岳 宮崎 …………………………… 46
- 20 白鳥山 宮崎 …………………… 50
- 21 大金峰－小金峰 ………………… 52
- 22 仰烏帽子山 ……………………… 54
- 23 雁俣山 ……………………………… 56
- 24 上福根山 …………………………… 58
- 25 市房山 宮崎 …………………… 62
- 26 白髪岳 ……………………………… 66
- 27 三角岳 ……………………………… 68
- 28 太郎丸嶽－次郎丸嶽 …………… 70
- 29 念珠岳 ……………………………… 72
- 30 龍ケ岳 ……………………………… 74

宮崎県

- 31 祖母山 ……………………………… 76
- 32 障子岳－古祖母山 ……………… 78
- 33 親父山－黒岳－三尖 …………… 80
- 34 笠松山－本谷山 ………………… 82
- 35 傾山 ………………………………… 84
- 36 二ツ岳 ……………………………… 86
- 37 大崩山 ……………………………… 88
- 38 五葉岳 ……………………………… 96
- 39 鹿納山 ……………………………… 100
- 40 日隠山 ……………………………… 102
- 41 鉾岳－鬼の目山 ………………… 104
- 42 だき山－国見山 ………………… 106
- 43 可愛岳 ……………………………… 108
- 44 行縢山 ……………………………… 110
- 45 比叡山 ……………………………… 112
- 46 丹助岳・矢筈岳 ………………… 114

47	諸塚山 …………………116		72	野間岳 …………………170
48	祇園山・揺岳 …………118		73	磯間嶽 …………………172
49	霧立越白岩山-扇山 …120		74	矢筈岳(南九州市) ……174
50	時雨岳 …………………122		75	開聞岳 …………………176
51	尾鈴山 …………………124		76	大箆柄岳-小箆柄岳 …178
52	樋口山-石堂山 ………126		77	刀剣山 …………………180
53	地蔵岳 …………………128		78	御岳 ……………………182
54	釈迦ケ岳 ………………130		79	横岳 ……………………184
55	双石山 …………………132		80	黒尊岳・国見山(肝付町) …186
56	小松山 …………………134		81	甫与志岳 ………………188
57	女鈴山-男鈴山 ………136		82	八山岳 …………………190
58	霧島連山縦走 鹿児島 …138		83	稲尾岳 …………………192
59	高千穂峰 鹿児島 ………142		84	木場岳 …………………194
60	矢岳-龍王岳 …………146		85	辻岳・野首嶽 …………196
61	大幡山-大幡池 ………148			
62	丸岡山-夷守岳 ………150			**屋 久 島**
63	白鳥山-甑岳 …………152		86	屋久島縦走
				(黒味岳-宮之浦岳-永田岳) …198
	鹿児島県		87	白谷雲水峡-太鼓岩 …204
64	大浪池一周 ……………154		88	愛子岳 …………………206
65	栗野岳 …………………156		89	ヤクスギランド-太忠岳 …208
66	矢筈岳(水俣市・出水市) 熊本 …158		90	千尋滝展望台-本富岳 …210
67	紫尾山 …………………160		91	七五岳・烏帽子岳 ……212
68	藺牟田池外輪山 ………162			
69	冠岳-材木岳 …………164		登山を始める前に ………………214
70	八重山-鷹ノ子岳 ……166		執筆者紹介 ………………………215
71	金峰山(南さつま市) …168		編集後記 …………………………216

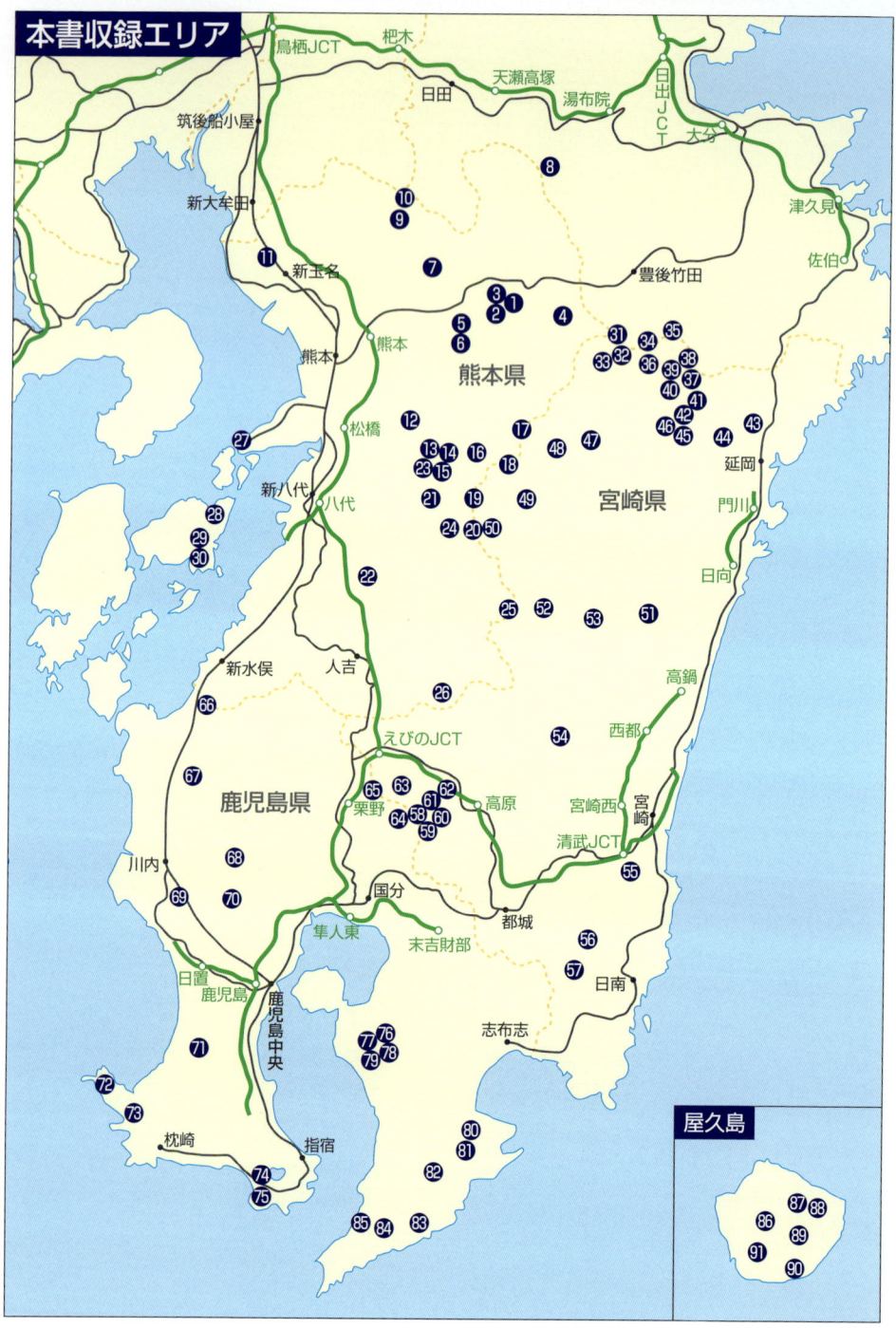

本書利用のために

▷本書は，一部の例外を除き，熊本・宮崎・鹿児島県内に山頂またはアプローチを持つ主要な山岳を91エリア（108コース・129山）に分けて紹介した。
▷山の名前は国土地理院発行の25000分の１地形図の表示または通称を用いた。
▷標高は電子国土Ｗｅｂシステムの数値に従った。なお，新しい測量成果に基づく標高が表示された電子国土と，従前の標高が記載された一部の25000分の１地形図では，標高の数値が異なることがある。
▷各コースの右上欄外に難易度，所要時間（休憩時間は含まず），歩行距離を付した。難易度（積雪期を除く）は３段階に分けて☆の数で示した。
　☆＝日帰り登山で，岩場や足場の悪い所が少なく，初心者でも安全な登山ができる山
　☆☆＝日帰り登山だが，体力を要する山。岩場や足場の悪い所もあるが，比較的安全な登山ができる山
　☆☆☆＝宿泊を伴うか，歩行時間が長く，標高差の大きい体力を要する山。岩場が多い，迷いやすいなど，知識や技術を要する山。できれば経験者との同行が望ましい
　また，地図の上または横に参考コース・タイムを掲げた（休憩時間は含まず。個人差もあり，あくまで目安である）。
▷掲載した地図は，国土地理院発行の50000分の１地形図（数値地図）をもとにした。
▷見出しの下の情報欄に，25000分の１地形図名，問合せ先，アクセス，寄道，宿泊，キャンプ場，温泉，別ルートなどの案内をまとめた。
▷掲載写真は九州の山研究会会員が撮影したものである。
▷本文地図凡例

```
･･･････ 本文で紹介したメイン・ルート
･･･････ サブ・ルート
･･･････ その他のルート

▲  山頂（三角点または最高点，        Ⓟ  駐車場
    地点名のある標高点）              水  水場
・  地点名のない標高点                WC  トイレ
●  主な地点・施設                     ▲  携帯トイレブース
○  登山口・分岐点                     ⌂  携帯トイレ回収ボックス
```

▷本書の情報は2011年１月現在のものである。その後の林道開発や水害などによりアクセスの変更があり得るので，現地に問い合わせてほしい。特に，阿蘇や霧島などの火山地帯では，噴火活動による登山規制があるので，計画をする場合は事前に確認していただきたい。

■本書に掲載した地図の作成にあたっては，国土地理院長の承認を得て，同院発行の数値地図50000（地図画像）及び数値地図50mメッシュ（標高）を使用した（承認番号 平23情使，第254号）。
■地図の作成にあたってはカシミール３Ｄ（http://www.kashmir3d.com）を利用させていただいた。

1 ☆☆行程 4 時間 5 分＝5.95km
2 ☆☆行程 4 時間＝5.77km　3 ☆☆行程 4 時間 10 分＝5.99km

1　阿蘇高岳 – 阿蘇中岳
（たかだけ）（なかだけ）

1592.3m
1506.0m

世界に誇る噴火口と，一面満開のミヤマキリシマ

▶25000 図＝阿蘇山

▶問合せ＝阿蘇市役所☎0967(22)3111／阿蘇市観光協会☎0967(32)1960／一の宮タクシー☎0967(22)0161／大阿蘇タクシー☎0967(22)0825／仙酔峡インフォメーションセンター☎0967(22)4451

▶寄道＝阿蘇ファームランド（阿蘇登山道沿い。宿泊・温泉・レジャーで賑わっている）☎0967(67)2100／阿蘇神社（旧官幣大社。日本全国約450の阿蘇神社の総本山。阿蘇市一の宮町）／火の山温泉どんどこ湯（南阿蘇村下野）☎0967(35)1726。その他温泉多数あり

阿蘇山というのは山群の総称であり，カルデラの規模は世界一だといわれている。阿蘇五岳というのは，高岳・中岳・杵島岳・烏帽子岳・根子岳の 5 山をいい，その中で最も標高が高く，阿蘇山を代表するのが高岳である。その標高 1592m は語呂合わせで「ヒゴクニ」（肥後国）と読まれる。

高岳の登山コースとしては概ね 4 コースあるが，ここではその仙酔尾根コース，火口東コース，日ノ尾峠コースと砂千里ケ浜コースを紹介する。

1 仙酔尾根コース・火口東コース

仙酔尾根コースは，阿蘇登山において最も登山者の多い代表的なコースである。

仙酔峡登山口から仙酔谷を渡り，ミヤマキリシマ群落の中を右手に進み，仙酔尾根に取り付く。ここを仙酔峠といい，北側のピークが鷲見平であり，ここには鷲ケ峰登山で亡くなった多くの登山者の慰霊碑がある。現在でも鷲ケ峰登山は岩稜登山の技術と熟練が必要で，ザイルワークなどの登山技術を身につけた登山者でなければ困難である。

仙酔峠から仙酔尾根が始まるが，長い岩尾根で通称「馬鹿尾根」といわれて親しまれている。登山道は溶岩のガレ場で岩がゴツゴツしているので足元に注意しながら歩く。登山道にはペンキが塗ってあるが，登山道を外れると崖が多いので危険であり，ルートを見落とさないように慎重に登る。

1 時間登ると溶岩壁があり，ロープがある壁の隙間を登る。そこから上部は尾根も広くなり，半ばジグザグに登る。右側は断崖で，登山道の

杵島岳から眺める
阿蘇高岳・中岳

8

左上＝月見小屋／左下＝中岳頂上から阿蘇火口を望む／右上＝鷲ケ峰とミヤマキリシマ／右下＝高岳から中岳への稜線の登山ルート

ペンキの目印と登山道中心に木柱があり，それを目印に登る。火山礫や砂に変わると，やがて**高岳稜線**に辿り着く。高岳稜線の南側は**大鍋**という窪地であり，昔は火口であった。

大鍋の南側には**月見小屋**（避難小屋）が建っている。東側のテーブル状のピークが**天狗の舞台（高岳東峰）**であり，右側から回り込んで登る。天狗の舞台の北側に連なる急峻な岩稜のピークが鷲ケ峰である。大鍋から天狗の舞台にかけてはミヤマキリシマの大群落で，5月下旬から6月上旬にかけては一面鮮やかなピンク色に染まる。稜線から西側に見えるピークが三等三角点の**高岳**山頂であり，360度の眺望が開け雄大である。

下山は中岳に向けて西側に岩の多い道をジグザグに下ると，**月見小屋分岐**に出合う。そこを右に尾根道を10分程進むと，砂千里ケ浜コースへの**中岳分岐**に当たる。中岳分岐の西側のピークが**中岳**山頂であり，噴火口の眺めは雄大である。中岳分岐から稜線の右側を下り，左側急涯の吊り尾根を下り，登り返すと**火口東展望台**に達する。遊歩道を辿り**ロープウェイ火口東駅**に達する。そこから舗装された遊歩道をロープウェイの東側に沿って下山すると，仙酔峡登山口に達する。

仙酔尾根コースは急峻で，登山に2時間以上かかるので，体力不足の登山者は

ロープウェイで火口東駅まで上がり，それから登山するのもよい（2011年8月現在運休中。早期の再開が望まれる）。そこからは中岳山頂まで1時間程である。なお，火口東コースは火口近くを通るので，阿蘇火山規制情報，特に火山ガスの状況について十分に注意すること。

2 日ノ尾峠コース

日ノ尾峠コースは，現在では阿蘇市側からも高森町側からも日ノ尾峠まで舗装されていて，**日ノ尾峠登山口**付近に数台の駐車スペースがある。日ノ尾峠登山口付近は樹林帯であるが，30分も歩くと草原となる。

草原の尾根道が高度を増すと尾根も次第に急坂となる。右手には雄大な鷲ケ峰の急峻な岩稜が，また背後には根子岳の雄姿も見える。1200mを超えた辺りには左側に崩壊地があり，ロープが設置されているので，特に雨天時などは滑らないよう注意して渡る。また，山頂直下の1400mを越えた辺りには岩稜が剥き出しになった露岩部があるので，足を踏み外さないよう注意して登る。

そこを抜けると，ミヤマキリシマ群落帯を突き上げて**高岳東峰**頂上に達する。高岳東峰で最も高い所は**天狗の舞台**と呼ばれている。東にそびえる根子岳の眺めは雄大である。高岳東峰一帯は，5月下旬から6月上旬にかけてはミヤマキリシマで一面ピンク色に染まる。

ここから**高岳稜線**を経て，**高岳**山頂に達する。下山は往路を辿る。

3 砂千里ケ浜コース

砂千里ケ浜コースは**阿蘇山ロープウェーの駐車場**に車を停める。阿蘇山公園道路脇の遊歩道を火口手前まで約20分登ると広い駐車場があり，登山案内板と登山届箱がある。そこが**砂千里ケ浜登山口**。砂千里ケ浜登山口駐車場までは，有料であるが阿蘇公園道路を車でも行ける。なお砂千里ケ浜を通過するときは，火口近くであるので，阿蘇火山規制情報，特に火山ガスの状況に注意が必要である。

砂千里ケ浜登山口駐車場からは木道が整備されていて，それを歩いて南側の尾根に取り付き，尾根を左に進んで**砂千里ケ浜東側谷**に出る。そこから急登が始まり，60分で**南岳稜線**に出る。南岳稜線から中岳までは，西側は急崖であるが，登山道は平坦で気楽に歩け，20分で**中岳分岐**に着く。そこから30分で**高岳**山頂。下

日ノ尾峠登山口

日ノ尾峠登山道から眺める鷲ケ峰

下＝砂千里ケ浜の遊歩道／右＝南岳と中岳分岐を結ぶ稜線から眺める砂千里ケ浜

山は往路を引き返す。

　本書で紹介した高岳登山コースは，どれも急崖の横を抜けるコースである。登山ルートを外れると進退窮まる場所が多い。登山にあたっては正確なルート把握のもとに登ることが大切である。　　[田北]

▷タイム：❶仙酔峡登山口▶10▶仙酔峠▶100▶稜線▶10▶高岳東峰▶10▶稜線▶10▶高岳▶10▶月見小屋分岐▶10▶中岳分岐▶30▶火口東展望台▶15▶ロープウェイ火口東駅▶40▶仙酔峡登山口／❷日ノ尾峠登山口▶110▶高岳東峰▶10▶高岳稜線▶10▶高岳▶110▶日ノ尾峠登山口／❸阿蘇山ロープウェー駐車場▶20▶砂千里ケ浜登山口▶10▶砂千里ケ浜東側谷▶60▶南岳稜線▶20▶中岳分岐▶15▶月見小屋分岐▶15▶高岳▶110▶阿蘇山ロープウェー駐車場

阿蘇高岳－阿蘇中岳

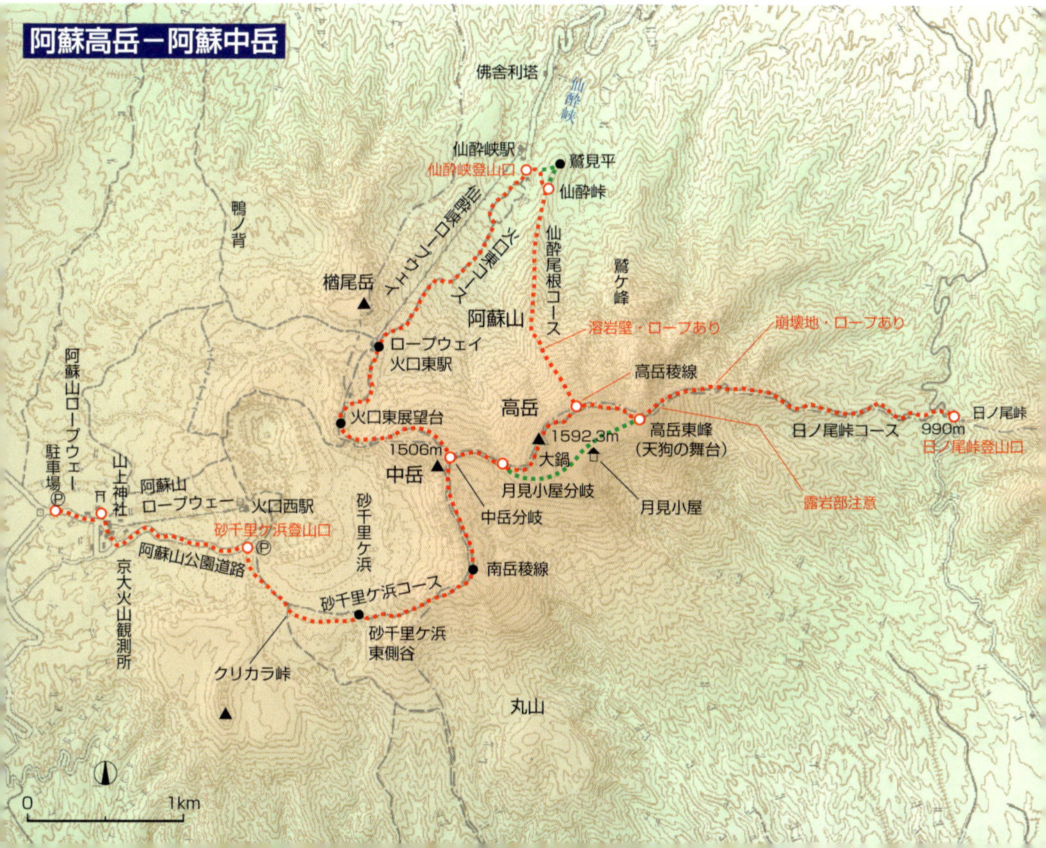

☆行程5時間50分＝9.9km

2 烏帽子岳
えぼうしだけ

1337.2m

阿蘇の自然を満喫しながら，静かな山歩き

▶25000図＝阿蘇
▶問合せ＝南阿蘇村観光協会☎0967(67)2222
▶アクセス＝国道57号－国道325号－長野阿蘇神社－地獄温泉
▶寄道＝①頂上から右手に下り，草千里ケ浜の東にルートをとって，ドライブインを休憩の場所として利用することができる。ただし，霧が深くて方向が定めにくい場合は，もと来た道を下る方が無難だ／②垂玉温泉・地獄温泉（入浴料大人600円）

熊本

定期バスの終点が地獄温泉になっており，ここに駐車して車道を下り，垂玉温泉の前を過ぎ，「金龍の滝」の露天風呂から車道を100m程下った所の右手に遊歩道の看板がある。ここが**登山口**だ。

急な登りだが，ジグザグの歩道を右手に垂玉温泉旅館の建物を見下ろしながらゆっくり登ると，やがて竹林からスギ林となり，登山口から20分で，広々とした**牧場**に出る。ここから牧場と植林の境界を歩く。右手に烏帽子岳，御竈門山，夜峰，その南方には南外輪の山々の展望を欲しいままに歩く。

20分程で，舗装の**牧道**に出る。左に100m歩き右の指導標により山道に入る。しばらく登ると**展望台**の分岐，右に30mでベンチが設置されている小丘があり，ススキが茂り，見晴らしは良くないが，ここで休憩をとると良い。

ここから北に下ると遊歩道に合流し，やがて涸れた谷を通過，木橋を渡り，草千里に向かって登っていく。馬酔木が多くなると，ひと登りで標高1140mの**草千里火口の縁**で，火山博物館の建物や，駐車場，観光客の姿を見ることができる。烏帽子岳の頂上まで火口の縁に道が付けられている。急な登りのように見えるが，周りの景色を楽しみながら，ゆっくり行けばよい。約30分，高度差200mの登りである。

烏帽子岳頂上には一等三角点がある。あまり広くないが，南の御竈門山の馬蹄型の火口や南外輪の山々をはじめ，360度の展望。下りは登ってきたコースとは別の北東に付けられた道を下ると，草千里方面の道標から，左に折れて，急な下りで草千里の草原に出る。

湯の谷歩道の入口は，草千里駐車場の

牧場道。右は御竈門山

12

立野口

北北西からの烏帽子岳

西側，登山道路のヘアピンカーブの下にある。道標に従い階段を下ると，やがてスギ林となり，緩やかな遊歩道が続く。中間点を過ぎ，深い木立の中を下っていると，左手の谷から滝のような轟音が聞こえてくる。木立に遮られて音の発生源は見えないが，湯の谷温泉上部の蒸気の噴出音である。遊歩道がコンクリート舗装になると**湯の谷温泉・阿蘇観光ホテル跡**で，建物は解体されて広場になっている。

ここからは長い車道歩きとなるが，途中は阿蘇谷の立野口から熊本平野を望む眺めの良い所なので，ゆっくりと楽しみながら歩く。**吉岡**の集落に入ると，蒸気の噴出口を身近に眺めることができる。牧場を過ぎ，なおも下

っていくと，赤い立派な平成長陽大橋で，しばらくで垂玉温泉に通じる県道に合流する。左に行くと，出発点である登山口だ。

[安場]

▷タイム：垂玉登山口▶20▶牧場▶30▶牧道▶30▶展望台▶40▶草千里火口縁▶40▶烏帽子岳▶30▶草千里駐車場▶10▶湯の谷歩道入口▶50▶湯の谷温泉跡▶100▶垂玉登山口

13

3 杵島岳-往生岳

☆行程 3 時間40分＝6.3km
1326.0m
1238.1m

阿蘇五岳の1つで，展望の良いススキ野の山

▶25000図＝阿蘇山
▶問合せ＝阿蘇市役所☎0967(22)3111／阿蘇市観光協会☎0967(32)1960／阿蘇火山博物館☎0967(34)2111
▶寄道＝阿蘇ファームランド（阿蘇登山道路沿いのリゾート施設。宿泊・温泉・レジャー客で賑わう）☎0967(67)2100／阿蘇神社（阿蘇市一の宮町。肥後国一宮，旧官幣大社。日本全国約450の阿蘇神社の総本山）／火の山温泉どんどこ湯☎0967(35)1726。その他温泉多数あり／登山口の草千里は乗馬や草スキーも楽しめる観光スポット。ファミリーで楽しんでみてはいかが

　杵島岳は阿蘇五岳の1つであり，その山頂1個と東山腹2個の合計3個の火口跡がある。杵島岳の北に位置するのが往生岳で，なだらかな山であるが，山頂には火口跡がある。杵島岳の北面には多くの侵食谷があり，縦縞の亀裂が入っているように見える。往生岳・杵島岳とも毎年野焼きが行われ，特に往生岳北斜面は阿蘇の火文字焼きの「火」の文字の場所である。

　杵島岳登山口近くには1日中置けるような駐車場がないので，有料ではあるが**草千里駐車場**に駐車する。**登山口**は草千里駐車場東側である。そこから歩き出す

とすぐに，杵島岳方面（右は遊歩道で阿蘇山上方面）への分岐。阿蘇登山道脇を通過し，緩い舗装道の登り坂をしばらく歩くと，**杵島岳分岐**の標識があり左へ進む。この先から山頂までは急登であり石段が設置されているが，25分程で**杵島岳山頂**に着く。

　山頂は広く，四方の眺めが雄大である。特にここから眺める火口方面の山容は絶景で，草千里駐車場から登山道も整備されているので，ファミリーハイキングとしてよいであろう。

　杵島岳山頂の北は火口跡であり，時計回りに火口縁を進むと20分で**杵島岳火口北縁**に着く。ここには石に黄色ペンキを塗った目印がある。杵島岳火口北縁から稜線を北東方向へ下りて行く。火口縁の稜線の道は明瞭であるが，途中の**杵島岳・往生岳鞍部**への分岐は不明瞭。何も分岐の明示がないし，充分な踏み分け道もなく，結局はススキ野の中を，踏み分けを探しながら杵島岳・往生岳鞍部まで約20分で下る。

　杵島岳・往生岳鞍部から先の往生岳へ

杵島岳阿蘇登山道路から眺める杵島岳・往生岳

杵島岳火口北縁から見た往生岳

往生岳方面から眺める杵島岳・烏帽子岳

の道は明瞭である。東北側の**1266mピーク**まで20分で登る。そこから10分で**往生岳**山頂。山頂標識・三角点がある。

復路は杵島岳・往生岳鞍部まで引き返し、そこから**火口縁鞍部**に出る道が灌木林の上部に残っているが、整備不充分のため通過には藪こぎを覚悟しなければならないので、灌木林の上のススキ野を歩いた方がよいかもしれない。

火口縁鞍部からはススキの背が高いが、道は明瞭。火口縁を半周してその南側に出て、**往生岳分岐**で舗装道と出合う。往生岳分岐から舗装道を左へ5分程歩くと**1224m展望台**に着く。ここは四方の眺めがよく休憩には最適。展望台の東より舗装道

の遊歩道を下り、阿蘇登山道路の脇を通過して**草千里駐車場登山口**へ戻る。

[田北]

▷タイム：草千里駐車場登山口▶15▶杵島岳分岐▶25▶杵島岳▶20▶杵島岳火口北縁▶20▶杵島岳・往生岳鞍部▶20▶1266mピーク▶10▶往生岳▶10▶1266mピーク▶15▶杵島岳・往生岳鞍部▶15▶火口縁鞍部▶35▶往生岳分岐▶5▶1224m展望台▶30▶草千里駐車場登山口

杵島岳－往生岳

1 ☆行程3時間5分＝3.98km／**2** ☆☆行程3時間40分＝4.24km

4 根子岳東峰
ねこだけひがしみね

1408.1m

阿蘇五岳の中で一番古く，尖峰と紅葉が素晴らしい山

▶25000図＝根子岳
▶問合せ＝阿蘇市役所☎0967(22)3111／高森町役場☎0967(62)1111／鍋の平キャンプ村☎0967(62)0850／一の宮タクシー☎0967(22)0161／くさむら幸福タクシー☎0120(125)029
▶寄道＝白川水源（南阿蘇村白川。阿蘇を代表する水源，名水百選。登山の帰りに寄ってみてはいかが）／高森温泉館☎0967(62)2626。その他温泉多数あり
▶宿泊＝休暇村南阿蘇（宿泊・キャンプ・温泉のほか，自然との触れ合いも楽しめる）☎0967(62)2111

熊本

1 大戸尾根コース

　根子岳は阿蘇五岳の中で一番古い山で，外輪山と同時期にできたといわれている。地質がもろく崩れやすい。根子岳の最高点は天狗峰（1433m）であるが，天狗峰はザイル必携の高度な登山となるので，本書では一般的に登られている根子岳東峰を紹介する。

　現在登られている最も一般的なルートは大戸尾根コースである。上色見の農免道路に登山口の案内表示があり，そこから500m先の作業小屋脇に**大戸尾根登山口**の駐車場がある。

　大戸尾根登山口前の柵の脇から牧道に入り，5分進むと右側に登山届の箱，**避難小屋**がある。そこから右上の牧草地に上がると牧柵があり，正面樹林の尾根が登山道である。尾根の右側は概ねスギ・ヒノキ林で，西側は地獄谷。40分程歩くとスギ林を完全に抜け，落葉広葉樹林となり，痩せ尾根となって岩の露出部に着く。尾根を越えるのに**ハシゴ・ロープ**が設置されている。しばらく進むと，左側に**崩壊地（ロープあり）**が現れる。この辺りから展望が開け，左側に根子岳天狗峰の雄姿が見える。特に11月初めの地獄谷の紅葉は素晴らしい。

　ススキ原を30分程急登すると，右より前原牧場からの登山道路と出合う（**前原牧場コース出合**）。そこから5分で**東峰**山頂。山頂は突峰，10畳程の広さで二等三角点がある。視界を遮るものもなく，360度雄大。とりわけ秋の紅葉は圧巻である。下山は往路を戻る。

2 釣井尾根コース

　もう1つのお勧めコースが釣井尾根コ

大戸尾根登山口

16

下＝大戸尾根より紅葉の天狗峰を見る／右＝南阿蘇より根子岳を望む

ース。阿蘇市方面から国道265号を高森町方面に進むと，道路右側に釣井尾根への案内表示。各道路分岐には案内表示がある。**釣井尾根登山口**は鏡ケウド谷の砂防提であり，砂防提前には広い駐車スペースがある。

砂防提左側の道路脇に釣井尾根登山口の案内表示。登山道は，砂防提の先から左側尾根に突き上げていて，尾根で電波柱側の登山道と合流している（**鏡ケウド出合**）。ススキ野の尾根を20分程進むと**樹林帯入口**。1時間で**箱石尾根出合**である。箱石尾根出合から先は痩せ尾根となる。ハシゴを下り，ロープが渡されたガレ場を過ぎ，東峰東側直下より直登して**東峰**頂上に着く。下山は往路を辿る。

別ルートとして，前原牧場コースは登山口に広い駐車場があり，急登であるが山頂まで1時間余りの最短コースである。箱石尾根コースは，国道265号線沿いに登山口の標識があり，そこから尾根上の牧道を進む。　　　　　　　　[田北]

▷タイム：**1** 大戸尾根登山口▶5▶避難小屋▶50▶ハシゴ▶15▶左崩壊地・ロープ▶30▶前原牧場コース出合▶5▶東峰▶80▶大戸尾根登山口／**2** 釣井尾根登山口▶10▶鏡ケウド出合▶20▶樹林帯入口▶60▶箱石尾根出合▶40▶東峰▶90▶釣井尾根登山口

1 ☆行程 4 時間35分＝6.52km／**2** ☆行程 2 時間48分＝5.58km

5 俵山
（たわらやま）

三角点標高 1094.9m

登山者の目を楽しませるたくさんの野の花

▶25000図＝立野

▶問合せ＝西原タクシー☎096(279)2038／高森タクシー下田営業所☎0967(67)0015

▶寄道＝萌の里（登山口の物産館で，観光客で賑わっている。また近くの揺が池は昔から水の霊力が信仰され，御池さんと呼ばれ親しまれている）☎096(292)2211／木の香湯（俵山峠より久木野側に降りたら，最も近い温泉施設である）☎0967(67)2332／泉力の湯（萌の里の近くの温泉施設で，登山後の入浴には最適である）☎096(279)3752

熊本

俵山は阿蘇外輪山の西に位置し，熊本平野に裾野を接し，熊本県民に親しまれている山である。俵山一帯は西原村・久木野一帯の畜産農家の牧野・採草地であり，放牛されている所が多い。春には野焼きが広く行われ，草地には多種の野の花が目を楽しませてくれる。

登山道としては，揺が池（萌の里）コース，萌の里鉄塔コース，俵山峠コース，護王峠方面からのコースがあるが，ここでは登山者が多い揺が池コースと俵山峠コースを紹介する。

1 揺が池コース

揺が池登山口は萌の里駐車場東側より始まる。鳥瞰図の案内板がある。登山口より登り始めは急登であるが，東南に伸びた広い草尾根を45分程歩くと**613m ピーク**に着く。ここにはケルンがある。

広い防火帯の草尾根を20分進むと**林道出合**である。そこを左折してヒノキ林の中を歩くこと20分で右側尾根に延びる**防火帯登り口**に出る。防火帯を急登し20分で865m地点の**防火帯終点**の尾根に登りつく。左に進路をとり尾根道を進むこと10分で**928m露岩地点**に出て景色が良い。

尾根道にはアセビ，マツ，ツゲ，サカキが多い。ここからはなだらかな尾根道が続くが，道は右に回り込みヒノキ林の中を進み，1070m鈍頂の右を抜けカヤの斜面を登ると，東西に長い**俵山**山頂の西に出る。下山は往路を辿る。

なお，俵山山頂には標高1095mの標示板があるが，これは頂上の西側にある三角点の標高であり，頂上の標高は1100mを超えている。

2 俵山峠コース

俵山峠登山口は駐車場も広いし，公衆トイレもある。歩行時間も短くて展望も良く，初心者には最適のコースである。

登山口の展望台からの阿蘇南郷谷の眺めが良い。登山道はススキ野の外輪山壁

揺が池登山口付近

下＝登山道の防火帯／右＝俵山頂上から阿蘇五岳の眺め

の尾根道の急登から始まる。登ること20分で広いススキ野に出るが，すぐに傾斜は緩み，右からの広い雨量計の道と俵山峠からの灌木林コース出合に出る（灌木林コースは自然豊かで，俵山峠の風力発電施設の3基目の西が登山口である）。

左折し広い平原を5分進むと，林の入口にベンチがある。15分程林の中を登ると，阿蘇方面の展望のいい広場へ出る。常に左側に阿蘇方面を見て，灌木とススキの多い半ば平坦に近い道を30分進むと，前方に俵山山頂が迫り（**急登登り口**），胸突きの急坂を登ること15分で東西に延びた頂上の尾根道（**護王峠分岐**）に着く。左は護王峠から

の登山道であり，稜線を右に折れ3分歩くと**俵山**山頂。下山は往路を辿る。

なお別ルートとして，俵山峠から俵山・護王峠・冠ケ岳・地蔵峠までの従走コースがある。アップダウンが多いが，変化に富み阿蘇方面の眺望が素晴らしい。

[田北]

▷タイム：❶揺が池登山口▶45▶613mピーク▶20▶林道出合▶20▶防火帯登り口▶20▶防火帯終点▶15▶928m露岩地点▶35▶俵山▶120▶揺が池登山口／❷俵山峠登山口▶30▶ベンチ▶45▶急登登り口▶15▶護王峠分岐▶3▶俵山▶75▶俵山峠登山口

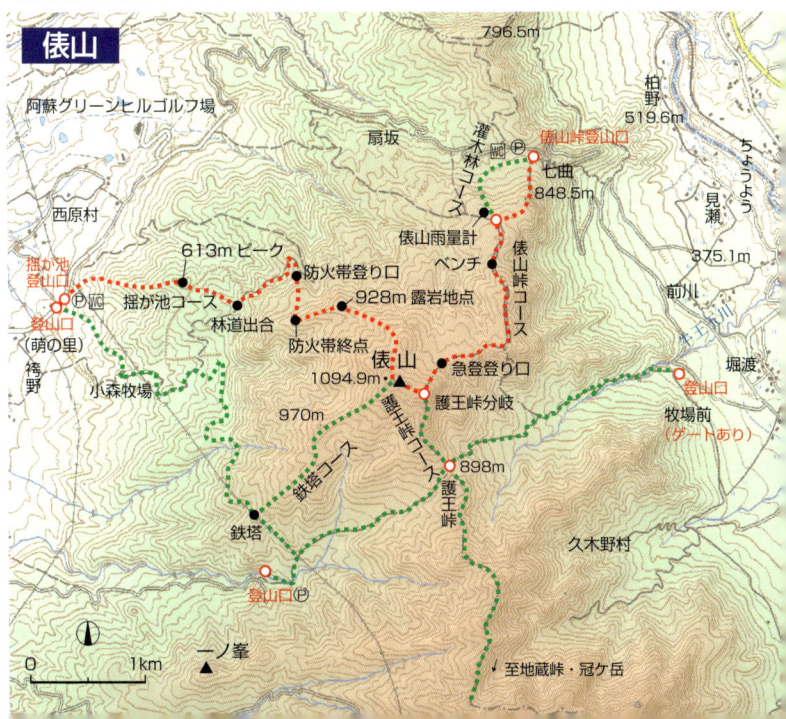

19

☆行程3時間25分＝7.72km

6 冠ケ岳(かんむりがたけ)

1154.1m

四方の眺望が気軽に楽しめる山

▶25000図＝大矢野原
▶問合せ＝西原村役場☎096(279)3111／南阿蘇村役場久木野庁舎☎0967(67)1111／西原タクシー☎096(279)2038／高森タクシー下田営業所☎0967(67)0015
▶寄道＝泉力の湯☎096(279)3752／木の香湯☎0967(67)2332／サントリー天然水の森阿蘇（地蔵峠近く。整備され散策によい）／阿蘇ミルク牧場（冠ケ岳の西のグリーンロードにあり、色々な体験、食事、物産が楽しめる）☎096(292)2100
▶宿泊＝ホテルグリーンピア南阿蘇☎0967(67)2131

熊本

　冠ケ岳は阿蘇南外輪山の西に位置する。熊本平野から眺めると俵山の右に位置し、一番高く台地状の山である。登山口は、南は地蔵峠から、北側は護王峠から、西は西原公共育成牧場側より登れるが、ここでは鉄塔コースとして周回コースを紹介する。

　グリーンロード沿いの**地蔵峠登山口**には広い駐車場がある。10分登ると**地蔵峠**である。昔は矢部・御船とを結ぶ重要な交通路であり、峠には4体の地蔵が祀られている祠がある。地蔵峠から南への登山道は大矢野岳・南外輪方面であり、西は十文字峠方面である。地蔵峠付近からは阿蘇五岳・祖母山南郷谷(そぼさん)が一望でき、秋口にはマツムシソウの群落が見られる。ここから外輪山稜線沿いを北に進み、冠ケ岳山頂を目指す。20分で**グリーンロード出合**に出る。グリーンロードに出る南側はモミジを主とした美林である。

　グリーンロードを横断し、ほぼ平坦で半ば植林とブナ・ミズナラの混じる外輪山稜線上の道を歩くこと45分程で**本谷越**(ほんたにごえ)である。ここは俵山(たわらやま)方面への外輪山稜線との分岐点である。左にコースをとり20分で**冠ケ岳**山頂に着く。山頂は東西に長く、四方の眺望が素晴らしい。特に山頂西側の露岩からの熊本方面の眺望は格別である。

　下山は西へ10分程下り、ヒノキ林を抜けると**冠ケ岳分岐鉄塔**に着く。ここから左に分岐し、鉄塔に沿った道を進むことになる。平坦なヒノキ林の中を進むこと10分足らずで次の鉄塔に出る。その先のススキ原を5分下ると次の鉄塔に出る。この鉄塔の20m先には水場がある。

　この先、スギ林の中を数回アップダウンして2つの鉄塔を過ぎると、グリーンロード沿いの**鉄塔駐車場**に出る。ここを

地蔵峠のお地蔵さん

20

鉄塔駐車場・登山口

東側山頂下より見た冠ケ岳

鉄塔コースの駐車場・登山口とすることもできる。ここからさらに南へアップダウン1回で**十文字峠道出合**に出る。道を左に折れ，平坦な林道を30分歩くと地蔵峠に着く。

　鉄塔コースの登山口としてはグリーンロードの鉄塔駐車場を利用することも多く，本書とは逆回りも多いであろう。その場合は，グリーンロード鉄塔駐車場（6〜7台駐車可）を利用して，そこからまず鉄塔沿いに**冠ケ岳山頂**を目指す。アップダウンを繰り返して，冠ケ岳下まで5つの鉄塔を過ぎることになる。

　なお，最も登山者が多く，一般的で簡単なコースは，地蔵峠から冠ケ岳山頂への往復である。また，別ルートとして，地蔵峠から俵山峠までの外輪山縦走コースがある。アップダウンは多いが，阿蘇の眺望が素晴らしい。
　　　　　　　　　　　　　　　　［田北］

▷タイム：【地蔵峠から左回り】地蔵峠駐車場►10►地蔵峠►20►グリーンロード出合►45►本谷越►20►冠ケ岳►15►冠ケ岳分岐鉄塔►50►鉄塔駐車場►10►十文字峠道出合►30►地蔵峠►5►地蔵峠駐車場

☆行程3時間30分＝7.2km

7 鞍岳-ツームシ山

1118.3m
1064.0m

豊富なコースで楽しみ方いろいろ

▶25000図＝鞍岳
▶問合せ＝菊池市役所商工観光課☎0968(25)7223／四季の里旭志（入浴可）☎0968(37)3939
▶別ルート＝【パノラマコース】伏石登山口のすぐ手前の舗装された林道を左に500m程行くと赤崩登山口「パノラマコース」の看板があり、駐車もできる。この尾根道の登山ルートは四季折々の草花や眺望が楽しめる。鞍岳山頂直下は右回りにルートがあり、ツームシ山へのルートと合流する（所要時間：鞍岳まで90分）

阿蘇外輪山の一角にあって、山の形が馬の鞍に似ていることから「鞍岳」と呼ばれるようになったといわれている。山頂直下には、牛馬の安全祈願や供養として「馬頭観音」が祀ってある。「ツームシ山」とは変わった名前なので、その由来を地元の人に聞いてみたが、確たることはわからなかった。

国道325号沿いの菊池市旭志伊坂の菊池森林組合横の交差点から、温泉施設「四季の里旭志」の案内看板に沿って走ると、約10キロで「四季の里旭志」。キャンプ場横を過ぎると分岐して伏石登山口の看板がある。すぐ先が登山口で、右側の道路脇に車が数台駐車できる。ここ

伏石登山口からのコースは「森林コース」と呼ばれ、樹林帯の中を歩くため眺望はあまり期待できないが、道幅も広くしっかりとしている。

入口から2コースに分かれているが、すぐ先で合流する。植林の中の登山道をしばらく歩くと林道を横断する。涸れ谷沿いをさらに進むと急な登りとなり、道が左に折れる。急な尾根道を木々につかまりながら登り詰めると、山頂直下の分岐に出合う。左は馬頭観音経由、右は女岳との**鞍部**を経て山頂に至るが、右がお勧め。早春の頃はマンサクの花が見られる。

鞍部に出ると広々とした草原が広がり

熊本

四季の里旭志から見る鞍岳

森林コース登山口（伏石登山口）

馬頭観音

女岳分岐から鞍岳

疲れが吹き飛ぶ。目の前に山頂が見える。あまり広くはないが、**鞍岳**山頂からの眺望は360度開け、天気が良ければくじゅう連山、阿蘇山、祖母山、傾山、雲仙の山々を見渡すことができる。

時間があればツームシ山を目指そう。山頂から北の方角に道がある。灌木の中の急な下りを少し下ると整備された広い登山道になり、30分程で**ツームシ山**の頂に達する。ここも眺めが良く、最近はここまで足を延ばす登山者も多い。

帰りは往路を戻る。また、パノラマコースと呼ばれるルートを歩いても面白い。尾根道なので眺望も楽しめ、標識も整備されていて迷うことはない。赤崩登山口「パノラマコース」の看板がある車道に出て左手にしばらく歩くと、伏石登山口に着く。下山後は「四季の里旭志」温泉で汗を流すのもよい。

その他色々なコースがある。山頂近くまで林道が延びており、駐車場も整備され、20分程度で鞍岳山頂に立てるので、子供連れや年輩の方でも楽しめる。

[井藤]

▷タイム：伏石登山口 ▶90▶ 鞍岳 ▶30▶ ツームシ山 ▶90▶ 伏石登山口

☆行程3時間10分＝9.18km

8 涌蓋山（わいたさん）
1499.5m

くじゅう連山の西に位置する独立峰・小国富士

▶25000図＝湯坪
▶問合せ＝小国町役場☎0967(46)2111／九州産交小国営業所☎0967(46)3121／小国タクシー☎0967(46)3325／道の駅小国ゆうステーション☎0967(46)4111
▶寄道＝はげの湯旅館山翠の前の駐車場から登り始めれば、一般登山者登山口まで舗装道路を1.2km（20分）歩くことになるが、下山後ははげの湯の秘湯を楽しむことができる／北里柴三郎記念館（阿蘇郡小国町北里3199。小国市街より車で涌蓋山に向かう途中にある。日本が誇る医学者の偉業を称える記念館）☎0967(46)5466

涌蓋山はくじゅう山域にあるが、その西側に独立峰としてそびえ、山容も秀麗で、古くから熊本県側では「小国富士（おぐにふじ）」、大分県側では「玖珠富士（くすふじ）」と呼ばれ親しまれていた。登山口は、大分県側の東側より疥癬湯登山口（ひぜんゆ）、八丁原地熱発電所登山口（はっちょうばる）があり、また北側に地蔵原登山口（じぞうばる）がある。ここでは熊本県側のはげの湯から登るコースを紹介する。

小国の町中から車で約20分、湯煙湧くはげの湯につく。**涌蓋山一般登山者登山口**は、はげの湯温泉街を抜け、1.2kmの所に車十数台が置ける駐車場がある。上部の**涌蓋山登山口**にも駐車できるが、1日の登山行程を考えると、体力のない方を除き、通常の登山者はこの一般登山者登山口からスタートするのがよいだろう。

涌蓋山一般登山者登山口駐車場の右側に登山道（車両通行止）がある。舗装されている道路を右側の尾根に上がり15分も進むと、林道から左に分かれてススキの中を進む登山道となる。その登山道を20分も登ると、一般登山者登山口方面から上がってくる**林道との出合**である。

林道出合を右へ10分（0.4km）進むと、**涌蓋山登山口**の標識があり、5台程の駐車スペースがある。ここからは山頂まで約1時間。涌蓋山登山口からはやや急登となり、スズタケのあるミズナラ、カラマツの多い林を15分も登ると、次第にア

上＝一般登山者駐車場
左＝はげの湯からの涌蓋山

24

湧蓋山山頂の祠（小国側）

山頂を目指してススキ原を登る

セビ，ススキが多くなる。登るに従い樹木が少なくなり，登山口から40分も登ると，完全に一面ススキ一色となる。春には鮮やかな新緑の中にミヤマキリシマが点在し，秋にはリンドウ，マツムシソウ，ワレモコウなどの花も豊富である。

ススキ原を突き上げると，東西に広い**涌蓋山**山頂に着く。山頂は360度の眺望で，特にくじゅう連山の眺めは雄大である。山頂には祠が2つあり，西側は小国側で，東側は玖珠側で祀ったものである。

下山は往路を引き返すのが一般的であるが，サブルートとして，**女岳**を抜け，**涌蓋越**で右に折れ，林道を使い巻き道するのもよい。山頂から涌蓋越まで35分，林道歩き1時間で涌蓋山登山口に着く。

また，**地蔵原方面林道出合**に下山するのもよい。途中，モミジ一色の美しい林が続く。40分で北側林道に着く。林道歩き1時間で一般登山者登山口に戻る。このコースではモミジの美林が楽しめる。

[田北]

▷タイム：一般登山者登山口▶40▶林道出合▶10▶涌蓋山登山口▶60▶涌蓋山▶80▶一般登山者登山口

☆行程 4時間10分＝7.8km

9 八方ケ岳 (矢筈岳)
1051.8m

四季を通じて満喫できる手軽な山域

▶25000図＝八方ケ岳
▶問合せ＝山鹿市役所観光課☎0968(43)1579／奥矢谷渓谷きらりキャンプ場☎0968(48)9595
▶アクセス＝国道325号の来民から県道9号に入る。内田番所を経て矢谷渓谷キャンプ場駐車場へ

▶別ルート＝【山ノ神ルート】山ノ神（ヤマメの養殖場）－山ノ神林道－1025mピーク－山ノ神分岐－山頂（往復5時間）／【上虎口ルート】竜門－林道－上虎口登山口－山頂（往復4時間30分）／【班蛇口ルート】班蛇口－班蛇口登山口－班蛇口分岐－山頂（往復3時間）

熊本県北部の山域で手軽に行ける山として根強い人気があり，老若男女の登山者で賑わう。ただ，いずれのルートも交通の弁は悪い。

威の**矢谷渓谷キャンプ場**に車を停め，登山を始める。矢谷渓谷キャンプ場から渓谷に沿って谷の左側（右岸）のスギ林の中を歩く。キャンプ場の広場の右手の階段を上りバンガローの道を進むと，矢谷渓谷の小さな滝が見られる。さらに先へ進むと舗装された林道に出て，右へ100m程行くと再び矢谷渓谷の谷に架かった小さな三叉路（**江良橋**）に出くわす。この三叉路を左へ入りさらに林道を20分程登ると，谷を渡る小さな橋（**矢谷橋**）に出る。ここまで車で入ることもできる（3～4台駐車可）。

小さな道標に沿って山道に入り，水量が少ない谷に沿って右岸左岸を渡りながら登ると，徐々に傾斜が強くなり，谷とは少し離れていく。約40分も歩くと**穴川越**の峠。

山頂への登山路は西側を登るが，**985mのピーク**を右へ巻くようにして岩壁の道を歩く。途中岩場があったりするが，危険度は少ない。このコースで最後の**水場**を通り過ぎた所でロープが取り付けてあるが，難なく登れる。この鞍部に取り付けば，後は緩やかな尾根歩きとなる。10程尾根を登ると**班蛇口の分岐**。右に進路をとり，**山ノ神分岐**で正面の登りを一気に詰めると，そこは草地の広い**八方ケ岳**の山頂である。

山頂からの展望は360度，天気の良い日は，阿蘇の外輪山から五岳の西側，そしてくじゅうの山々が望める。南には九州脊梁の山並みと**五家荘**の北面が，熊本平野の奥に霞んだように見える。三角点の横には祠があり，昔から信仰の山とし

江良橋登山口

26

八方ケ岳のカニ足岩

八方ケ岳遠望

下山路は登ってきた道を引き返し，頂上直下の分岐点（山ノ神分岐）を左へ下る。分岐から10分程の1025mピークの広くなった所で，左手の広い谷を下り，谷が狭くなった頃からジグザグの九十九折りとなる。13回程ヘアピンカーブを下ると，コンターライン沿いに約1km程行く。今度はスギ林の中を下っていく。

約20分も歩くと，東西に延びた林道と出合う。今は廃道となっているが，この林道を横切ってさらに谷に沿って行けば，「山ノ神」のヤマメの養殖場へとつながっている。ここでは林道を右にとり下山する。すぐに林道は二俣となり右の旧道を

歩く。道なりに行くと矢谷橋の登山口に辿り着き，矢谷渓谷キャンプ場へと続く。途中の江良橋からきらりキャンプ場へ下ることもできる。

[松本]

▷タイム：矢谷渓谷キャンプ場▶10▶矢谷橋登山口▶40▶穴川越▶50▶班蛇口分岐▶20▶八方ケ岳▶5▶山ノ神分岐▶20▶1025mピーク▶50▶林道▶45▶矢谷橋登山口▶10▶矢谷渓谷キャンプ場

☆☆行程6時間＝10.2km

10 国見山－三国山

1018.1m
993.8m

国見山山頂はシャクナゲの群生地

▶25000図＝宮ノ尾・八方ケ岳
▶問合せ＝山鹿市役所観光課☎0968(43)1579／奥矢谷渓谷きらりキャンプ場☎0968(48)9595
▶アクセス＝国道325号の来民交差点から県道9号に入る。菊鹿町、内田を経て矢谷渓谷のきらりキャンプ場駐車場へ
▶別ルート＝【福岡県山口集落コース】山口集落－山口越－鬼の洞－県境三叉路－国見山／【熊本県鹿北町・岳間渓谷コース】岳間渓谷－県境三叉路－国見山

　矢谷渓谷の**きらりキャンプ場**を出て県道宿ケ峰尾線の舗装道路に入る。2車線の広い道路であるが、途中から狭いカーブのある道路を約20分程行くと**三叉路**（駐車可）となる。左は林道の取り付け道路で、先は岳間渓谷へとつながっている。その三叉路右側に「**国見山登山口**」の標識があり、コンクリートの階段が登山口である。

　この国見山の登路は登山者が少なく、多少迷う所があるので、木に付けてあるテープを頼りに登るとよい。雑木林とスギの植林帯の境目を歩くが、雑木林に入ると急坂となり道も迷いやすい。しかし、尾根は1本しかなく、古い登山道がはっきりしているので心配はいらない。小一時間も上り詰めると、古い**林道**と交差する。ここからはさらに30分は急坂を登ることになる。林道からの取り付きは多少わかりにくいが、林道の壁面をよじる感じで取り付く。

　国見山山頂に近づくにつれ、6月頃はピンクのシャクナゲが姿を現す。**国見山**山頂は10名程がやっと入れる広さである。

　三国山への縦走路は馬の背になった狭い尾根を下る。頂上直下には急な下りがあり、ロープを頼りに慎重に下る。10分程下ると**三叉路**になり、右へルートをとる。左は岳間渓谷へと下る。小さなピークをいくつか越えるとまた三叉路（**鬼ノ洞分岐**）が出てくる。左の尾根道を行く。右は**鬼ノ洞**と呼ばれる洞窟がある。

　三国山までは一度最低鞍部の**山口越**まで下り一気に登り上がる。**三国山**の山頂は名前の通り、熊本・大分・福岡の県境で、展望も素晴らしい。この辺りは植林がなく、自然林が豊富で気持ちの良い山歩きができる。途中、小さな岩場があるのでスリップに注意する。

上＝国見山登山口
左＝国見山

28

三国山宿ケ峰尾峠登山口　　　　　　　　　　　　　三国山

　宿ケ峰尾峠までは一気に下り、不動明王の社で県道と出合う。宿ケ峰尾峠には湧水があり、一息入れられる。峠を東に下ると、大分県の鯛尾金山（たいおきんざん）へと行ける。

　きらりキャンプ場へは西にコースをとるが、旧登山路の谷筋は廃道となり今は通れない。車道を約2時間程下る方法もあるが、ここでは八方ケ岳（やほうがだけ）の穴川越（あながわごし）を経由して矢谷まで下る。

　峠から10分程県道を下ると、小さな駐車場と鎖で塞がれている**林道**が左側に確認できる。この林道に入り、20分程**林道終点**まで歩く。そこから1000mピークの左側の尾根を上り詰めると、穴川へ下る道と穴川越へ下る道の分岐に出る。ここでは**穴川越**へ下る。分岐から5分程度で八方ケ岳か

ら下ってきた道と出合う。ここからは**江良谷**の下山路を下り、**江良橋**を過ぎてきらりキャンプ場へと向かう。

　　　　　　　　　　　　　　　　　［松本］

▷タイム：きらりキャンプ場▶25▶三叉路・登山口▶60▶林道出合▶30▶国見山▶30▶県境三叉路▶20▶鬼ノ洞分岐▶25▶山口越▶20▶三国山▶30▶宿ケ峰尾峠・県道出合▶30▶林道入口▶15▶林道終点▶20▶穴川越▶40▶江良橋▶15▶きらりキャンプ場

国見山－三国山

29

☆行程 5時間35分＝11.0km

11 小岱山
しょうだいさん

丸山 391.9m
観音岳 473.0m
筒ケ岳 501.4m

いつでも手軽に登れる里山

▶25000図＝玉名
▶問合せ＝小岱山ビジターセンター☎0968(73)3900／玉名市役所商工観光課☎0968(73)2222
▶別ルート＝【丸山キャンプ場コース】丸山キャンプ場の駐車場から丸山を経て観音岳に登る。所要時間120分／【観音岳直登コース】丸山キャンプ場から直接観音岳に向かう。所要時間70分／両ルートとも案内板もあり迷うことはない。なお，キャンプ場にはビジターセンターもあるので情報も得ることができる（休館日＝火曜，木曜午後）

荒尾市・玉名市・南関町にまたがる県立自然公園で，南から丸山，観音岳，最高峰の筒ケ岳を総称して小岱山と呼ばれる。玉名温泉からも近く，整備された多くの登山コースがあり，体力に応じた登山が楽しめるが，ここでは最も長い縦走コースを紹介する。

玉名－荒尾を結ぶ広域農道沿いの九州看護福祉大学側の蛇ケ谷公園に駐車する。公園内に自然歩道の看板があるので案内に沿って歩き始める。

大きな貯水槽の側を通り，「丸山展望所」の案内板の方向に進むと樹林帯になる。ここから「笹千里」と呼ばれる笹原が広がる自然林の中の尾根道を通り，約1時間で笹千里駐車場に出る。ここまで車で来ることもできる。

ここから自然歩道を45分程で丸山山頂の展望所に着く。晴天の日には有明海の向こうに雲仙岳が，玉名市街地の向こうに二の岳・三の岳が見渡せる。

さらに先に進むとやや下りとなり，平坦な尾根道と続き，ヤブツバキの群生が現れる。早春には花のトンネルが出来上

熊本

左上＝蛇ケ谷登山口／左下＝笹千里駐車場／上＝小岱山全景

30

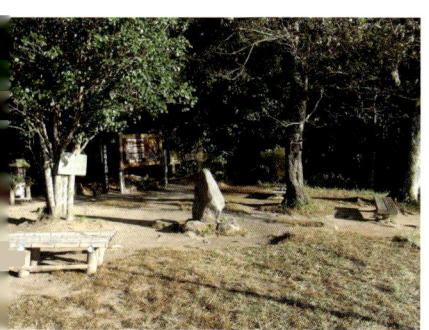

筒ケ岳山頂

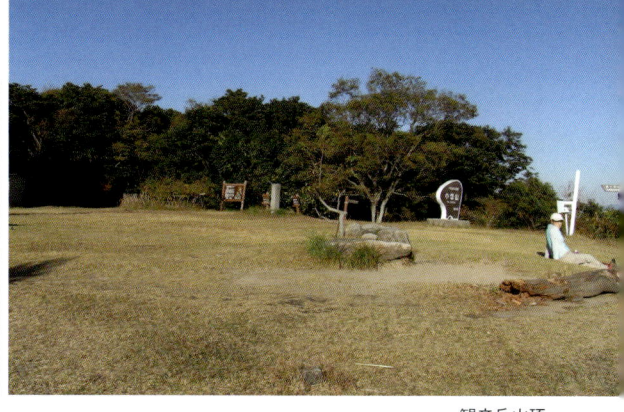

観音岳山頂

がる。やがて丸太の階段がしばらく続き，急斜面を登り階段の幅が広くなってくると視界が開け，広々とした**観音岳**の山頂広場に出る。眺望も良く，絶好の休憩ポイントだ。

筒ケ岳へはさらに西へ進み，**七峰台**(しちほうだい)，**荒尾展望台**入口を通り，アップダウンを繰り返し一旦鞍部に急下降して再び登り返すと，小岱山の中で最も標高の高い**筒ケ岳**山頂に達する。ここには荒尾一帯を治めた小代氏の城があった。一等三角点が設置され，荒尾，大牟田方面が一望できる。帰路は往路を戻る。

この縦走コースは，標高は低いが小さなアップダウンが続き歩きがいがあり，時間もかかるので，飲料水は充分な準備が必要。帰りには玉名温泉で汗を流せば疲れもとれる。また，近くに小代焼きの窯元や蓮華院誕生寺奥之院(れんげいんたんじょうじおくのいん)などの観光地もある。

［井藤］

▷タイム：蛇ケ谷公園►60►笹千里駐車場►45►丸山►50►観音岳►40►筒ケ岳►140►蛇ケ谷公園／【丸山キャンプ場コース】丸山キャンプ場►40►丸山►50►観音岳►30►丸山キャンプ場／【観音岳直登コース】丸山キャンプ場►40►観音岳►30►丸山キャンプ場

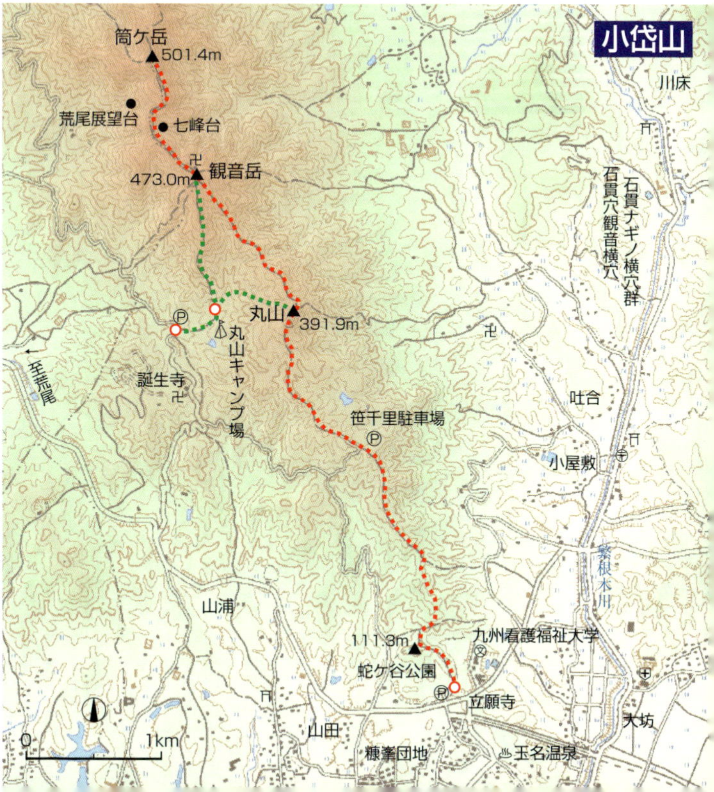

☆行程 1 時間50分＝2.9km

12 甲佐岳

753.0m

ファミリー登山に最適な熊本平野が一望できる山

- 25000図＝甲佐
- 問合せ＝美里町企画観光課☎0964(47)1111
- 寄道＝福城寺（天台宗末寺。境内に樹齢1000年と推定されるイチョウの木、根回り4m・高さ20mで渦巻き状の幹が素晴らしいマキの木があり、いずれも美里町の天然記念物に指定されている）／霊台橋（緑川ダム下流国道218号線横にある、160年前に架けられた単一アーチ式の大型で美しい石橋）
- 別ルート＝郵便局のカーブ（登山口）－白岩－中尾－福城寺（郵便局から福城寺まで約40分）

甲佐岳は、熊本方面からは三角形をした尖峰に見えるが、登山口の美里町からは横広い山容に見える。

中腹の福城寺まで車で行ける。国道218号の美里町にある霊台橋から山都町方面へ500m程行った所の左側に車1台が通れるほどの斜道があり、そこへ左折する。

しばらく行くとトンネルを過ぎ、**今村**の集落に入るが、御船川の橋まで狭い道を行く。橋を渡り、さらに左折し今度は鋭角に右へ上る分かれ道があるので、右折に注意しながらさらに車を走らせる。

しばらく行くと中岳集落に入るが、集落の途中で左の狭い車道に入る。福城寺まではこの狭い一本道を登り詰めればよいが、かなり狭いので注意しながらジグザグに行く。**福城寺**の前に駐車場があるので間違えることはない。

この福城寺が**登山口**でである。山門の左側が登山路となっており、竹藪の三叉路で左のスギ林に入る。右は下山路として使用する。

スギ林のジグザク道を約30分程登り詰めると植林地帯はなくなり雑木林となって緩やかな登りが続く。左下方に電波の反射板が見え、南側の展望が開けてくる。この辺りから照葉樹の自然林となり、快

甲佐岳登山口の福城寺

福城寺横の道

32

甲佐岳山頂の広場

洞ガ岳から望む。右手が甲佐岳，手前は緑川ダム

適に登れる。

　石灰岩の岩肌が徐々に多くなり，途中矢鉾岩（やほこいわ）の岩窟がある。説明板には，島原で天然痘が流行，その厄払いに矢を放ったらこの岩に当たったとの説明がある。ここから10分程で山頂の尾根に着く。平らな所に祠があり（**吉見神社**），昼食をとるのに最適である。また展望は良く，熊本平野が一望できる。

　甲佐岳山頂は祠の裏手，東へ自然林を約100m，二等三角点と標識がある。展望は全く得られない。普通は山頂から同じ道を下山するが，今回は国体山岳競技で使用された迂回路を下山してみる。

　頂上から東へ平坦な尾根伝いをおよそ2km程歩き，御船町へ下る分かれ道（**御船分岐**）で右へ下る。この道は国体の時に整備をし，木道や階段でルートは

しっかりしているが，現在利用する人が少なく，多少荒廃している。

　途中石灰岩の岩場があるが，注意すれば難なく通れる。約30分で福城寺の裏手に出て駐車場となる。　　　　　　［安場］

▷タイム：福城寺登山口▶45▶矢鉾岩▶10▶甲佐岳▶15▶御船分岐▶40▶福城寺登山口

☆行程 2 時間38分＝8.2km

13 洞ガ岳 （権現山）

997.3m

地元民の信仰の山で，中腹からの眺めは抜群

▶25000図＝畝野
▶アクセス＝国道218号の畝野・緑川ダム―県道153号―山出集落
▶寄道＝佐俣の湯（入浴料大人500円）☎0964(46)4111／美里町ガーデンプレイス・家族村（美里町畝野2999-1）☎090(2589)7673／緑川ダム公園広場（清潔なトイレや自動販売機がある。トイレ休憩に最適）
▶別ルート＝25000分の1地形図に西の楠根草と北の藤木から点線の歩道が権現神社まで記載されている。ほとんど歩かれておらず廃道同然だが，興味のある方は歩いてみるのも面白い

熊本

　緑川ダムの公園から南を見ると，丸いドーム型の険しい山容を持った山が望まれる。中腹に権現神社が祀られているところから，地元では権現山と呼ばれている。

　美里町の国道218号を砥用家族旅行村の看板を見て右折，Ｂ＆Ｇ海洋センターを過ぎ，緑川ダムの堰堤を渡ると，トンネルに入らず左折，3km程走ると夏水集落。ここから右に車道が上がる。道路は舗装されている。1.7km程で，山出集落の手前に登山口の標識があり，ここから右折，民家の間を抜けて進むと，立派な水道施設があり，その前に5～6台程駐車できる。

　登山道は水道施設の横からスギ林と右手の荒れた茶畑の間を登っていく。しばらくは緩やかな斜面だが，やがて斜度を増していく。小さな水場を過ぎ，尾根の上に上がり，左に行くとすぐ権現神社だ。ここは地元の集落から定期的にお参りがなされており，よく整備されている。頂上へは，社殿の左手を裏に回り込むように登っていく。

　ここからは赤テープの付けられた踏み跡を見落とさないように忠実に辿っていく。ルートを誤ると危険な岩稜に出くわしたりして難渋する。近年，転落死亡事故も発生している。社殿から上は自然林となり，なるほど地元の厚い信仰の山であるとの感じを強くする。

　しばらくの急登が続くと吊り尾根に達し，頂上へは左だが，右に50m程行くと

上＝夏水集落から山出集落へと入る道
下＝山出水道施設の前の駐車スペース

権現神社。右は大岩　　　　権現神社上宮より熊本市内方面の眺望

権現神社上宮のある展望台である。形の良いアカマツのある大岩の上に上がると、眼下に緑川ダムの湖面、相対する甲佐岳（こうさだけ）、遠く金峰山、有明海、雲仙岳の眺望が抜群であるので、ぜひ立ち寄ってもらいたい。

さて、頂上へはあと一登りであるが、ヒメシャラやモミの木などの樹林の中の急登が続くと突然、997.3mの**洞ガ岳**山頂である。わずかに南西方面が開かれ、三等三角点があり、頂上の標識がある。実は南に120m程行った所の方がわずかに標高が高く、1000mを超えている上、眺望もこちらの方が良い。

ここから茂見山へは、かすかな踏み跡を辿ること約2時間半余りで往復することができる。**茂見山**頂上には三角点

があるが、見晴らしは利かない。そのまま南に稜線を辿れば、柏川（かしわがわ）から上がってきた林道に出るが、現在、路肩崩壊のため車は上がってこれない。

下山は往路をスリップに注意して慎重に下る。　　　　　　　　　　[安場]

▷タイム：山出登山口▶40▶水場▶8▶権現神社▶30▶展望台（権現神社上宮）▶20▶洞ガ岳▶60▶山出登山口

☆行程3時間＝4.6km

14 目丸山
1341.3m

カタクリとヤマシャクヤクの咲く山

▶25000図＝蕨野
▶問合せ＝山都町商工観光課☎0967(72)1158／美里町企画観光課☎0964(47)1111／矢部内大臣森林事務所☎0967(72)0395／清和森林事務所☎0967(82)2024
▶別ルート＝国道218号より緑川ダムへ。ダムの上を通過しトンネルを抜け柏川の集落に入る。柏川に沿って山奥へ続く道が柏川林道。緑川ダムより12kmの辺りで峠道となり茂見山への分岐がある。さらに2km行くと林道終点。正面に目丸山が望め、京丈山から延びる右側の尾根に上がり50分程で目丸山

熊本

目丸とは面白い名前だが、どこから見てもナマコのような形の山だ。北麓の目丸地区は天正年間(1573〜92)、矢部に居城した阿蘇大宮司家が島津氏に攻め込まれ、逃げて隠れ住んだ所といわれている。阿蘇家は、日本の国家形成以前からはっきりした家系が継続されている希少な家柄だ。

国道218号の白小野から内大臣に入り、緑川に架かる高さ86mの**内大臣橋**を渡ると、右手に大きな公衆便所がある。この駐車場広場がこれから山に入る者にとって準備の場所となる。この先200mに変則十字路があり、直進すると椎矢峠へのルート(平成23年現在、林道陥没のため全面通行止め)、県道153号を右へ上がれば、左側の高台に白糸第三小学校、この先を左へ(目丸山の道標あり)登ると急坂の道路に入る。狭い農道を10分程で青石集落に到着、いよいよ**青石林道**に入る。約3kmで尾根上の右手に「目丸登山口(920m)」の道標があり、地元車の迷惑にならないように駐車する(10台駐車可)。

この**青石登山口**から平坦なスギの植林地を歩き、自然林と植林を交互に歩く。ブナ、トガ、ヒメシャラ、アカガシなどの自然林が続く林ではキノコをよく見かける。

スギとヒノキの植林地を30分程歩くと、1162mのピークにブナやトガの大木が現れる。坂を登った辺りから気持ちの良いブナ、ツガ、ヒメシャラの自然林の中を

ヤマシャクヤク

カタクリ

上＝ツキヨタケ(毒キノコ)
下＝アカヤマタケ

36

下＝山頂への登山道／右＝目丸山。手前は馬子岳

歩く。次の急坂を登り伐採跡のワイヤーが棄てられたままの尾根を一段上がると**馬子岳への分岐点**。右に目丸山，左に馬子岳への尾根が延びる。目丸山に向けてススタケの切り分けを抜けると，ブナ，カエデ，シオジ，ヒメシャラなどの自然林に覆われた平坦な**目丸山**の山頂に着く。この平坦な自然林の中にびっしりとあったカタクリの花も，今は極端に少なくなり，まばらにしか見ることができない。カタクリは下の西内谷には今も多くの花をつけている。谷は水分も多く，適地なのかもしれない。脊梁の山にはカタクリの群落は少ないが，あちこちに花を見ることができる。下山は往路を辿る。

青石集落周辺の田畑には猪や鹿除けのコードが張り巡らせてある。よほど鹿の被害が多いのだろう。鹿は山のワサビも食べてしまうの

で，ワサビが全滅するのではないかと心配されている。山頂周辺のカタクリの群落は，10年前は足の踏み場もないほどであったが，登山者が柵に入りカタクリの芽をつぶしたため数が少なくなった。しかし春にはカタクリを求めて登る登山者が多い。

［廣永］

▷タイム：青石登山口▶70▶馬子岳との分岐▶20▶目丸山▶90▶青石登山口

目丸山

■1 ☆☆ 行程3時間30分＝9.2km ／ ■2 ☆☆ 行程3時間40分＝7.8km

15 京丈山（きょうのじょうやま）

1472.0m

新緑，紅葉，野の花と，季節ごとに楽しめる山

▶25000図＝畝野・葉木
▶問合せ＝八代市泉支所産業振興課☎0965(67)2730
▶アクセス＝国道445号から二本杉峠を経て二合，葉木へ
▶寄道＝佐俣の湯（入浴料大人500円）☎0964(46)4111／美里町ガーデンプレイス・家族村（美里町畝野2999-1）☎090(2589)7673（予約センター）／二本杉広場（清潔なトイレ，土産物販売所がある。トイレ休憩に最適）
▶別ルート＝【柏川谷コース】緑川ダムを渡り柏川に沿って黒茂まで行き，さらに葛之尾を抜けて林道に入る。林道の三俣まで車で行けるが，途中崩落が多い。林道の三俣の左俣が登山口。目丸山の分岐を経て往復2時間

　京丈山は九州山地北端に位置する。熊本平野から眺めると右に雁俣山（かりまたやま），左に目丸山の稜線の中央に三角形の山頂を持つ山が見える。これが京丈山である。稜線上はブナやトガを主とした自然林に覆われ，春は県内では貴重なカタクリやヤマシャクヤクの花が見られる。ここでは，近年よく使われるようになったハチケン谷コースとワナバ谷コースを紹介しよう。

■1 ハチケン谷コース

　国道445号の二本杉峠を越えて4km程南下すると二合である。民宿「平家荘」の看板を目印に左手の車道を上がると，鉄柵で閉鎖された沢沿いの車道が北へ延びている。これがハチケン谷の登山口であるが標識はない。駐車スペースは50m先に7〜8台分ある。鉄柵の脇を抜け，谷川の左手の車道を40分程歩くと谷が開けてくる。

　まもなく車道は**分岐**するが，右に進む。ここにも標識はない。100m程進むと，左手に「京丈山登山口」の木のプレートがある。ここから山道歩きとなり小さな沢沿いを進みやがて沢を左に横切り，踏み跡を辿ると，10分程で「左雁俣山」「右京丈山」の木のプレートが置いてある**雁俣分岐**に出る。ここが稜線である。クマザサで北側の景色は全く見えない。

　右へ稜線伝いに歩くと，白い石灰岩が林立する場所に出る。この付近にはヤマシャクヤクが多い。草の生えた広場を過ぎ，緩やかな斜面を登り切り，左に折れると**京丈山**の頂上である。三等三角点があり，山ノ神

左＝ハチケン谷登山口
下＝稜線の分岐に置いてある木のプレート

38

京丈山の石灰岩

が祀ってあり，熊本平野方面が望める。5月初旬はカタクリ観賞の登山者で賑わう。

　下山は往路を戻るが，二本杉峠からハチケン谷登山口の車を取りに行く手段を講じれば，**雁俣山**を通過して二本杉峠まで歩いても面白い。3時間程の行程だ。

2 ワナバ谷コース

　葉木集落を過ぎて，平家山方面に至る途中のワナバ谷が**登山口**である。2〜3台の駐車が可能で，ここに車は置いて登る。谷の右手に登山口の標識があり，しばらくその荒れた林道を歩き，崩壊防止の堤が見えると車道はここで終わる。植林の中を登り，谷を渡って右岸（左手）の道を登る。ワナバ谷の本流に沿って登り詰めると，石灰岩の**涸れ谷**となって伏流水の谷となる。**二俣**を過ぎると再び水流があり登山路は厳しくなるが，**1340mのピーク**を過ぎ，尾根の鞍部に辿り着く。

　ここまで来ると五家荘の山々が背後に開けて，周りはブナやカエデ，ヒメシャラの自然林となる。新緑や紅葉の時期は楽しい登路となる。さらに急登をし，**1411mピーク**で西へ進路をとる。この尾根は平家山への縦走路となっている。ここから約30分で小さな急坂を登り詰めると**京丈山**の山頂である。

　復路は往路を引き返すか，ハチケン谷コースへ降りても良い。　　　　　　［安場］

▷タイム：1 ハチケン谷登山口▶60▶林道分岐▶20▶雁俣分岐▶40▶京丈山▶90▶ハチケン谷登山口／2 ワナバ谷登山口▶40▶二俣▶30▶1340mピーク▶30▶1411mピーク▶30▶京丈山▶90▶ワナバ谷登山口

16 天主山
てんしゅざん

☆☆☆ 行程5時間20分＝5.5km

1494.1m

自然林の急坂を歩く，奥深くて花の多い山

▶25000図＝緑川
▶問合せ＝矢部内大臣森林事務所☎0967(72)0395／清和森林事務所☎0967(82)2024／五家荘ねっと http://www.gokanosyo.net/／八代市泉支所産業振興課☎0965(67)2730
▶寄道＝平家の湯☎0967(72)0496／平家荘☎0965(67)5256（登山の案内も可）／平家の里☎0965(67)5372／樅木山荘☎0965(67)5211（登山の案内も可）／東山商店☎0965(67)5302
▶別ルート＝内大臣橋から小松神社を経由，神社上部の林道から上が不鮮明で藪道覚悟の登山となる。鮎の瀬からの登山道と合流し山頂へ

　天主山は熊本県上益城郡山都町より約5km南にあり，九州脊梁山地の北端に位置し，鴨猪川（緑川支流）と内大臣川に挟まれた石灰岩の花の多い山である。

　この山はすべて自然林の中のルートで，鳥の声も賑やかに聞こえる。ホァホーホーと鳴くアオバト，コツコツとドラミングをやるオオアカゲラなどの声を聴きながら山道を登る。数年前までは椎矢峠（椎葉と矢部をつなぐ峠）から入るのが一般ルートであったが，今は林道入口から全面通行止めとなっている。

　椎矢峠から天主山に至る尾根は，登山ではなく山下りとでも言いたくなるような，花の多い楽しい道である。ヤマシャクヤク，ヒトリシズカ，バイケイソウ，ヒゴイカリソウ，トリカブト，ルイヨウボタン，ヤマブキソウ，カタクリなどの石灰岩特有の花が多く，登山者の心を和ませる。

　西内谷の入口には縁結びの神様として小松神社があり，昔は若者の参拝者も多かったと聞く。小松神社の落書きは古く，熊本市内の中央にあたる段山町のことを「飽託郡段山村」と書いた落書きがあり，ほのぼのとさせられる。古くは小松神社からの登山ルートもあったが，林道より上の部分が崩壊して今は使われていない。

　ここでは，3時間の急坂登だが，鴨猪川からのルートを紹介する。山都町（旧矢部町）の通潤橋からさらに奥へ進むと，山の中にしては近代的な鮎の瀬大橋があり，土産店では山都町の特産品が販売されている。鮎の瀬大橋を渡り1km程行くと，菅集落に入る。右側の天主山登山口の看板から林道に入るとまもなく鴨猪

（左から）ヒトリシズカ，バイケイソウ，ヒゴイカリソウ

40

下＝鮎の瀬新道登山口／右＝天主山

川と併走し，水の取水地を過ぎ左岸に渡って1km位で道路が2つに分かれる。谷が大きく開けて，三方山の方向に山を眺めることができる。右の大きな尾根が天主山から延びる尾根である。

鴨猪川の橋を渡らずに，左岸を一回り上がった所に**天主山登山道入口**の道標があり，車はこの辺りに駐車する。50m右に入った所に急峻なロープ付きの登山道入口がある。ロープを付けなければならないほど急な入口だ。ここからは一本道。

尾根道を80分登ると，**天主の舞台**・1194mのピークに到着。ここで一休みして，スズタケとブナ林の中を進む。石灰岩が白く見える辺りでは，春はヤマシャクヤク，秋はトリカブトの群落を見ることができる。石灰岩が見える辺りから立ち木はまばらとなり，ブナの大樹が現れる。山頂が近くなりロープのガードに導かれながら階段状の登山道をジグザグに登ると，尾根の開けた**天主山**山頂である。山頂はブナの大樹が茂り展望が少なく，南西方向に内大臣川を隔て目丸山，馬子岳が見え，遠く熊本平野が林間に望める。下山は往路を辿る。

［廣永］

▷タイム：天主山登山口▶80▶天主の舞台▶100▶天主山▶140▶天主山登山口

41

☆☆行程 7 時間＝15.5km

17 小川岳－黒峰

1542.0m
1283.0m

西郷隆盛も通った，九州脊梁北端の静かな山域

- 25000図＝緑川
- 問合せ＝山都町商工観光課☎0967(72)1158
- アクセス＝国道218号の竜宮大橋から県道224号へ。尾野尻バス停から緑仙峡キャンプ場を経て舞岳登山口
- 寄道＝緑仙峡キャンプ場（山都町緑川2012－11）☎0967(82)3224／清流館（山都町緑川1047）☎0967(82)3311
- 別ルート＝山都町清和（鎌野バス停）－林道（黒峰線。林道終点に駐車可）－黒峰－トンギリ山－小川岳（往復）／五ケ瀬ハイランドスキー場－小川岳－トンギリ山－黒峰－鎌野集落（縦走）

熊本
宮崎

宮崎県と熊本県にまたがる九州脊梁山脈の北端に位置し，自然が残る静かな山域である。登山口となる山都町清和地区の緑仙峡（りょくせんきょう）にはキャンプ場も整備され，緑川の源流への登山も楽しみの1つである。登山基地となる緑仙峡は，黒峰1284m，小川岳1542m，向坂山（むこうさかやま）1684m，三方山（さんぽうやま）1577m，稲積山（いなづみやま）1269m，遠見山（とおみやま）1268mなどに囲まれた渓谷にあり，夏はキャンパーで賑わっている。

小学校を改修した宿泊研修施設・清流館（せいりゅうかん）から左折し，上部の赤木集落及び舞岳（まいたけ）集落を抜け，砂利道となって狭い林道を緑川源流へと進むと「舞岳山の神」の社があり，さらに進むと左にカーブした三叉路があり，3台程の車が置ける広場がある。ここに駐車するが，もう少し先まで車で行くこともできる。この三叉路には**小川岳登山口**の道標がある。右に行くと緑川源流へと続いているが，小川岳には左の道を行く。狭くなっているので車の場合は苦労して登ることになる。1km程狭い道を行くと，車が4台程置ける広場がある。車道は徐々に狭くなり，急な坂をいくつかのカーブを抜け，いよいよ登山路に入る。

谷の右岸をジグザグに登り1064mの**展望所**の尾根に上がると，若干視界が広がるが，すぐ自然林の中を行くことになる。30分も歩くと右手に最後の**水場**があるが，ここでは左へ登路をとり，**黒峰分岐**へと行く。分岐で左の道を行くとトンギリ山を経て黒峰の縦走路，右は小川岳への登路である。右へ行き，小川岳から派生し

左＝雪の小川岳
下＝黒峰山頂から見たトンギリ山

小川岳のハチ千代ブナ 　　　　　　　　　　　　　　　　　　　　　　　　黒峰

ている大きな尾根を斜めに登ると宮崎県との境界標識が出てくるので、それに沿って主稜線の急坂を登る。

　黒峰分岐から80分で**小川岳**の山頂である。展望所（1064m）から山頂まではクマザサが多いが、**シャクナゲ**も見ることができる。また、バケイソウの群生地でもある。山頂はブナに囲まれた静かな所であり、「八千代ブナ」と名付けられたブナの大木が素晴らしい姿でそびえ立っている。

　下山はもと来た道を下ってもよいが、車の配置を考えておけば黒峰への縦走も可能である。**黒峰分岐**から北方向に主稜線を辿り、きれいな円錐形をした**トンギリ山**1252mを越えて**黒峰**まで行き、**一ノ瀬越**を経て**栗藤**の集落へと降りるコースだ。

今はよく整備され、迷うことなく縦走ができる。なお、清和の栗藤集落から宮崎県五ケ瀬町の小川集落へ抜ける生活道路は、西南戦争の折り薩軍が敗走した山道で、峠には西郷隆盛が休憩したとされる岩に案内板が立ててある。　　　［松本］

▷タイム：小川岳登山口▶70▶黒峰分岐▶80▶小川岳▶70▶黒峰分岐▶60▶トンギリ山▶30▶黒峰▶20▶一ノ瀬越▶90▶栗藤集落

小川岳－黒峰

☆行程 1 時間50分＝3.1km

18 向坂山（むこうさかやま）
1684.8m

霧立山地のブナ林を歩く

- 25000図＝国見岳
- 問合せ＝宮崎県椎葉村役場☎0982(67)3111
- アクセス＝国道218号の馬見原交差点から国道265号に入り、鞍岡を経て本屋敷より右折。波帰から林道に入り、カシバル峠（五ケ瀬ハイランドスキー場）へ
- 宿泊＝やまめの里（宮崎県西臼杵郡五ケ瀬町蔵岡4615）☎0982(83)2326（やまめの里に宿泊すると無料で登山口まで送迎してくれる）
- 別ルート＝【縦走コース】舞岳集落－小川岳－スキー場－向坂山－三方山－稲積山－湯鶴葉－緑仙峡キャンプ場－舞岳集落

熊本
宮崎

　九州脊梁山脈縦走登山の起点・目標の山として、また近年、手軽に日帰りできる脊梁の山として親しまれており、徐々に登山者が増えてきている。また、五ケ瀬ハイランドスキー場は北東方面の斜面を利用した日本最南端のスキー場として、冬の時期はスキーヤーで賑わう。スキー場があるため、冬場でも冬タイヤで登山口まで行けるので、冬の登山者も増えている。登山対象となる向坂山はスキー場から登ると20分程で頂上に立て、そこから杉越へ下れば、比較的気軽に冬山気分が味わえる。

　ここでは、スキー場の下部駐車場から白岩登山道を利用する登山ルートを紹介する。スキー場はカシバル峠として昔からの登山口であり、そこまでは鞍岡集落（くらおか）から舗装の車道である。下の集落から谷筋に登山路があるものの、現在はほとんど使われておらず廃道になっている。スキー場のリフトの下を抜けると、右手に砂利道の林道が出てくるのでそこを辿る。普段は一般車両通行禁止の立て看板があるが、登山者はさらに車を進めることができる。砂利道を5分程行くと、大きく右へカーブした所に白岩登山口（しらいわ）の標識が見えてくる。ここで車を置いて登山路に入る（4台程駐車可）。

　登路は木屑を敷いた緩やかな登りで、自然林の中をゆっくりと楽しめる。向坂山の南東斜面を巻くようにして1時間程行くと、杉越（白岩峠）（すぎこし）というコルに辿

白岩登山口

スキー場から向坂山への登山路

り着く。左へ行くと霧立の山域で、宮崎県側の白岩山を経て扇山に登り、椎葉へと続く。進路を右にとり、主稜線沿いを登り詰めるとバケイソウの群落があり、シーズンには花が楽しめる。頂上はそこからすぐだ。

　向坂山の山頂は展望には難があるが、達成感は感じられる。また、頂上は三叉路になっており、左へ行くと三方山を経て遠見山へ通じ、三方山からは天主山へも行くことができる。山頂から右手の下山路を下り、約20分でスキー場の**最上部のリフト降り場**に辿り着く。途中の登山路には近年多くなった鹿の害を防ぐための防護網が張ってあり、鹿の糞も多く見られる。

　スキー場のレストランの右を抜け、取り付き道路をさらに下ると**五ケ瀬川源流**を経て白岩登山口に戻る。

　なお、リフト下の林道は、冬期は車両通行止めになる。　　［松本］

スキー場からの向坂山

向坂山から阿蘇山を望む

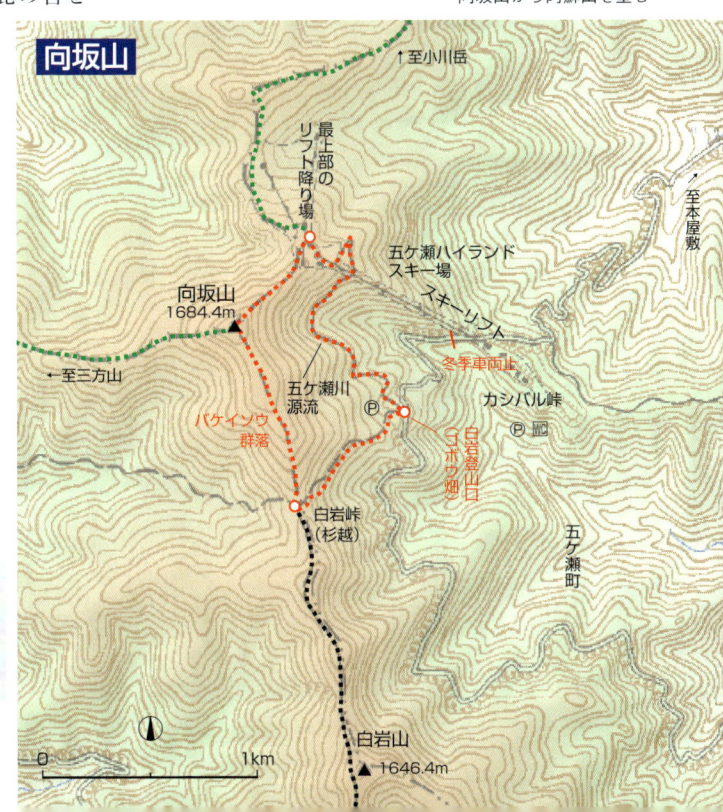

▷タイム：白岩登山口▶60▶杉越▶15▶向坂山▶15▶最上部のリフト降り場▶20▶白岩登山口

向坂山

| 1 ☆☆ 行程5時間＝6.2km | 2 ☆ 行程3時間30分＝6.7km |
| 3 ☆☆ 行程5時間＝7.8km | 4 ☆☆☆ 行程7時間＝11km |

19 国見岳・五勇山・烏帽子岳

1738.8m
1662.0m
1691.7m

九州の奥座敷，ブナの原生林とシャクナゲの大群落の山

▶25000図＝1 国見岳・葉木／2 国見岳・不土野／3 国見岳・葉木／4 国見岳・葉木

▶問合せ＝五家荘ねっと http://www.gokanosyo.net／八代市泉支所産業振興課☎0965(67)2730／矢部内大臣森林事務所☎0967(72)0395／清和森林事務所☎0967(82)2024／山都町商工観光課☎0967(72)1158／美里町企画観光課☎0964(47)1111

▶寄道＝平家の里（平家の歴史を紹介する資料館）☎0965(67)5372／東山商店（二本杉峠の茶屋）。道路事情に詳しく，時間がある時は京丈山ー雁俣山の登山口まで車を出していただける。お代は「お土産をたくさん買ってください」とのこと）☎0965(67)5302

▶宿泊＝平家の湯☎0967(72)0496／平家荘☎0965(67)5256（登山の案内も可）／樅木山荘☎0965(67)5211（ご主人は五家荘の登山ルートに詳しく案内も可）

▶別ルート＝峰越峠ー烏帽子岳ー五勇山ー国見岳の往復は登りは少ないが健脚でも480分を要する。椎矢峠は宮崎・熊本両方向とも全面通行止め

熊本
宮崎

　九州の奥座敷とも言える最も奥深い山域であり，残された自然も多い。シャクナゲの大群落があり，国見岳山頂から眺めるブナの樹林帯に感動する。沢にはベッコウサンショウオが生息し，山にはホシガラスが飛来する。

　林道は雨が降る度に崩壊し，登山ルートも定まらない。従来は椎矢林道から椎矢峠へ上る途中の広河原登山口・杉の木谷登山口があったが，道路が崩壊し，未だ椎矢林道が全面通行止めのため，樅木の五勇林道と上椎葉の萱野からのルートを紹介する。1 国見岳，2 五勇山，3 烏帽子岳を説明した後，4 国見岳ー五勇山ー烏帽子岳の3山縦走コースを案内する。

1 国見岳

　樅木より五勇林道に入り，4.7km先の林道の奥に立派なゲート（五勇線ゲート）がある。このゲートに車を置き，5分歩くと国見岳第1登山口がある。登山口から北東方向へ急坂を50分，スギとヒノキの植林を登るとアカマツのある林へと変わり，自然林の中を10分で第2登山口からの合流点に到達する。ここを過ぎ，スズタケの多い尾根道を登ると，やがて中

五勇線ゲート 　　　国見岳第1登山口 　　　国見岳山頂の祠

46

国見岳山頂からブナ林の紅葉を望む

央に大きなブナがある。以前はその根元で休憩をする人も多かったが，今はその大樹も枯れている。

　稜線に出るとシャクナゲが多くなり，山頂が近いことを教えてくれる。**国見岳**

▷タイム：**1** 五勇線ゲート▶5▶国見岳第1登山口▶145▶国見岳▶150▶五勇線ゲート／**2** 萱野登山口▶110▶五勇山▶100▶萱野登山口／**3** 烏帽子岳登山口▶150▶烏帽子岳▶150▶烏帽子岳登山口／**4** 五勇線ゲート▶30▶国見岳第2登山口▶120▶国見岳▶70▶五勇山▶50▶烏帽子岳▶150▶五勇線ゲート

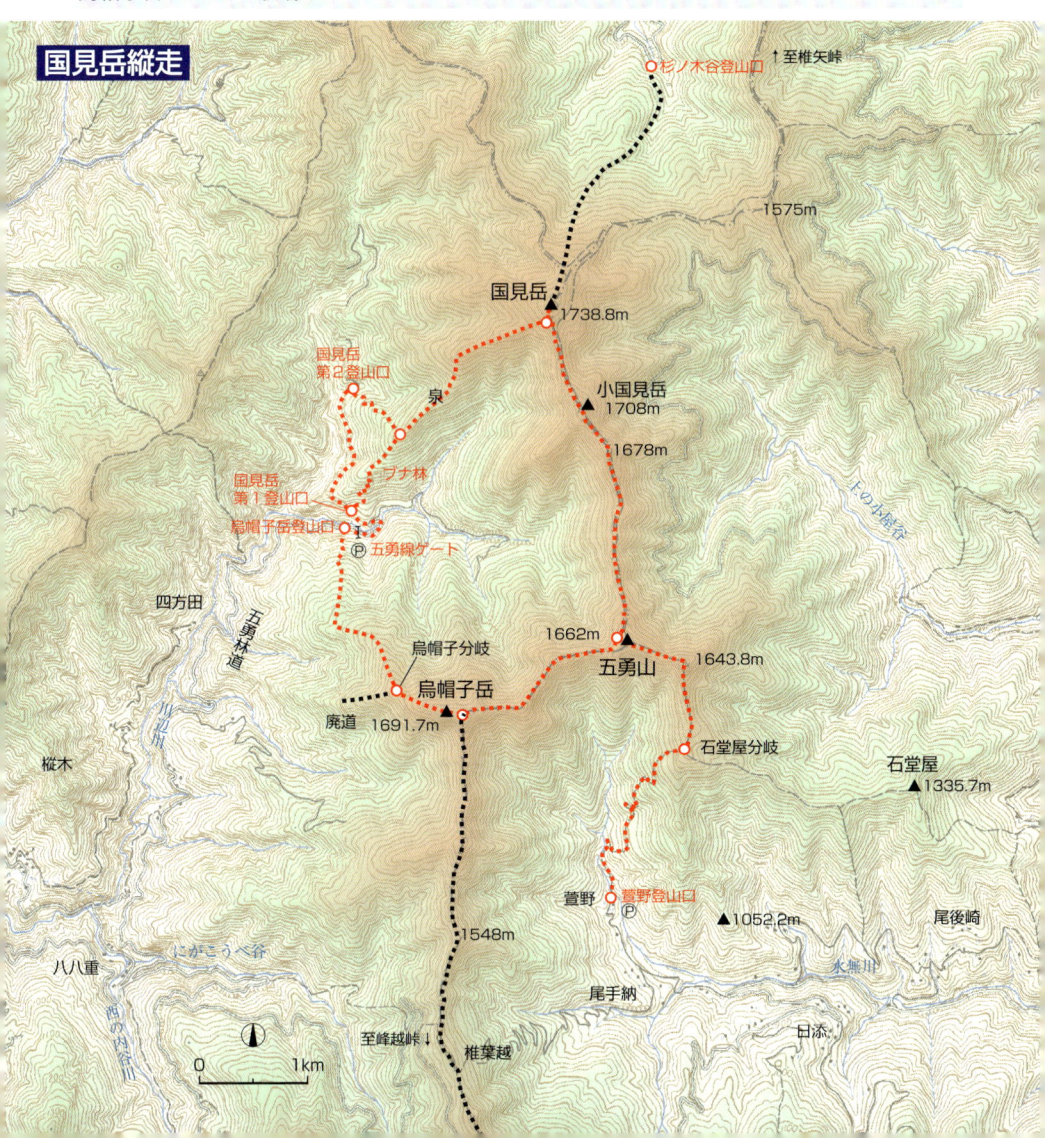

萱野と五勇山

道だ。

　上椎葉より峰越峠に向かって29km入った所に，右に国見岳・五勇山登山口の道標があり，0.5km 入ると**萱野登山口**の駐車場（5台分）に着く。道標に従い杉林の急坂を90分で**石堂屋の分岐**へ。分岐から緩やかな登りの自然林の中を50分で，**五勇山**の山頂に到達する。山頂付近ではシャクナゲの大群落を見ることができる。山頂の10m先に，「右に国見岳70分，左に烏帽子岳50分」の道標がある。帰りは同じ道を下る。

の山頂には平成21年5月に新しい祠が完成した。展望は良く，南側にはブナの大樹林帯が広がり，北には阿蘇五岳，東には祖母山が眺望できる。山頂はホシガラスが「ガァーガァー」と鳴く別天地である。帰りは同じ道を下る。

3 烏帽子岳

　アオバトが「ホァホー，ホァホー」と鳴く，山深くて静かな山だ。山頂から国見岳まで続く尾根にシャクナゲの大群落が見られる。**樅木**から**五勇林道**に入り，4.7km で**五勇線ゲート**に着く。車はここに停める。ゲートから100m引き返した所に**烏帽子岳登山口**の道標がある。この登山道はスギ林の中を足元に注意しながらジグザグに登る。

2 五勇山

　五勇山と白鳥山を結ぶ稜線上に**峰越峠**がある。樅木からの道標には「峰越峠」とあるが，上椎葉からは「県境峠」と案内されており，熊本と宮崎側ではその名称が違っている。ただ，県境峠というと脊梁の山々が全部県境であるので，ここでは「峰越峠」とする。また，ここより北700mに藪道となりあまり使われていない「椎葉越」があることから，この峠を「新椎葉越」と呼ぶこともある。なお，椎葉越は椎葉と樅木を結ぶ峠道で，今は通る人もなく藪化しているが，残したい

　30分程で杉のまばらな二次林に入り，ヒノキ林と自然林の中を90分登ると，右から樅木からの旧道（現在は廃道となっているため注意）と合流する（**烏帽子分**

熊本
宮崎

峰越峠 　　　　　　五勇山山頂横の道標 　　　　　ゲート手前の烏帽子岳
　　　　　　　　　　　　　　　　　　　　　　登山口駐車スペース

48

烏帽子岳

岐）。合流点を左へ自然林の尾根を登るとブナが多くなってくる。まもなくシャクナゲの多い林になり，**烏帽子岳**山頂に着く。山頂は岩峰で，南に峰越峠，白鳥山がよく見える。

　山頂より東へ5分，シャクナゲ林を歩くと縦走路がある。右に峰越峠，左に五勇山と書いた道標がある。下りは同じ尾根を西に下り，樅木からの廃道と間違えないように合流点を右に下ると，五勇林道の烏帽子岳登山口に到着する。

4 国見岳－五勇山－烏帽子岳縦走

　国見岳第1登山口から登り，国見岳，五勇山，烏帽子岳の3山縦走を楽しむ健脚向きのコース。

　樅木より**五勇林道**に入り，4.7km先に**五勇線ゲート**がある。このゲートに車を置き，5分歩くと右に**国見岳第1登山口**がある。林道を直進し30分程歩くと正面に砂防ダムがあり，右側に**第2登山口**がある。この第2登山口からスギとヒノキの植林の中をジグザグに30分登ると第1登山口からの道と合流し，ブナの原生林の中を登る。山頂が近づくに従いブナの大樹が多くなり，右に五勇山と烏帽子岳を眺めながら登る。国見岳－五勇山の縦走路に至りシャクナゲ畑の中を左上へ100m登ると**国見岳**山頂だ。

　山頂には祠があり，360度の展望が楽しめる。西に熊本平野，有明海，雲仙，天草の島々，北に阿蘇山，くじゅう連峰，東に祖母山，南に市房山，霧島を眺めることができる。山頂の周りはシャクナゲとブナの原生林が素晴らしい。

　山頂を満喫した後，登ってきた道を100m下りシャクナゲの庭園を散歩して，ブナの原生林の続く縦走路を五勇山へ向かう。やがて正面に小さなピークが現れる。**小国見岳**だ。快適な高低差の少ないブナの稜線を70分で立派な道標が現れ，左に少し入った所に**五勇山**山頂があるが展望はない（山頂から南に下ると椎葉村の萱野へ出る）。

　縦走路に戻り，ブナの原生林を烏帽子岳に向かう。快適な稜線を50分，烏帽子岳山頂と峰越峠に向かう道との分岐に到着する（直進すると峰越峠まで150分）。分岐の周辺にはシャクナゲが多い。西に右折してシャクナゲ林を5分，岩稜の**烏帽子岳**山頂が現れる。山頂の南側は深く切れ込んでいるが，ゆっくり休むスペースがある。

　山頂より西にシャクナゲ林を下る。尾根道から谷へ下る辺りに**烏帽子分岐**（1320m）があり，右に曲がる（直進は廃道）。赤のテープを追って下ると次第に開けた自然林の中となる。尾根の左に大きな石灰岩が現れると右に曲がり，植林の中をジグザグに下れば五勇線ゲート下部の烏帽子岳登山口に到着する。

[廣永]

20 白鳥山 しらとりやま

☆行程3時間＝10.1km
1639.2m

静かな山登りが楽しめる準平原の山

▶25000図＝不土野
▶問合せ＝八代市泉支所産業振興課☎0965(67)2730
▶交通アクセス＝国道218号の美里町－国道445号－県道159号－八八重
▶宿泊＝山女魚荘☎0965(67)5202／民宿もみの木☎0965(67)5210／その他樅木に数軒あり
▶別ルート＝【ウケドノ谷コース】樅木集落から八八重の分かれ道でウケドノ谷林道へ。ゲートにより途中で通行止めになっている場合は歩く。奥のヘアピンカーブなった所が谷の登り口。左側の尾根に上がり頂上を目指す／【唐谷コース】唐谷登山口から約40分で県境尾根へ登る

熊本
宮崎

　白鳥山は，五家荘(ごかのしょう)山域で最も南に位置するカルスト台地の準平原の山である。脊梁山脈から延びた尾根伝いの宮崎県と熊本県の県境であり，自然が残る静かな山域である。山頂への登山路は4ルートあり，登山口までは自家用車でないと困難である。

　一般的なルートとしては，五家荘の樅(もみ)木(き)集落まで行き，さらに八八重(はちやえ)の上ノ内(かみうち)登山口から上ノ内谷を詰めて登るルートと，同じく八八重のウケドノ谷を詰めるコース，熊本県側からは宮崎県椎葉村へ通じる林道樅木椎葉線の峰越(みねごし)(新椎葉越(しんしいばごし))から県境伝いに脊梁山脈の尾根を歩くコースがある。さらにその林道を宮崎県側に下ると，宮崎県側の唯一の登山路である唐谷コースの登山口がある。ここでは，上ノ内谷を登り，平清経の住居跡から脊梁山脈の尾根を峰越（新椎葉越）へ向かうルートを紹介する。

　樅木集落から八八重を経て林道樅木椎葉線を峰越へ向けて走ると，上ノ内谷の大きなヘアピンカーブになるが，その谷の末端が**上ノ内谷コースの登山口**である。駐車場も5〜6台程確保できるので，ここから登ることにする。

　谷の左岸から入り，巨木の樹林帯を右岸・左岸と渡りながら巨石のある**二俣**に辿り着く。そこからは左の涸れ谷に入り，右岸の自然豊かな登路を行く。時折急斜面となるが，谷が広くなると斜度も緩やかになりクマザサが現れてくる。平坦になった所の右が**御池**(みいけ)で，付近はカルスト地帯となる。御池からそのまま直登すれば，ウケドノ谷から来たルートと合流する。そのまま左へ緩やかな登りを登ると丘陵台地の**白鳥山**の頂となる。

　山頂付近は雑木林の中で展望もない。夏の時期はヤマシャクヤクの花が観賞で

秋の登山路

50

左上＝ドリーネ／右上＝烏帽子岳より白鳥山方面を望む／右＝平清経住居跡

きる明るい山頂である。

　下りは，脊梁山脈の銚子笠，そして不土野峠へと通じる尾根を少し行くと，さらに左へ下るルートがあるので，バケイソウの群落を見ながら下る。まもなく御池から来た道と合流し，辺りは石灰岩の**ドリーネ**地帯となる。苔むしたドリーネは一見の価値がある。

　平清経の住居跡と伝承される案内板を見ながら右手にルートをとると，脊梁山脈の尾根へと通じ，快適な尾根歩きができる。**1540mのピーク**を過ぎると，その後小さなピークはあるものの，さほど体力を使わないで**峰越登山口**へ出る。ここは広場になっており，駐車場やトイレもある。県境の林道を渡った所には烏帽子岳から五勇山への案内板がある。ここから舗装された林道を下り20分も歩くと，上ノ内登山口の駐車場に着く。[松本]

▷タイム：上ノ内登山口▶20▶二俣▶50▶御池▶20▶白鳥山▶10▶平清経住居跡▶30▶1540mピーク▶30▶峰越登山口▶20▶上ノ内登山口

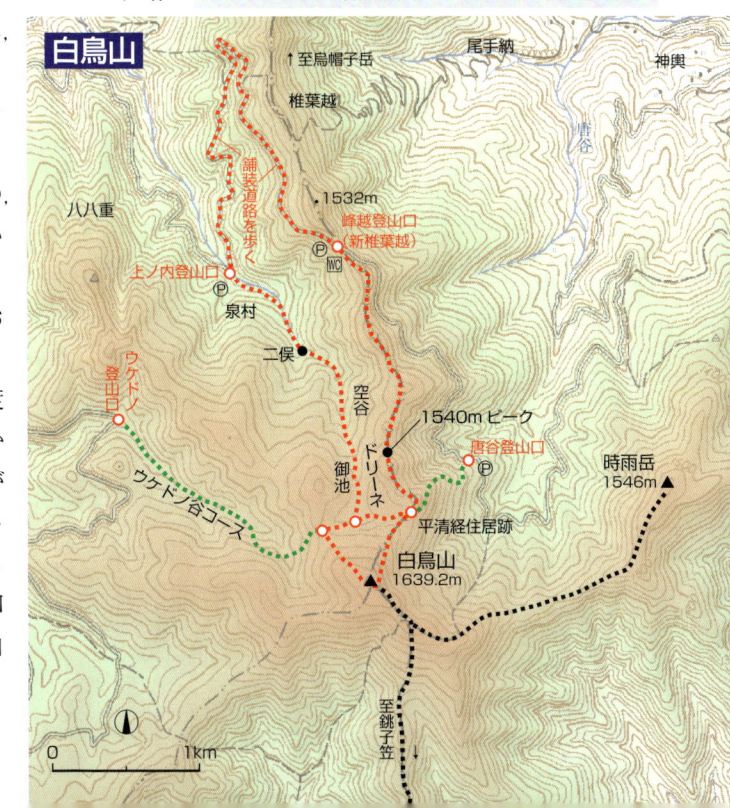

白鳥山

21 大金峰-小金峰

☆行程 5時間＝13.2km

1395.9m
1377.0m

頂上付近以外のピークはすべて山腹を巻く楽チンの山歩き

- ▶25000図＝葉木
- ▶アクセス＝国道218号の美里町－国道445号－早楠－二本杉峠－大金峰登山口
- ▶寄道＝佐俣の湯☎0964(46)4111（入浴料大人500円）／二本杉広場（清潔なトイレ、土産物販売所がある。トイレ休憩に最適）
- ▶宿泊＝五家荘自然塾（大金峰・小金峰の西側の谷、梅檀轟の滝へ向かう道路沿いにある宿泊研修施設。大人2食付5000円～。要予約）☎0965(67)5530
- ▶別ルート＝朴の木集落（駐車可）－小金峰山－朴の木集落（登り100分、下り60分）

熊本

　五家荘の人々の生活にも自動車が欠かせなくなった昭和30年代以前は、山々には生活道としての山道が通じており、交易品を積んだ牛馬が行き交い、買い物、通学に利用されていた。九州脊梁の霧立越や向霧立越の駄賃付けの道が有名だが、大金峰－小金峰の登山道も、そのような人々の生活道であった道が九州自然歩道として整備されたものであり、昔の人々の生活に思いを馳せながら歩いてみるのも一興である。

　二本杉峠から国道445号を南へ800m下ると、道路上に案内標識があり、梅檀轟の滝方面へ右折するとヘアピンカーブ左側に**登山口**の駐車場（8台分）がある。

　登山道は、奥の崩落部分の右隅を登ると丸木の階段が現れる。スギ植林帯をし

ばらく行くと小沢を渡り、次の小沢沿いを少し登り、「マムシに注意」の看板を見て、右斜面を登りながら高度を上げていく。しばらくはスギ植林の中を行く。視界は利かないが、鳥のさえずりを聴きながら気持ちの良い道を辿ると、**ロボット雨量計**がある。ここまで約20分、一息入れたい所だ。両脇のスズタケなどは切り払われ、よく整備された遊歩道といった感じである。

　平坦な道となり、落葉樹の林が出てくると西に柿迫方面の山も見える。緩やかなアップダウンが続き、やがて草付きの広場に出て、大金峰入口の標識がある。頂上へは左へ5分程の登りだ。**大金峰**の頂上はスギ林の縁で、展望は全く利かないが、三等三角点がある。頂上への登り

左＝大金峰への登山口駐車場。登山道は奥の崩落部分から登る／右＝大金峰登山道の小沢

口から西に下ると、林道を横切り水梨の部落に下ることができるが、今は使われていないようだ。

さらに自然歩道を南へ、小金峰に向かう。道は稜線沿いの緩やかなアップダウンで少しずつ下っていく。ブナ、カラマツなどの自然林が続く、緩やかな長い下りを行くと**福根の分岐点**。ここから緩やかな登りで、次のピークを過ぎると、**攻の分岐点**で自然歩道は西へ下り、栴檀轟の滝方面へ向かう。小金峰へは下り気味に真っ直ぐ進む。この付近はカラマツ林が多いが、やがて緩やかな上り坂になり、植林帯になって右側の展望も得られる。さらに進むと、大岩の下に清水が垂れており、冷たい水で喉を潤すこともできる（渇水期は涸れることもある）。しばらく進むと小金峰の登り口で、頂上は左へ10分の急登である。

小金峰の頂上からの眺めは、東の九州脊梁、国見岳から烏帽子岳、白鳥山、南に大きな山体の上福根山が望める。下山は往路を戻るのが一般的だが、小金峰の登り口から南へ下れば1時間余りで朴の木集落に至る。五家荘の長大な尾根を縦走したことになるが、あらかじめ自動車を回しておくか、朴の木から登るグループと途中で自動車のキ

北から大金峰を望む

ーを交換するクロス登山とするなど、工夫が必要だ。　　　　　　　　　　[安場]

▷タイム：登山口▶25▶ロボット雨量計▶60▶大金峰▶30▶福根分岐▶15▶攻分岐▶50▶小金峰▶120▶登山口

22 仰烏帽子山 （のけぼしやま）

☆☆行程4時間＝6.8km
1301.8m

石灰岩地特有の花の多い山

▶25000図＝頭地
▶問合せ＝五木村ふるさと振興課☎0966(37)2211
▶寄道＝五木温泉☎0966(37)2101／端海野キャンプ場／白滝公園
▶別ルート＝相良登山口（駐車可）から牛の鼻ぐり岩を通り仏石分岐から山頂に向かうコースは荒れているので注意したい。分岐から右の尾根に登ると仏石を経て元井登山口からの道と合流し山頂に向かう（往復3時間）。また近年、東登山口から仏石までの往復（2時間）もフクジュソウ観賞コースとして人気がある。東登山口には駐車場・簡易トイレがあり、コースも平坦で林間を楽しむことができる

「オードーマー盆ギリ盆ギリ」で始まる五木の子守唄の里だ。川辺川問題で村は賛成派と反対派に二分され、村人の心は取り戻せない。政治に翻弄（ほんろう）された村だ。

仰烏帽子山は五木・相良・山江の3村にまたがる石灰岩の山で、近年五木の元井谷と相良村との林道がつながり、一周できるようになり大変便利になった。花の頃には九州内はもちろん、山口方面からも多くの登山者が訪れ、林道の駐車場はマイクロバスも含め道路に溢れるほどである。3月のフクジュソウ、4月のヒトリシズカ、イワザクラなど、日当たりの良い斜面は花が早く、谷筋の花は遅れて咲き、花の時期が長いのも特徴だ。4月下旬のヒゴイカリソウ、5月のヤマシャクヤク、夏のキツネノカミソリも楽しみな花だ。

山名は、山の形状が鳥のとさかのように見えることから付けられた。烏帽子岳という山名は多いが、仰烏帽子という山名は珍しい。特に元井谷から望むと仰ぐような感じだったのだろう。山頂は360度の展望があり、天気の良い日は80km先の桜島がこんもりと望め、二等三角点と2体の地蔵尊が祀られている。古くから「球磨三山」（くま）といえば市房山（いちふさやま）、球磨白髪岳、仰烏帽子山を指し、人々に親しまれてきた。最近は時間的に短い椎葉谷からのルートの登山者も多くなったが、ここでは、フクジュソウ観賞コースとして代表的な元井谷コースを案内する。

国道443号の東陽町南交差点から県道25号（小川五木線）に入り、大通トンネルを越えて頭地（とうじ）方面へ下る。頭地の1km手前にある元井橋を右岸に渡り林道を4

元井谷登山口

下＝仰烏帽子山／右＝仰烏帽子山山頂

km登ると、右に簡易トイレのある**元井谷登山口**がある。シーズンにはこの道沿いに20台もの車が並ぶ。登山口から300m上部右側に広場があり、マイクロバスの反転の場所となっている。

この元井谷登山口にはたくさんのフクジュソウがあったが、盗掘により今は少ない。登山口から10分位で涸れた滝の左岸を登り、雨で洗われた石灰岩の露出した谷を歩くと、右岸に伐採され植林された山（ネットで囲まれている）が現れる。

まもなく休憩場所となる**三叉路**。直進は森林巡視路、右に入るとフクジュソウの咲く谷で、楽しい散歩道である。1時間で峠に登り、仏石（ほとけいし）と仰烏帽子山との**分岐**である。植林の中を山頂へ向かうと、石灰岩の露出したドリーネ地帯を過ぎ、**仰烏帽子山**の山頂に至る。山頂は展望も良く、祠が祀られている。北側は岩壁となり元井谷に落ちている。下山は往路を辿る。

仏石へ行く場合は、足場が悪いので注意し

て登りたい。仏石では春にはヒゴイカリソウ、ヒトリシズカ、秋にはイワギクの花が楽しみである。仏石より東側一帯にフクジュソウの群落が多い。現在は五木村の専門の案内人がおられるので、案内をお願いするとよい。

[廣永]

▷タイム：元井谷登山口▶50▶三叉路▶40▶分岐▶30▶仰烏帽子山▶120▶元井谷登山口

55

23 雁俣山（かりまたやま）

☆行程2時間＝3.6km
1315.0m

春のカタクリを手軽に観賞できる貴重な山

- ▶25000図＝畝野・葉木
- ▶問合せ＝美里町役場☎0964(46)2111
- ▶アクセス＝国道218号の美里町ー国道445号ー津留集落ー二本杉峠
- ▶寄道＝佐俣の湯☎0964(46)4111（入浴料大人500円）／東山商店（土産物店）／美里町ガーデンプレイス・家族村（美里町畝野2999-1）☎090(2589)7673（予約センター）
- ▶別ルート＝頂上から、東へ稜線伝いに京丈山(1472.5m)まで、明瞭な踏み跡があり、2時間程度で行くことができる。近年このコースを往復する登山者が増えているようだ

熊本

　国道445号を美里町（旧砥用町（ともちまち））から早楠（はやくす）の集落を過ぎ、舗装はされているものの、狭いジグザグの山の車道を二本杉方面に車を走らせる。道路が狭いので対向車には気をつけよう。早楠から30〜40分程登り詰めると、双頭峰（そうとうほう）（頂上が2つある山）の特徴のある山容が見える。これが雁俣山だ。初心者向けの山ではあるが、威風堂々とした大きな山である。さらにしばらく行くと**二本杉展望所**が右手にあるので、一息入れて熊本平野の遠望を楽しんでみても良い。

　展望所から1分程で二本杉峠の広場に着くが、広場は広く、車もたくさん停められる。土産物店（東山商店）を経営している人の私有地であり、夜間は閉鎖されるので注意しよう。清潔なトイレが隣接している。

　広場の民家（東山商店）の横が**登山口**である。標高1000mから登り始め、標高差200m程度の登山であるため、初心者や中高年に親しまれている。作業道的な平坦な道を10分程歩くと案内板があり、**黒原（くろはら）への分岐**だ。ここから山道となり、丸木の階段などが整備された緩やかな登りとなる。登山路はよく整備されており、危険な箇所はほとんどない。

　しばらく登ると、**カタクリコースと直登コースの分岐**がある。カタクリの時期以外はどちらをとってもよい。カタクリ

雁俣山登山口　　　　　黒原分岐

56

の時期は登山者で賑わうが、写真を撮るため、コース外に踏み出す人を見かける。地面を踏みつけると、土壌が流れ、根を傷めてしまう。貴重な植物を大事にしたいものだ。

さて、頂上が近くなると、傾斜が増し、木の枝をつかんで登る所もあるが、ゆっくり登るとすぐ雁俣山の山頂だ。頂上には、10人程が座れるベンチもあり、腰を下ろしてゆっくり休憩ができる。北方面の樹木が切り払われているが、灌木の合間から見る熊本平野は素晴らしいものがある。また、熊本市民の憩いの山として親しまれている金峰山や雲仙普賢岳などが、不知火海を挟んで望まれる。

帰りは、往路を1時間弱で二本杉広場に戻る。また、頂上から東（京丈山方面）へ約700mの分岐から南に下ると、民家を経由して二本杉広場に至る周遊コースをとることもできる。　　　　［安場］

熊本市内方面の眺め

頂上西側

▷タイム：登山口▶10▶黒原分岐▶20▶カタクリコース分岐▶30▶雁俣山▶60▶登山口

24 上福根山 (かみふくねやま) 1645.3m

1 ☆◦行程7時間20分＝8.7km／**2** ☆◦行程4時間15分＝7.8km

フクジュソウやシャクナゲが咲く静かな山域

▶25000図＝椎原
▶問合せ＝八代市泉支所産業振興課☎0965(67)2730
▶アクセス＝**1** 人吉IC－広域農道－国道445号－五木村－久連子入口－県道247号－登山口（すべて舗装道路）／松橋IC－国道218号－美里町－国道445号－二本杉－椎原－久連子入口－県道247号－登山口／**2** 美里町－国道445号－二本杉－椎葉－吐合－県道159号－横平
▶寄道＝久連子古代の里☎0965(67)5049／久連子鶏は平安時代に日本に渡来してきた小国鶏（尾長鶏の祖先）をもとに久連子の人々が作り上げた集落古来の鶏。中央に黒色の条線があり、他の部分は銀白色なのが特徴である。熊本県の天然記念物。久連子の集落で代々踊り続けられている「久連子踊り」（県指定無形民俗文化財）では、頭に被る花笠に久連子鶏の羽を飾り付け、勇壮な演舞を行う
▶宿泊＝高尾荘☎0965(67)5239
▶別ルート＝【樅木・久連子ルート】樅木－横平登山口（ワラビ谷）－上福根山－岩宇土山－久連子

1 岩宇土コース

　五家荘（ごかのしょう）の中央に位置する上福根山は、5つの荘の1つ久連子（くれこ）の集落から登るのが一般的である。アクセスは非常に悪く、自家用車で久連子集落まで行くことになる。人吉経由で五木村から入るか、美里町（旧砥用町：ともちまち）から二本杉峠を経由して椎原集落、そして久連子へと入る。その他に旧泉村の柿原を抜けて椎原へと出る方法もあるが、いずれも時間がかかる。久連子には「久連子古代の里」という民芸展示館があり、天然記念物の「久連子鶏」が飼育されており、一見の価値がある。

　登山口は、久連子集落最奥にある「久連子荘」の10m程先の左脇の急坂が取り付きである。コースはオコバ谷コースと鍾乳洞を通る尾根コースがあり、普通は尾根コースを登る。

　稜線上にはわずかな雑木林が残り、尾根の下部は植林が続く。痩せ尾根を登り詰めると、登山路に石灰岩が現れてきて、尾根も若干広くなってくる。クマザサの藪を掻き分けるようにして登り鞍部に着くと、**地蔵**が登山者の安全を見守るかのように祀ってある。鞍部からは右側の斜面の自然林の中を注意して歩く。

　再び植林地に出て自然林との境界を登り上がると、**久連子の鍾乳洞**に達する。

岩宇土コースの登山口

天然記念物の「久連子鶏」

上福根山から見た茶臼山

そこを左から回り込み石灰岩のピークに立つと，上福根と茶臼山の山頂を望むことができる。

再び元に戻り，植林地帯を右手に見ながら進み，その最上部でクマザサの左を登ると岩宇土山のピ

▷タイム：**1** 岩宇土山登山口▶110▶鍾乳洞▶50▶岩宇土山▶60▶林道▶60▶上福根山▶50▶オコバ谷出合▶60▶オコバ谷▶50▶岩宇土山登山口／**2** 横平登山口▶90▶1420mピーク▶30▶茶臼山分岐▶20▶上福根山▶40▶1420mピーク▶75▶横平登山口

上福根山

上＝上福根山山頂／下＝痩せ尾根の登山道

で，ひと踏ん張りである。ブナやモミの自然林から石灰岩の露岩に出て直登するとシャクナゲの群生地で，右上へ巻いていくと**上福根山**の山頂に辿り着く。

　頂上の手前からは西の茶臼山への登路があるが，行く人は少ない。また，茶臼山への途中からは樅木集落への登山路があるが，ここもほとんど使われていない。また，東への登路を尾根伝いに行くと，**山犬切**（1621m）へ行くことができる。

　下りは，登ってきた道を**オコバ谷出合**まで戻り，右手の植林地帯の道を行く。小さな谷であるが，道はその左側をなめるようにして下る。少し広くなった台地から左斜面伝いに涸れ谷を行くと，オコバ谷へ降りる。ここで谷を渡り，対岸に出て支流の山腹を横切るようにして竹林を抜けると，再びオコバ谷（伏流）に出る。谷沿いに下ると林道に出て，登山口の「久連子荘」の下部に辿り着く。

2 横平コース

　5つの荘の1つ樅木集落からの登山を試みる。日帰り登山も可能だが，熊本市からでも登山口まで3時間程を要する。登山口に午前9時頃までには到着しておきたい。樅木に入るには，美里町（旧砥用町）から国道445号に入り，二本杉峠を越えて県道159号に入る方法と，八代市泉町柿原から椎原経由と，人吉から球磨村・五木村経由があり，いずれも時間は3時間程かかる。国道445号の吐合の三叉路で県道159号線に入り細道に注意を払い15分程車で行く。樅木の集落の手

ーク（1347m）となる。ピークから少し下り植林地に入った付近の鞍部が，左のオコバ谷から登ってきた登山路との**出合**である。さらにその鞍部の藪と植林地帯の境界を行くと，荒れた**林道**に出る。

　その林道の先端の堀切から取り付き尾根に登ると踏み跡があるので，クマザサを掻き分けて登り詰める。かなり急傾斜

オコバ谷

60

横平登山口標識　　　　　　　　　　　樅木集落から見る上福根山

前に**横平**の集落があり、そこから延びたジグザグの林道を上がり、終点が**横平登山口**である。

登山口からすぐに**ロボット雨量計**があり、そこから尾根に登り、展望が開ける所まで約1時間程尾根を登り詰める。展望が開けてくると痩せ尾根になって、若干の岩場も出てくるので注意して歩こう。このコースは利用者が少なく、自然に囲まれた静かな山登りが楽しめる。

主稜線に登り詰めると展望も良くなり、**大金峰**（おおがねみね）や**小金峰**（こがねみね）などの山々が望まれる。自然林に囲まれた尾根を上福根山山頂へ向けて30～40分程南東へ歩く。花のシーズン（6月）にはピンク色をした**シャクナゲ**の群落を見ることができる。

上福根山山頂手前の急坂の途中からベテラン向きの茶臼山（1445.5m）への分岐があるが、ここは直登する。**上福根山**の山頂は樹木に囲まれ展望はあまり良くないが、北側は樹木の合間に樅木方面を望むことができる。石灰岩が重なる頂上ではそれな

りの達成感を感じることができる。

南の斜面には自然林の中にヤマシャクヤクを見ることもできる。西側には茶臼山が望めるが、この山は西南の役で敗走し、ここを通った薩摩軍の砦跡ともいわれる。山頂からは山犬切へ続く登路があるが、ベテラン向きである。登山者が少ないので荒廃がひどい。

この五家荘山域へは自家用車での入山になるが、複数の車があれば、あらかじめ岩宇土山登山口へ配車しておき、往復登山ではなく、岩宇土コースを下山することができる。

[松本]

上福根山から見た五家荘

■1☆☆☆行程5時間43分=7.4km／■2☆☆☆行程6時間40分=11.0km

25 市房山
いちふさやま

1720.8m

急峻な九州山地南部の主峰

- ▶25000図=■1市房山／■2市房山・石堂山
- ▶問合せ=■1水上村役場☎0966(44)0311／■2西米良村役場☎0983(36)1111
- ▶寄道=■1湯山温泉元湯（登山口より近く足が運びやすい）☎0966(46)0555／市房山キャンプ場（キャンプ施設として充実しており，市房山登山には特に便利である）☎0966(46)0768／■2

西米良温泉

▶別ルート=【二つ岩縦走】市房山山頂▶3▶心見の橋▶60▶第1縦走路分岐▶70▶二つ岩▶100▶林道終点▶80▶市房山登山口（二つ岩縦走は崩壊箇所・危険箇所が多くベテランの同行が必要。ザイルも持参すべきであり，自己責任において綿密な計画を立てること）

熊本
宮崎

■1 市房神社コース

　市房山は古くから人吉盆地で「御岳（おんたけ）さん」と呼ばれ，山麓の市房神社への信仰も篤く，その参道には樹齢800年といわれ幹周り3mを超える巨杉が生い茂っている。九州有数の高峰であり，山塊も雄大である。

　登山口は宮崎県の米良（めら）側にもあるが，市房神社側の登山道が最も多く利用されている。スタート地点は球磨郡水上村の**市房山キャンプ場**で，道路も整備されており，マイカーで容易に来ることができる。

　キャンプ場前から川沿いに3分歩き，祓川橋（はらえかわばし）を渡ると鳥居がある。ここが市房神社の参道であり，**市房山登山口**である。また，車道を2km進むと**市房神社駐車場**があり，そこも登山口である。どちらから登ってもよいが，両登山口ともに登山届が設置されているので，必ず記入するよう心がけたい。

　登山道は巨木の中を進むが，木の根が露出しており，足を取られないように注意して歩こう。市房山登山口から35分で**市房神社駐車場道出合**となる。そこから5分も登ると3合目（八丁坂登り口）であり，古い石の階段を登る。10分で**4合目**（**市房神社**）。市房神社の社殿は避難小屋ともなっており，20〜30人は宿泊で

市房山登山口

八丁坂と市房杉

市房神社（4合目）

きる。トイレ・水場もあるが，トイレは古くてあまり使用されていないようである。水場は水量が少なく，雨量が少ない時は涸れるので，水は持参した方がよい。

市房神社の裏手を登り始めるが，ここから急登になる。丸太の階段が多く，岩

▷タイム：**1** 市房山キャンプ場 ▶3▶ 市房山登山口 ▶35▶ 市房神社駐車場道出合 ▶15▶ 市房神社（4合目）▶60▶ 馬ノ背（6合目）▶50▶ 8合目 ▶40▶ 市房山 ▶140▶ 市房山キャンプ場／**2** 槇之口登山口 ▶100▶ 5合目 ▶40▶ 7合目小屋 ▶50▶ 9合目 ▶30▶ 市房山 ▶180▶ 槇之口登山口

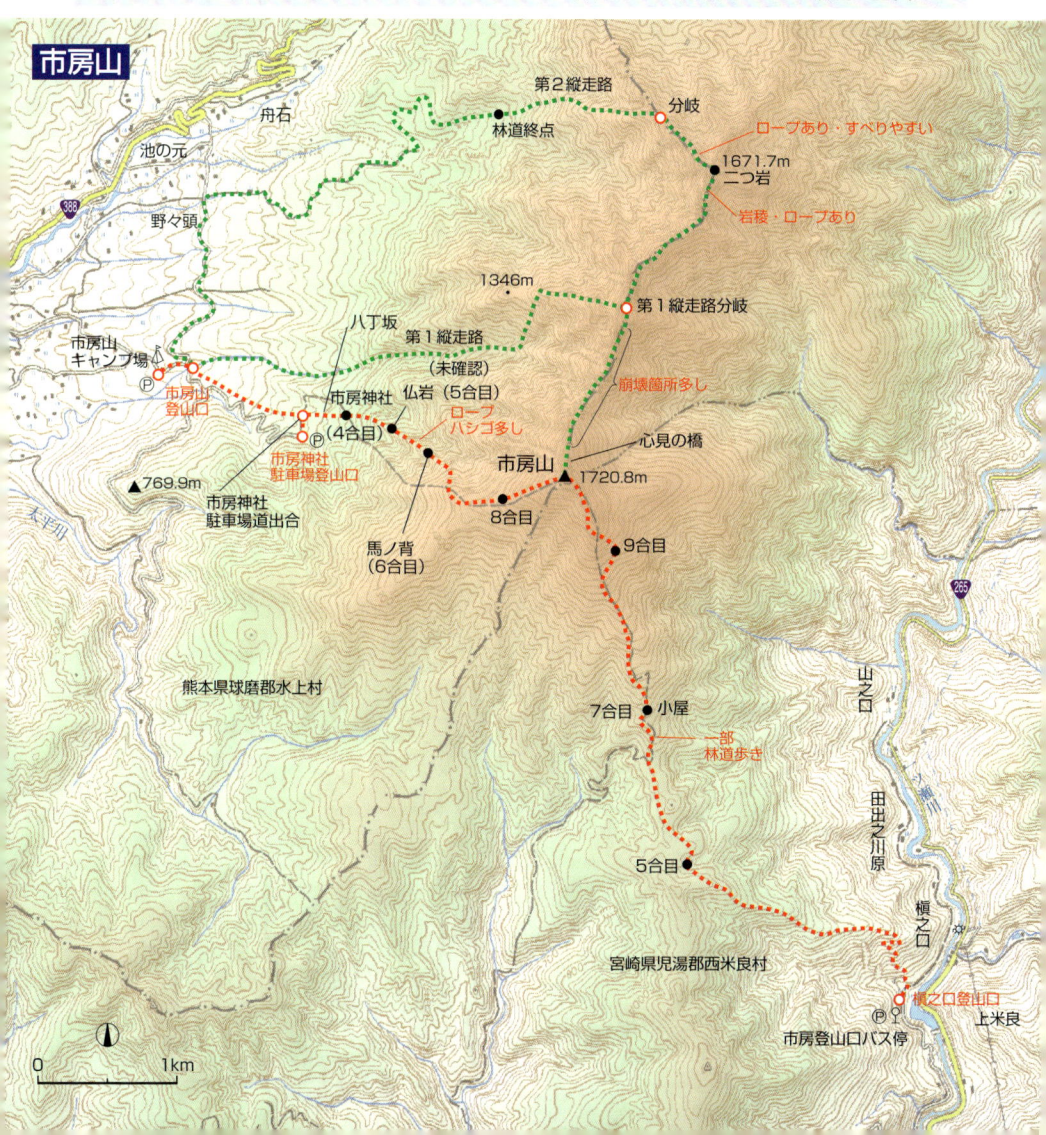

5合目,6合目付近はハシゴが多い　　　　　　　心見の橋(上から見たところ)

と木の根がむき出しになった歩きにくい道となり、痩せ尾根ではハシゴやロープを張った所が多くなる。特に5合目（仏岩）から6合目（馬ノ背）間は痩せ尾根で、尾根の両側は崖であり、ロープが張られハシゴが多いので充分注意しよう。6合目（馬ノ背）には巨石があり、眺めがいいので休憩にはもってこいである。またこの付近には、ミツバツツジやアケボノツツジが見られる。7合目辺りから傾斜は緩やかになり歩行も気楽である。8合目付近はモミジが美しい。9合目付近は灌木林で、半ば草の多い道となり見晴らしが良い。

　市房山の山頂は一等三角点であり、南に霧島山、北に九州山地の雄大な山容が眺められる。二つ岩方面縦走（第1縦走路）については登山禁止との看板がある。**心見の橋**までは山頂から3分である。

　その先の縦走路（第2縦走路）は明瞭ではあるが、崩壊箇所が多く、あちこちにロープが張られ、アップダウンも多い。登山には熟練者の同行が必要であり、ザイルも持参した方がよい。

　あくまで登山は自己責任で登るべきであり、充分な注意を要する。なお、第1縦走路については、筆者は確認していない。市房山山頂からの下山は往路を戻る。

[田北]

2 上米良コース

　脊梁の南端にあり、九州中央山地国定公園の主峰たる市房山は、昭和54年、宮崎国体登山競技の縦走コースのメイン会場となり、全国から集まった少・成年男女がこのピークを踏んだ。当時は上米良小学校を出発して山頂から二つ岩、さらに萱原山を経て大谷出合まで、総延長17.5kmをメインザックを背負って歩いたのだ。

　ここで紹介するのは、登山

二つ岩

熊本
宮崎

64

槇之口登山口駐車場

天包山山頂から望む市房山

市房山山頂

口から山頂まで片道7kmのピストン山行である。

　西米良村村所から国道265号に入り北進5.4kmで上米良バス停着。ここは石堂山の登山口である。市房山へは橋を渡り3km上流に向かうと，**市房登山口バス停**と広い駐車場がある。車道を50m歩くと登山者名簿の記帳箱があり，ここが**槇之口登山口**である。登山名簿のページをめくると，少ないながらも毎月誰彼が登っているようだ。同一名もあるし，女性の単独行もあり，根強い人気がうかがえる。

　途中，植林地があり鹿の食害防止ネットが張ってあるので，通過したら必ず閉じること。急登を終え，3合目の緩やかな道に出ると，北側が伐採され市房方面の展望が良い。しかし，まだまだ遠いなあと実感する。

　4合目手前で林道と出合うが，山道を辿っても林道を歩いても5合目下の広場で一緒になる。5合目は人工林の中の小さな沢で「力の泉」の看板があるが，時期によっては全く水がないのであてにしないこと。人工林を抜けると作業道に出て7合目小屋までのんびり歩きとなる。

小屋前広場に着いたら，後半の急登に備えしっかり休息をとろう。小屋前のヒカゲノカズラの緑の絨毯が美しい。

　一息ついたら，高度差500mの急登に挑む。8～9合目間は植林も育たず，貧相なヒノキがまばらに点在する草原風で，かえって眺めは良い。**9合目**の「恵の泉」も，全く水のない時期があるので期待しない方がよい。ブナ，ミズナラ，カエデの自然林になったら道は緩やかになり，やがて露岩の**市房山**山頂に着く。全方向に開けた山頂からの眺めは，登りに味わった苦労をすべて消してくれるだろう。下山は往路を辿る。　　　　［飯干］

26 白髪岳

☆行程 3 時間＝9.4km

1416.7m

九州山地の南端で，ブナ林の南限の山

- 25000図＝白髪岳
- 問合せ＝あさぎり町役場☎0966(45)1111／錦町役場☎0966(38)1111／免田中央タクシー（あさぎり町）☎0966(45)0533／錦中央タクシー（錦町）☎0966(38)1070
- 寄道＝にしき町温泉センター（錦町一武）☎0966(38)2074／神城温泉（錦町西）☎0966(38)3666
- 花＝1374mピーク手前は一面のバイケイソウ群落である。また登山口に至る林道沿いにヤマアジサイ群落がある。花期の6,7月は見事である

【熊本】

白髪岳の名前の由来は，人吉盆地から冬季に眺めると，山が白く見えることから老人の白髪にたとえられたものである。九州山地の南端に位置し，球磨郡三名山の1つであり，その山容は深くて大きい。

人吉市方面から案内すると，国道219号をあさぎり町の方面へ進み，右折して県道43号に入り，10分程で榎田集落を過ぎた所に「白髪岳登山口まで10km」の案内板があるので右折する。林道は上り坂となり6.8km程先の分岐を右折し，温迫峠方面に進み，途中左折し第2炭焼林道（猪ノ子伏林道）に入り，3kmで登山口である。登山口へは各林道分岐に案内板があるので迷うことはないだろう。

白髪岳登山口は林道ゲート前であり，数台の駐車スペースがある。登山口の手前500mに旧登山口があるが，現在は利用者が少ないようである。登ること20分で平たい山頂に三等三角点がある**猪ノ子伏**に着く。途中，木々の名前が丁寧に表示されており勉強になる。

猪ノ子伏からは勾配も緩く広い尾根道であり，気楽に歩ける。この付近はツガ，モミとブナの**針広混交林**である。**1374mピーク手前の6合目付近は一面のバイケイソウの群落**である。ぜひ開花期の6月下旬〜7月上旬に登りたいものだ。

1374mピークを過ぎて少し下ると，安産と雨乞いの神である**三池神社**があり，広場となっているので休憩にちょうどよい場所である。三池神社から樹高の低い

上＝白髪岳登山口／右＝山頂近くのブナの純林

下＝山頂の一等三角点と背景の市房山
右＝人吉盆地からの白髪岳方面の山容

ブナ林の純林の中を20分登ると，一等三角点の**白髪岳**山頂である。山頂はブナの倒木が多いが，眺望は開けており，南は韓国岳・高千穂峰，北は市房山・脊梁山地が一望できる。

戦後，森林伐採が進んだ中，白髪岳一帯は伐採されたことがないという自然林であり，猪ノ子伏から山頂までの登山道稜線一帯は，昭和55年に「白髪岳自然環境保全地域」に指定されていて，今も見事なブナ林が残っている。標高1300ｍを境として，それ以下はモミ，ツガなどの樹木が多く，それ以上はブナ林である。

白髪岳はブナ林の南限といわれている。ただ近年，森林伐採によるものか，酸性雨によるものか，はたまた鹿害か，山頂付近には倒木が目立ち，自然環境の劣化が著しいようである。

なお，白髪岳は平成4年，佐賀県の黒髪山と姉妹締結がなされ，山頂には１ｍの陶磁器の白髪岳図が置かれている。

下山は往路を辿る。　　　　　　［田北］

▷タイム：白髪岳登山口►20►猪ノ子伏►60►三池神社►20►白髪岳►►80►白髪岳登山口

白髪岳

↑至あさぎり町
←至免田
温迫峠
旧登山口
旧登山道
白髪岳登山口
猪ノ子伏
1233.3ｍ
林道ゲート
バイケイソウ大群落
1374ｍピーク
三池神社
陀来水岳
▲1204.1ｍ
見事なブナの純林原生林
1416.7ｍ▲
白髪岳
上村
至国見山

0　　1km

67

27 三角岳（みすみだけ）

☆行程 3 時間20分＝4.6km
405.9m

眼下に広がる天草の島々

- 25000図＝三角
- 問合せ＝宇城市三角支所経済課商工観光係☎0964(53)1111（代）
- 寄道＝三角西港／戸馳島（みすみフラワーアイランド）
- 別ルート＝三角西港を過ぎて少し行くと、左側に無料駐車場がある。その先の荒川バス停から約100m先に「九州自然遊歩道」の案内板あり、木立の中を約20分で天翔台からの登山道と合流するので、尾根道を左に進む。40分程で山頂に達する

熊本

　三角岳は宇土半島の突端に位置し、九州自然歩道の一部になっている。三角町の市街地から手軽に登れる山として人気がある。天翔台と呼ばれる展望所からは天草の島々が眼下に広がり、雲仙や島原方面も手に取るように見渡せる。

　宇城市役所三角支所入口に案内板があり、案内に沿って歩くとすぐに登山口の看板がある。民家の脇から登り始めると、すぐに丸太の階段がジグザグになっているので、ゆっくり登ろう。視界が開ける場所で一息入れながら、広い尾根道に出ると天翔台分岐がある。ここに荷物を降ろし天翔台まで足を延ばすと15分程度で着く。眺望は素晴らしく、眼下に三角港、戸馳島を望むことができる。

　分岐に戻り先に進むと、緩やかな下りで尾根が細くなってくる。北に向きを変え、樹林帯の中の小刻みなアップダウンが続く。三角西港分岐の標識のある鞍部を過ぎると、やがて安山岩が露出しイワヒバ（イワマツともいう）が多数自生している場所に出る。ここに雲竜台の標識があり、少し逆方向に進む。ここからは三角の瀬戸、天草の島々の眺めを満喫できる。

左上＝登山口／左下＝天翔台への分岐
上＝天翔台からの風景。眼下は三角港

三角岳山頂広場

大矢野島から望む三角岳

　この先，竹林の鞍部に一旦下ると樹林帯となり，丸太階段の急坂が現れる。ジグザグに登り8合目の標識を過ぎ，しばらくするとだんだん傾斜が緩くなり，山頂まで10分の標識が現れる。緩やかな稜線を進むと三角岳山頂広場に到着する。手入れもしてあり，一等三角点やベンチ，石像などのほか三角岳神社もある。八代海方面の眺めが素晴らしく，樹間からは天草，雲仙方面も望むことができる。下りは往路を引き返す。

　なお，九州自然歩道はこの先，宇土半島の尾根に沿って宇土市内まで延びており，ここを歩くのも面白い。

[井藤]

雲竜台から見た天門橋

▷タイム：三角支所▶40▶天翔台分岐▶15▶天翔台▶15▶天翔台分岐▶20▶雲竜台▶40▶三角岳▶70▶三角支所

69

28 太郎丸嶽−次郎丸嶽

☆行程 2時間50分＝5.3km
397.1m
281.0m

次郎丸・太郎丸の兄弟伝説の山

▶25000図＝姫浦
▶問合せ＝上天草市商工観光課☎0964(56)1111
▶別ルート＝【住吉神社ルート】熊本方面から国道324号，知十橋手前を左折。約1キロで住吉神社がある。駐車場手前に登山口の看板。民家の前を抜けると明るい尾根道が続く。途中，後ろ山からの登山道と合流する。登山道は整備され標識もある。ゆっくり自然を満喫しながら登ると大きな露岩直下に出て，本文中に紹介している「今泉ルート」と合流し山頂に達する。
所要時間2時間10分（往復）

熊本市内方面から天草五橋を過ぎてしばらく国道324号を走ると，道路沿いに大きな案内看板があり，左折すると登山者のために**無料の市営駐車場**がある。これより先は道幅も狭く駐車はできない。

案内標識に沿って**今泉西辺集落**の中を抜ける。村の人たちに挨拶をすると気持ち良い返事が返ってくる。コンクリート舗装の農道をしばらく歩くと樹林帯になり，涸れ沢を渡る。登山道が右に折れる場所に「ご自由にお使い下さい」と貸し出し用の手作りの杖も設置されている。

シイ，カシ，ヤマモモなどが茂る尾根道を辿ると「長寿の湧水」と名づけられた水場があるが，雨の少ない時期は水量も少ないので要注意。まもなく少し眺望が開けた**遠見平**に着く。すぐに**太郎丸分岐**があり，右が太郎丸嶽。大きな岩塊を乗り越えながら最後にロープのある巨石の裏を回ると，次のピークが**太郎丸嶽**山頂。次郎丸嶽を振り返ると，高々と見える。眺望も良く，天草の島々の眺めを楽しんだ後，分岐まで戻り次郎丸嶽を目指す。しばらく緩やかな登りから急な「いなずま返し」「次郎落とし」と続き，段状の急登を過ぎると大きな一枚岩に出合う。太いロープにすがって中央部を登り稜線を進むと**弥勒菩薩**があり，その奥が**次郎丸嶽**山頂だ。方位盤が設置され360度の景観案内がある。東側は絶壁となっていて高度感が楽しめる。また，亀次郎岩と呼ばれる突き出た岩もある。

上＝次郎丸嶽山頂直下の岩場
左＝太郎丸嶽から見る次郎丸嶽

70

次郎丸嶽山頂

次郎丸嶽山頂から見た有明海と普賢岳

下山は来た道を引き返すが、滑りやすいので注意したい。

■太郎丸・次郎丸物語

「昔、太郎丸と次郎丸というとても仲の良い兄弟の山がありました。当然、兄の太郎丸のほうが高かったのですが、ある時、兄の太郎丸が『次郎丸、今日も松島の島々に沈む夕日はきれいだなあ』と言うと、弟の次郎丸は『兄ちゃんは良かね、毎日きれいな松島の夕陽を見て。俺は兄ちゃんの影で一度も見たことがなか』。すると兄の太郎丸は『なんで、早言わんだったか。よし、おまえが見えるように、入れかわろう』と言って、太郎丸が動き出したと同時に頂上が崩れてしまって弟の次郎丸より低くなり、弟の次郎丸は毎日松島の美しい景色と夕陽を見られるようになり、大喜びしたそうです。それから、兄の太郎丸より弟の次郎丸が高くなったと言い伝えられています」(案内板より)　　　　［井藤］

▷タイム：市営駐車場▶20▶今泉西辺集落▶30▶太郎丸分岐▶15▶太郎丸嶽▶15▶太郎丸分岐▶30▶次郎丸嶽▶60▶市営駐車場

太郎丸嶽－次郎丸嶽

29 念珠岳

☆行程3時間=6.76km
502.8m

八代海や雲仙を望む観海アルプスの尖峰

▶25000図=姫浦
▶問合せ=上天草市商工観光課☎0964(56)1111
▶別ルート=【大作山林道コース】龍ケ岳方面から大作山林道に入る。九州自然歩道との合流点が登山口となっている。山頂まで約4kmの尾根道。整備された自然林の中の歩道を何度もアップダウンを繰り返しながらひたすら歩く。山頂かと思われるピークが顔を出すが、山頂はまだ先だ。山頂分岐の標識から右に急坂を登ると山頂に立つ。所要時間3時間50分（往復）

九州自然歩道の中で「観海アルプスコース」と呼ばれ、松島の高舞登山から倉岳町尾串へ至る総延長約27kmの歩道は、青い海と大小の島々を望みながら歩くことができる絶好のコースだ。念珠岳はこの一部となっていて最も標高が高い。主な登山コースは市道大谷線コース、大作山林道コースだが、車の手配ができれば縦走もお勧めだ。

市道大谷線コースは、熊本市内から上天草市松島町を経て姫戸町方面へ。国道266号の姫戸第3トンネルを抜けて信号機のある交差点を右折し、二弁当峠方面へ走る。約2km先の二弁当トンネル手前から左に市道大谷線を10分程走ると、峠に九州自然歩道の標識があり、左側に階段状の**登山口**がある。車は道路脇に駐車できる。ここから念珠岳山頂まで約3.5km。

自然林の中の明るく歩きやすい自然歩道は尾根沿いにほぼ南に向かって延びている。10分程で展望が開ける最初のピークに着く。そこから小さなアップダウンを繰り返すと、**二弁当峠近道への分岐**。さらに大谷越えのコースと合流する。

時折左手に八代海を眺めながら、落ち葉を踏みしめさらに進むと、二間戸からの登山コースと合流する。なお、この二

二弁当トンネル手前左の市道大谷線入口

二弁当峠登山口

72

自然歩道　　　　　　　　　　　　　　　　　登山路から望む念珠岳

念珠岳山頂

　間戸からの登山コースは登山口から1時間程度で念珠岳山頂に立てるので，時間がない時には便利だ。合流点である**地蔵峠**にはひっそりとお地蔵さんが祀られている。ここから急坂となり，階段を登ると，前方に念珠岳が迫ってくる。自然歩道から山頂へと続く急坂を立ち木にすがりながら登ると**念珠岳**山頂だ。絶景が広がり，疲れが吹き飛ぶ。東に八代海を隔てて八代，芦北方面，北に太郎丸・次郎丸嶽，さらに雲仙方面，南には龍ケ岳，御所浦島を望むことができる。

　帰路は来た道を引き返すが，このコースは上り下りともアップダウンの繰り返しで，時間はあまり変わらない。

［井藤］

▷タイム：登山口▶40
▶二弁当峠近道分岐▶
30▶地蔵峠▶20▶念珠岳▶90▶登山口

念珠岳

30 龍ケ岳（りゅうがたけ）

☆行程2時間20分＝4.9km
469.6m

四季折々に美しい姿を見せる名勝

▶25000図＝高戸
▶問合せ＝上天草市商工観光課☎0964(56)1111
▶寄道＝ミューイ天文台（山頂にある天文台は口径50cmのカセグレン式反射型望遠鏡を備え、惑星はもちろんのこと星雲・星団までもが観測できる本格的天文台。午後1時から4時まではプラネタリウムを見ることができる）☎0969(63)0466

八代海に突き出した半島の中央部にある龍ケ岳は国の名勝指定を受けている。

九州自然歩道でもあり、登山道にはツバキ、ドングリ、ヤマザクラ、シイなどが見られる。野鳥も多く、秋にはハゼの紅葉も美しい。登山道脇のスギの老木も見逃せない。マイカーで直接山頂まで行けることもあり、休日は家族連れで賑う。

また、龍ケ岳山頂付近はキャンプ場となっており、口径50cmの大型望遠鏡を備えたミューイ天文台もある。5haにも及ぶ山上広場は熊本県内一の広さを誇っている。

国道266号を上天草市姫戸町から龍ケ岳町高戸（たかど）に入ると、上天草総合病院の大きな建物が目に飛び込んでくる。その少

熊本

左＝海岸から見た龍ケ岳
下左＝龍ケ岳登山道の山ノ神
下右＝山頂直下のミューイ天文台

山頂から望む不知火海

し手前にある**東天草消防分署**の側から登山道が延びている。ここが**登山口**である。消防分署前が龍ケ岳登山口バス停にもなっている。車は防波堤沿いに駐車できる。

コンクリート三方張りの谷川沿いに歩き，集落を過ぎると九州自然歩道の案内板があり山道に入る。20分程で樹齢600年といわれるスギの大木が祀ってある**山ノ神**が姿を現す。安全を祈願して手を合わせる。そこからずっと階段状の自然歩道となっており，決して歩きやすいとは言えないが，迷うことはない。やがて林道を横切るが東屋(あずまや)があるので一服しよう。

植林地帯からカシの自然林に変わると「森林浴ゾーン」の案内板がある。思い切りフィトンチッドを浴びながら丸木段の急登をジグザグに尾根まで登り詰めると駐車場に出る。左に行くと，龍ケ岳の名前の由来である寿ケ嶽(じゅがたけ)神社が鎮座し，海の安全，学問や弁舌の神様，弁財天が祀られている。広場を過ぎ，**龍ケ岳**山頂に着く。

立派な展望台があり，名勝の名に恥じない360度の絶景が広がる。眼下に樋島(ひのしま)，御所浦島(ごしょうらじま)，長島，八代海の向こうには九州山地が広がる。「阿蘇や雲仙霧島までも龍ケ岳からひとながめ」と作詞家野口雨情が歌に残したとおり雲仙岳，霧島山も遠望でき，その碑も立っている。[井藤]

▷タイム：登山口▶20▶山ノ神▶60▶山頂▶60▶登山口

75

31 祖母山(そぼさん)

☆☆行程 4 時間10分＝6.4km
1756.4m

宮崎県の最高峰と風穴を訪ねる

▶25000図＝祖母山・豊後柏原
▶問合せ＝高千穂町役場☎0982(73)1212
▶寄道＝高千穂峡／高千穂温泉☎0982(72)7777
▶宿泊＝ホテル・旅館・民宿多数あり
▶別ルート＝北谷登山口より黒岳に登り、親父山、障子岳経由でも行ける（健脚向き）
▶注意＝五ケ所から登山口までの林道は未舗装で狭いので運転に注意すること

　祖母 傾(そぼかたむき)国定公園の主峰・祖母山は、正確な測量により標高が確定されるまでは九州で一番高い山とされ、また神話にもとづく霊山として崇められていた。祖母嶽神社の前称は添利山神社(そほりやま)と呼ばれていたが、神武天皇の祖母豊玉姫(とよたまひめ)を祀る山として祖母嶽となった。

　国道325号の河内から**五ケ所小学校**まで6km、ここで右折し町道から祖母山林道（**九州自然歩道**）に入ると終点**北谷登山口**に着く。駐車場とトイレ、東屋(あずまや)がある。駐車場が満杯の時は手前にも広場があるので心配ない。

　まずは人工林からのスタートになるが、4合目手前で旧登山道（今はブッシュ化）と出合い稜線歩きとなる。5合目付近には**千間平**(せんげんだいら)があり、高森町津留からの道と出合う。休憩の好ポイントはこの千間平と7～8合目間の国観峠(くにみとうげ)だろう。緩いアップダウンを繰り返しながら高度を稼ぐと、登山口から1時間30分で視界の開けた**国観峠**に着く。ここは緊急用のヘリポートとして灌木が伐採され整地してあるので、団体様の休憩にはもってこいだ。これより足元の滑りやすい急登となるが、ブナ、ミズナラなどの巨木が上から見守っているので元気を出して一気に登ろう。**9合目**の標識で道が左右に分かれる。左は**九号目山小屋**経由で山頂へ、右は約20分で直接山頂に出る。

　一等三角点の**祖母山**山頂には石の祠が3体あり、昔は女人禁制、男も裸足参りだったそうだ。展望は360度で、見渡せる山を全部書いたら紙面が足りない。空気が澄んでいれば九州全県の山を見渡せると言っても過言ではない。特に傾山へ連なる稜線上の障子岳、古祖母山、本谷山(ほんたにやま)を見ていると、登山を始めた者なら一度は縦走をやってみたいと思うだろう。

　展望を心ゆくまで堪能したら風穴コースへと下る。標識に従い西南西に延びる尾根に入るが、いきなり険しい下りとなるので慎重に行動する。20分程で**二面岩展望台**(しょうじだけ)に着く。谷に向かって突き出た

北谷登山口

風穴入口

五ケ所高原から望む祖母山

　岩場は，山頂とはまた違った眺めで，特に紅葉時期が素晴らしい。
　さらに40分下ると，巨岩の積み重なった**風穴**に着く。冬は暖かく，夏に氷が張る風穴は足下も凍るので，ランプを点けて入ること。沢沿いを下り人工林に入り，谷を2度渡ると，林道に出て200mで駐車場だ。厳冬期の風穴コースは，雪でスズタケが倒れ，また岩肌が厚く凍るので初心者は注意が必要だ。

［飯干］

祖母山山頂

▷タイム：北谷登山口▶50▶千間平▶40▶国観峠▶40▶祖母山▶60▶風穴▶60▶北谷登山口

祖母山

32 障子岳-古祖母山

☆☆☆行程7時間20分＝7.5km

1703.0m
1633.1m

小学校校歌にも歌われた故郷自慢の山

- 25000図＝見立・祖母山
- 問合せ＝高千穂町役場☎0982(73)1212
- アクセス＝国道218号・高千穂町から県道7号で岩戸・中野内方面へ。土呂久経由で登山口
- 寄道＝天岩戸温泉☎0982(74)8288／天岩戸神社／高千穂峡／国見ケ丘
- 宿泊＝ホテル・旅館・民宿多数あり
- 別ルート＝尾平越トンネルの岩戸側入口に車を置けば林道歩きの2時間が短縮できる。また交叉縦走を計画するのもよい
- 注意＝土呂久林道の走行は落石が多いので注意すること

宮崎

高千穂町の中心部から天岩戸に向かう県道筋で，思わず車を停めて見入る山がある。左右に大きく裾野を広げてそそり立つ古祖母山である。麓の岩戸小学校の校歌に出てくるこの山は，毎年秋，6年生の思い出登山で子供たちの歓声に包まれる。

天岩戸神社を過ぎたら**土呂久・惣見**地区を通り，尾平越に向かう林道に入る。やがて土呂久川源流に架かる土呂久橋に着く。ここが**登山口**だ。旧営林署の事業所跡で，造林小屋の近くに数台駐車可能だ。出発してすぐ滝壺の縁を徒渉するが，大雨の後は要注意である。

登山口から北に向かい，しばらくは小さな徒渉を繰り返しながら人工林の中を登る。途中，アンチモンを採掘した「アンチン山」と呼ばれる場所がある。標高1300m辺りから自然林となり，やがて縦走路に出合う（**土呂久分岐**）。

ここからまず，片道約15分の障子岳ピストンをする。低い灌木に囲まれた**障子岳**の山頂には中央に熊を祀った祠があり，展望は四方に開けている。健脚なら親父山か天狗岩まで足を延ばすのもいいだろう。元の土呂久分岐まで引き返したら，古祖母山へ向かう。

古祖母山までのルート上は展望がないが，途中，展望岩への切り開きが数カ所ある。分岐から1時間足らずで南東方面が開けた**古祖母山**の山頂に出る。東は日之影から見立にかけての山々。南は六峰街道が見渡せる。また，山頂には年ごとの岩戸小学校の生徒たちの名前を書いた標柱が立ててある。この子たちが故郷のこの山をいつまでも誇りに思い，大人に

上＝土呂久橋登山口／下＝障子岳山頂

尾平越トンネル岩戸側登山口 　　　　天岩戸温泉付近から見た障子岳（左），古祖母山（右）

なってもまた必ず登りにきてほしいと切に願う。

　下山ルートはさらに東へ進み，尾平越に向かう。最初は少し急勾配だが，後半は緩やかになる。途中，巨岩の隙間を通るが，アルミのハシゴが架けてあり安心だ。

　ぐんぐんと高度を下げ，山頂から90分で縦走路最低鞍部の**尾平越**十字路に着く。直進は**本谷山**，**傾山**へ。左は尾平越トンネル大分県側登山口へ，右は同トンネル岩戸側に下る。この左右の道は本来，岩戸登尾から尾平鉱山へ延びた送電鉄塔の巡視路だったが，鉄塔は今はない。右へ進路をとり，30分で**岩戸側の登山口**に下り着く。ここから登山口駐車場の土呂久橋まで8kmの林道歩きだが，小谷がた

くさんあり，また緩い下り坂なので，野生動物との出会いを期待しながら歩くのも楽しい。登山口から逆回りで歩いても所要時間は同じである。　　　［飯干］

▷タイム：登山口▶120▶土呂久分岐▶15▶障子岳▶15▶土呂久分岐▶50▶古祖母山▶90▶尾平越▶30▶尾平越トンネル岩戸側登山口▶120▶登山口

障子岳－古祖母岳

79

33 親父山−黒岳−三尖

☆☆☆行程3時間45分＝5.7km

1644.0m
1578.0m
1474.0m

シャクナゲのアーケードを歩くミニ縦走

- ▶25000図＝祖母山
- ▶問合せ＝高千穂町役場☎0982(73)1212
- ▶アクセス＝国道325号の高千穂町上野・竜泉寺から四季見原方面へ約9kmで登山口
- ▶寄道＝高千穂峡／高千穂温泉／高千穂神社
- ▶宿泊＝四季見原すこやかの森キャンプ場☎0982(82)2151／その他、町内にホテル・旅館・民宿あり
- ▶別ルート＝四季見橋からキャンプ場まで車道を歩き、稜線を親父山へ向かう
- ▶付近の山＝赤川浦岳／玄武山

　神話と伝説の町・高千穂町の観光スポット。国見ケ丘から真北を望むと、九州自然歩道の黒原越を最低鞍部に、左右になだらかな稜線が延びている。左は赤川浦岳、右手がこの3山である。三尖は「みつとぎり」と読み、麓の高千穂町立上野小学校の校歌にも歌われ、小学校1年生から口にする山名だ。また、五ケ瀬川支流上野川の源流はこの3山に囲まれており、清流を育む母なる山でもある。

　登山口へのアプローチは、国道325号の高千穂町上野「竜泉寺」横から四季見原キャンプ場に向かって約9kmで、キャンプ場と登山道の分岐・**四季見橋**に着く。空き地を見つけて駐車するが、平日は工事車両も走行するので路上は避けた方がよい。

　登山口から荒れた林道を10分程歩き、その後大小4回程渡渉を繰り返すと急登となる。しかし緩斜面も適度にあり、さほどきつくないままポンと**親父山**の山頂に飛び出す。

　山頂は東側が開け、古祖母山、本谷山、大崩山方面まで望める。時間にゆとりがあれば、1時間10分程で障子岳ピストンも可能だ。また、200m程障子岳の方へ進み北側の谷に下りると、昭和20年8月30日、この地に墜落した米軍機B29の散

宮崎

黒岳から見た三尖

黒岳付近のシャクナゲのトンネル

国見ケ丘から望む3山

乱した部品を今なお見ることができる。

　黒岳へは山頂手前から標識に従って左に入る。自然豊かな稜線歩きはコース上に**シャクナゲ**，**アケボノツツジ**が多く，花時期はさながらピンクのアーケードである。

　親父山山頂から約30分で北谷登山口への分岐に着くが，このルートは沢沿いで危険箇所があり，初心者は注意が必要だ。

　黒岳へは直進でさらに5分。**黒岳**山頂前後には展望の良い岩場があり，南は高千穂盆地が一望，西は眼下に五ケ所高原，そして阿蘇山が雄大に迫る。

　三尖へは黒岳山頂から南に下る。スズタケのブッシュもあるが，苦になるほどではない。小さなアップダウンを繰り返すこと約1時間で**三尖**着。ここでの展望は望めない。さらに10分程で最後のピークを踏むと，後はひたすら下り30分で駐車場の四季見橋に下り着く。

　この3山巡りは秋の紅葉，冬の霧氷も素晴らしく，また夏は全コース樹木の下を歩くので，年間を通して勧めたい山だ。親父山山頂から四季見原キャンプ場への稜線も切り開けており，こちらも周回コースとして楽しめる。

[飯干]

▷タイム：四季見橋登山口▶90▶親父山▶35▶黒岳▶60▶三尖▶40▶四季見橋登山口

親父山－黒岳－三尖

☆行程5時間＝10.5km

34 笠松山−本谷山

1522.0m
1642.9m

原始の森が横たわる稜線

- 25000図＝見立
- 問合せ＝日之影町役場☎0982(87)3910
- 寄道＝英国館☎0982(89)1213／日之影温泉駅☎0982(87)2690
- 宿泊＝リフレッシュハウス出羽☎0982(89)1220／河鹿荘☎0982(89)1112／ほしこが inn 尾平☎0974(47)2041
- 注意＝日之影中心部から登山口までは道幅が狭くカーブが多いので，車の運転は充分注意すること

笠松山と本谷山は宮崎・大分県境にあり，祖母 傾縦走路の尾平越と九折越のほぼ中央に位置している。本谷山は尾平越から突き上げたピークで，どこから見てもすぐわかる山容だが，笠松山はなだらかな稜線上に並ぶ小ピークの1つでわかりづらい。その笠松山の名前が登山者に強いインパクトを与えたのは，昭和62年のツキノワグマ出現騒動である。

国道218号の日之影町青雲橋から見立に向かう県道に入り，27kmで水無平，ここから左折して**奥村林道**を10kmで**登山口**着。今回紹介するコースの下山口は尾平越トンネルの岩戸側入口となるので，下山口に車を回すか，交叉縦走をする。

駐車場から荒れた林道を詰め，水場を過ぎて**九折越**に着く。ここまでは傾山と全く同じである。九折越広場から左折して**九折越小屋**の前を通り，祖母山方面へと延びる縦走路に踏み出す。ミズナラの丘を過ぎるとスズタケの中の急登があるが，距離は短く苦にならない。九折越と笠松山のほぼ中間に学生二人の遭難碑があるが，迂回路ができたので注意しないと見落とすだろう。この遭難碑は昭和44年3月，縦走中の学生二人が九折の小屋を目前にして豪雪に体力尽きた場所である。現代の装備であれば，と思うと胸が痛む。

そこからさらに登ると岩峰が見え，やがて笠松山への標識がある**分岐**に着く。しかし，この岩峰は山頂ではなく展望台である。眺望は素晴らしいのでピストンしよう（往復15分）。三角点のある山頂は，続く次のピークだ。西に開けた**笠松山**の頂からは，大きくS字を描くように延びる尾根の向こうに，これから目指す本谷山が見えて心が弾む。

笠松山−本谷山間は藪もなく，また大きなアップダウンもない原生林の尾根歩きだ。途中，コースを外れて少し登ると，

奥村林道登山口

82

下＝本谷山山頂／右＝笠松山山頂から見た本谷山

「トクビ」と呼ばれる岩峰1504mがある。

本谷山山頂は樹林に囲まれ展望は利かない。しかし、静寂を心ゆくまで堪能するにこれ以上の山はないだろう。

山頂から西へ10分程下ると三国岩と呼ばれる岩頭があるので、しばらく展望を満喫する。奥岳渓谷を取り囲む前障子岩、大障子岩、祖母山、障子岳、古祖母山が手に取るように見え、また本谷山頂から南に延びる稜線上には、上岩戸の登尾から煤市に越える追越を挟んで乙野山、二ツ岳、コウヤキ、猿岳、戸川岳といった個性派揃いの峰々が並んでいる。

三国岩を発つと、尾平越まで樹林の中をひたすら下る。鞍部が近づくとブナ広場と呼ぶ平坦地に出る。すぐ近くに水場があり、縦走中のテントサイトとして最適な場所である。

尾平越分岐は十字路になっており、直進は古祖母山方面へ、右は尾平トンネル大分側に下り、左は同トンネル岩戸側に下る。

[飯干]

▷タイム：登山口▶50▶九折越▶60▶笠松山▶60▶本谷山▶130▶尾平越トンネル岩戸側入口

笠松山－本谷山

35 傾山 かたむきやま

☆☆☆行程6時間＝8.5km
1602.0m

悠然とそそり立つ岩峰群

▶25000図＝見立・小原
▶問合せ＝日之影町役場☎0982(87)3910
▶寄道＝英国館☎0982(89)1213／日之影温泉駅☎0982(87)2690
▶宿泊＝リフレッシュハウス出羽(いずるは)☎0982(89)1220／河鹿荘☎0982(89)1112
▶別ルート＝大分県側に5コースあり
▶注意＝杉ケ越への鋸尾根はアルミハシゴが多く設置されており、また岩場が多いので慎重に行動すること。また、ルートの多い山なので分岐では標識をよく確認すること

宮崎

宮崎と大分の境を分ける傾山は、祖母ー傾縦走のフィナーレを飾るに相応しい山容で登山者の心をつかむ。十文字に延びた尾根はそれぞれに登山道があり、今日はどのルートを登ろうかと、毎回頭を悩ませる憎い山だ。

祖母山山頂から眺める傾山は稜線の彼方で、前傾・本傾・後傾の岩峰が三ツ坊主を子分に従えてそそり立ち、「早くここまでやって来い」と言わんばかりに悠然と構えている。

昭和5年11月4日、放浪の俳人種田山頭火は日豊本線重岡駅から歩いて三重町に入ったが、途中、三国峠(旧国道326号)から祖母傾連山を眺め、「西日を浴びた姿は何ともいへない崇美だった」と日記に記している。

国道218号の日之影町青雲橋から、見立(みたて)に向かう県道に入り、27kmで水無平(みずなしだいら)、ここから左折して**奥村林道**を10kmで**傾山登山口**に着く。駐車場はあまり広くないが、すぐ手前にあった森林管理署の造林小屋がすべて撤去されているので、そこも駐車可能だ。

土砂が流失して荒れた林道を30分歩くと山道となり、ほどなく水場に着く。ここは**九折越(つづらごえ)小屋**泊あるいはテント泊の登山者にとって貴重な水場である。これより20分登れば**九折越**広場で、緊急時のヘリポートとして使えるよう整備された草原だ。道はここで十字路となり、北は豊栄鉱山跡へ、左は笠松山、本谷山、そして祖母山へと続いている。

広場からは原生林の頭越しに傾山の岩峰が見え、今からあの頂に登るんだという気合がみなぎってくる。初めは緩やかな登りだが、次第に急登となり、岩峰直下で杉ケ越(すぎごえ)からの登山道と出合う。ここから、岩と木の根につかまりながらひと登りで**後傾(うしろかたむき)**に立つ。目の前に本傾が屏

九折越広場

84

風の如くそそり立ち、見る者を圧倒する。

　後傾を少し下って本峰に登るが、途中冷水コースと合流するので下山時に間違わないように注意する。**傾山**山頂からの視界は遮るものがなく、祖母山、くじゅう連山、大崩山群（おおくえ）が見渡せる。下山は杉ケ越へ向かう。このコースは4月末から5月連休にかけて、アケボノツツジの花が素晴らしく、また秋は紅葉が見事だ。

　後傾直下の分岐まで下ったら、標識に従い東の尾根に入る。標高1088mのピークまで鋸のような岩峰越えが連続するので、慌てず慎重に下ること。足掛かりの少ない危険箇所にはアルミのハシゴやザイルがセットしてある。

　1088mのピークを過ぎたら、最低鞍部まで下りた後、登り返すと**杉囲大明神**（すぎかこいだいみょうじん）の社に着く。**杉ケ越トンネル**はすぐ下で、どちら側の入口にも下りられる。

［飯干］

九折越から見た傾山

傾山山頂

▷タイム：登山口▶50▶九折越▶90▶傾山▶220▶杉ケ越トンネル

36 二ツ岳 1257.1m

☆行程 4 時間＝5.8km

淡黄色のヒカゲツツジの大群落

▶25000図＝見立・大菅
▶問合せ＝高千穂町役場☎0982(73)1212／日之影町役場☎0982(87)3910
▶アクセス＝国道218号の高千穂町から県道7号で岩戸・中野内方面へ。上岩戸大橋を渡り県道207号を左折する（県道7号線は古祖母山の登山口である尾平越トンネル入口に通じる）

▶寄道＝天岩戸温泉☎0982(74)8288／天岩戸神社／高千穂峡
▶別ルート＝日之影町から県道6号を見立へ。赤川から左折して赤川林道を経て赤川林道登山口。ここから煤市林道出合（勘掛越）を経て二ツ岳山頂へ（往復4時間20分）

　二ツ岳は神話の里高千穂町と日之影町の境に位置し、双耳峰で本峰が1257.1m、南峰は3m高く1260m。その山容は大崩山や傾山などから一目でわかる。山頂周辺はアケボノツツジやヒカゲツツジの大群落が見られる。

　高千穂町から県道7号で岩戸・中野内方面へ向かう。途中の天岩戸神社はアマテラスオオミカミが隠れた天岩屋が祀ってある。岩屋の戸を開けさせようと、岩屋の前で神々が宴会を開き、アメノウズメノミコトが賑やかに舞を踊ったという「岩戸隠れ」の神話で有名な所である。帰りにぜひ立ち寄ってみよう。

　ここを通り過ぎて中野内方面に進み、岩戸川に架かる、新しく開通した**上岩戸大橋**を渡り、左折し県道207号を進むとすぐに**二ツ岳登山口**の案内板がある。車を停めて舗装の林道を500m程、さらに伐採地の中の道を行くと、徒歩20分で**作業道終点**となる。後方には上岩戸大橋と古祖母が間近に見える。

　伐採地の中の二ツ岳登山の標識に注意しながら登ると明るいクヌギの林に入り、ジグザグに天然林の中を進む。60分程で日之影町煤市から上がってくる**煤市林道**に着く。ここは赤川からのコースとの合流点でもある。この峠は**勘掛越**（1050m）ともいわれている。昭和30年までは現在の日之影町見立は岩戸村に属し、行政の中心は岩戸にあった。このため見立と岩戸を結ぶ峠道は重要な生活道であった。そこを行き来する人びとの安全を願うためであろう観音様が祀ってある。

　二ツ岳から南北に延びる尾根には見立と岩戸を結ぶ峠が、北から追越、小林峠、渡内越、湾洞越などすべて名前がついて頻繁に利用されたことがうかがわれ、西郷隆盛の敗走路ともなった。今では岩戸村は二ツ岳を挟んで高千穂町と日之影町

宮崎

勘掛越の観音様（左端）と煤市林道

86

山頂付近のヒカゲツツジの群生 　　　　　　　　　天岩戸温泉から二ツ岳を望む

に二分され，交流も途絶えた。最近，地元の人が中心となり，往時を偲んで湾洞越を「天の古道」と名づけ，道が整備されている。

　煤市林道を南に200m行くと，林道脇に設けられたセメントの階段があり，それを登ると尾根の登山道に入る。途中のピークには小さな祠の**二ツ岳八幡宮**がある。さらに進み展望岩に上がると東・南方向が開け，大崩山連山の鹿納山，五葉岳，谷を挟んで手前にどっしりとした日隠山も見える。ここを過ぎる辺りでは4月下旬頃から淡黄色のヒカゲツツジの群落が見られる。

　分岐から右に行くと双耳峰の**二ツ岳本峰**である。頂上から北には祖母連山と傾山が望める。分岐に戻り南に進むと鞍部に出る。急な斜面のロープを辿り，登り返すと**南峰**に着く。この北斜面全体には**ヒカゲツツジ**の群落があり，山頂周辺には**アケボノツツジ**も群生し見事である。南峰は樹林の中で展望はあまり良くない。下りは往路を辿る。

[久永]

▶タイム：登山口▶20▶作業道終点▶60▶煤市林道・勘掛越▶20▶二ツ岳八幡宮の祠▶30▶二ツ岳本峰▶10▶南峰▶100▶登山口

二ツ岳

1 ☆☆ 行程7時間50分＝10.2km ／ **2** ☆☆☆ 行程8時間10分＝8.7km
3 ☆☆☆ 行程7時間30分＝11.2km ／ **4** ☆ 行程3時間50分＝6.8km

37 大崩山（おおくえやま）
1643.3m

花崗岩と原生林と渓谷の秘境の山

▶25000図＝祝子川・大菅
▶問合せ＝**1**～**3**延岡市北川町総合支所☎0982(46)5010／延岡市役所☎0982(34)2111／**4**延岡市北方町総合支所☎0982(47)3600
▶アクセス＝**1**～**3**国道10号・延岡市から県道207号・祝子川へ／**4**延岡から国道218号を高千穂方面へ。槇峰大橋を過ぎて左折し旧高千穂鉄道槇峰駅、そこから県道214号に入り鹿川へ。鹿川渓谷入口の今村橋から比叡山林道で宇土内谷登山口
▶寄道＝祝子川温泉美人の湯☎0982(23)3080
▶宿泊＝祝子川渓流荘☎0982(20)1028／大崩の茶屋☎0982(20)1056

　大崩山は祖母傾（そぼかたむき）国定公園の一角にあり、平成2年には森林生態系保護地域に指定され、屋久島と並ぶ西日本でも貴重な山域である。花崗岩からなる岩峰群のわく塚、小積（こづみ）ダキは独特の山容で特異な山岳景観を楽しめ、祖母山をはじめくじゅう連山、阿蘇山、霧島、雲仙など九州の山々が一望できる。

　山系は貴重な動植物の宝庫で、ニホンカモシカが生息し、スズタケが茂る山中にはブナ、モミ、ツガ、マツなどの原生林がある。また、春にはアケボノツツジ、シャクナゲ、ヤマシャクヤク、ササユリが開花し、夏にはナメの三里河原（さんり）、鹿川渓谷などの清流、秋はトリカブトの群落、紅葉など、四季折々のパノラマを楽しむことができる。秘境の自然を求め、またロッククライミングの山として、西日本をはじめ各地の登山愛好家に親しまれている。

1 わく塚コース
――岩峰群をはじめとする素晴らしい眺望の連続

　上祝子登山口から祝子川（ほうり）の左岸を木のハシゴや小さな谷を渡渉しながら行くと、30分程で**大崩山荘**に着く。山荘前を直進しアセビ群落のトンネルを通り、長いフィックスロープを過ぎると約20分で**わく塚分岐**の標識に会う。ここを左に降りていくと祝子川の渡渉点に出る。川幅40m、先の台風で局地的な大雨に見舞われ、スチールの橋がアメのように曲がり破壊さ

宮崎

左＝袖ダキから下わく塚／上＝ササユリ

れたが、現在は修復されている。増水時、雨で濡れている時は注意しよう。

　小積谷の右岸に入るとまもなく、大きな岩屋が点在している箇所に出る。15分も歩くと道は左岸に移り、緩やかな登りとなり、さらに進むと大きな岩に突き当たり、1人がやっと通れるほどの狭い岩の間を抜ける。袖ダキの直下、**小積谷別れ**である。

　道は小積谷から別れ、標識に沿って右側の急なガレ場を登る。アルミのハシゴ、ロープを使い、注意しながら尾根に上がると、対岸の木山内山、ヒメシャラなどの大木が目に留まる。袖ダキ展望台への標識が現れ、ロープ伝いに3分程で**袖ダキ**展望台に着き、突然展望が開ける。目前に深い谷からそびえ立つ小積ダキの巨大な岩肌、上部にはわく塚の白い花崗岩の岩峰群が目に入る。

　ここから乳房岩入口を過ぎ、ステンレスでできた長いハシゴを注意しながら登ると、狭い花崗岩の**下わく塚**に着く。360度の展望が開け、高度感もあり景観を楽しむことができる。この尾根は中わく塚へと続く。**中わく塚**を少し下り、トラバースして40分程度で**上わく塚**直下の広場に出る。上わく塚の岩峰に登るには初心者は注意が必要である。

　上わく塚の上部は広く展望も良い。**七日廻り**の全容はここでしか見られない。ここからスズタケの中を10分程行くと、

リンドウの丘より上わく塚を望む

大崩山の奇岩「七日廻り」（上空から撮影）

リンドウの丘・坊主尾根への分岐に出合う。リンドウの丘は展望も良く、先ほど登ってきたわく塚の全容を望むことができる。大崩山山頂をカットし、この分岐を左折してリンドウの丘を経て坊主尾根を下る人も多い。今回はこの分岐を直進し大崩山山頂に向かう。

　スズタケの急坂をあえぎながら登ると1571mピークに着く。そこからは緩やかな尾根道となり、**モチダ谷への分岐**、**宇土内谷登山口への分岐**を過ぎて、まもなく黒っぽい岩（頁岩）の露出した小さなピークの**石塚**に着く。条件が良ければ、この石塚から雲仙、くじゅう、祖母、傾、霧島など九州の山々を遠望することがで

89

坊主尾根と小積ダキ

大崩山荘

宮崎

きる。

　大崩山山頂の一等三角点はさらに南に5分位の所にある。スズタケに覆われ展望はない。帰りはもと来た道を1571mピークまで戻り，ここの分岐を右にとって坊主尾根を下る（詳細は**2**を参照）。

2 坊主尾根コース
―― 痩せ尾根のスリルと迫る小積ダキの迫力

　坊主尾根は左の下小積谷，右の小積谷に挟まれ，東方に向かってせり出している痩せ尾根である。このコースはハシゴやロープが連続して設置され，かなり厳しい登りとなる。しっかり三点確保しながら注意して登ろう。初心者は経験者に同行してもらった方がよい。

　上祝子登山口から30分程で**大崩山荘**。照葉樹林に囲まれたこの山小屋は，昭和63年に地元の山の会が中心となり再建された，収容人員60名規模の建物である。

　山荘前から左に進み，川幅の広い祝子川の谷に出て，浅瀬の石の上を渡渉する。雨の多い時期には渡渉点を確認し，増水していれば危険である。

　渡渉し沢の左岸を緩やかに登ると水も少なくなり，左手の坊主尾根に取り付く。50分もすると尾根の平地に着く。**旧林道への分岐**の標識がある（この旧林道を下ると上祝子登山口に出る）。ここからは急な登りとなりひたすら登る。坊主岩を過ぎて見返り展望台に来ると展望も徐々によくなり，小積谷を挟んでわく塚の岩峰群も見える。平成19年の豪雨で登山

▷タイム：**1**上祝子登山口▶30▶大崩山荘▶20▶わく塚分岐▶40▶小積谷別れ▶50▶袖ダキ▶30▶下わく塚▶40▶上わく塚▶10▶坊主尾根分岐▶20▶1571mピーク▶30▶大崩山▶200▶上祝子登山口／**2**上祝子登山口▶30▶大崩山荘▶80▶旧林道分岐▶90▶小積ダキ▶20▶リンドウの丘分岐▶20▶1571mピーク▶30▶大崩山▶20▶1571mピーク▶20▶上わく塚▶180▶上祝子登山口／**3**上祝子登山口▶50▶わく塚分岐▶90▶吐野▶10▶瀬戸口谷出合▶30▶モチダ谷出合▶30▶金山谷・中瀬松谷出合▶30▶権七小屋谷出合▶210▶上祝子登山口／**4**宇土内谷登山口▶15▶山頂への標識▶20▶1350m尾根▶60▶五葉岳縦走路分岐▶30▶石塚▶5▶大崩山▶100▶宇土内谷登山口

90

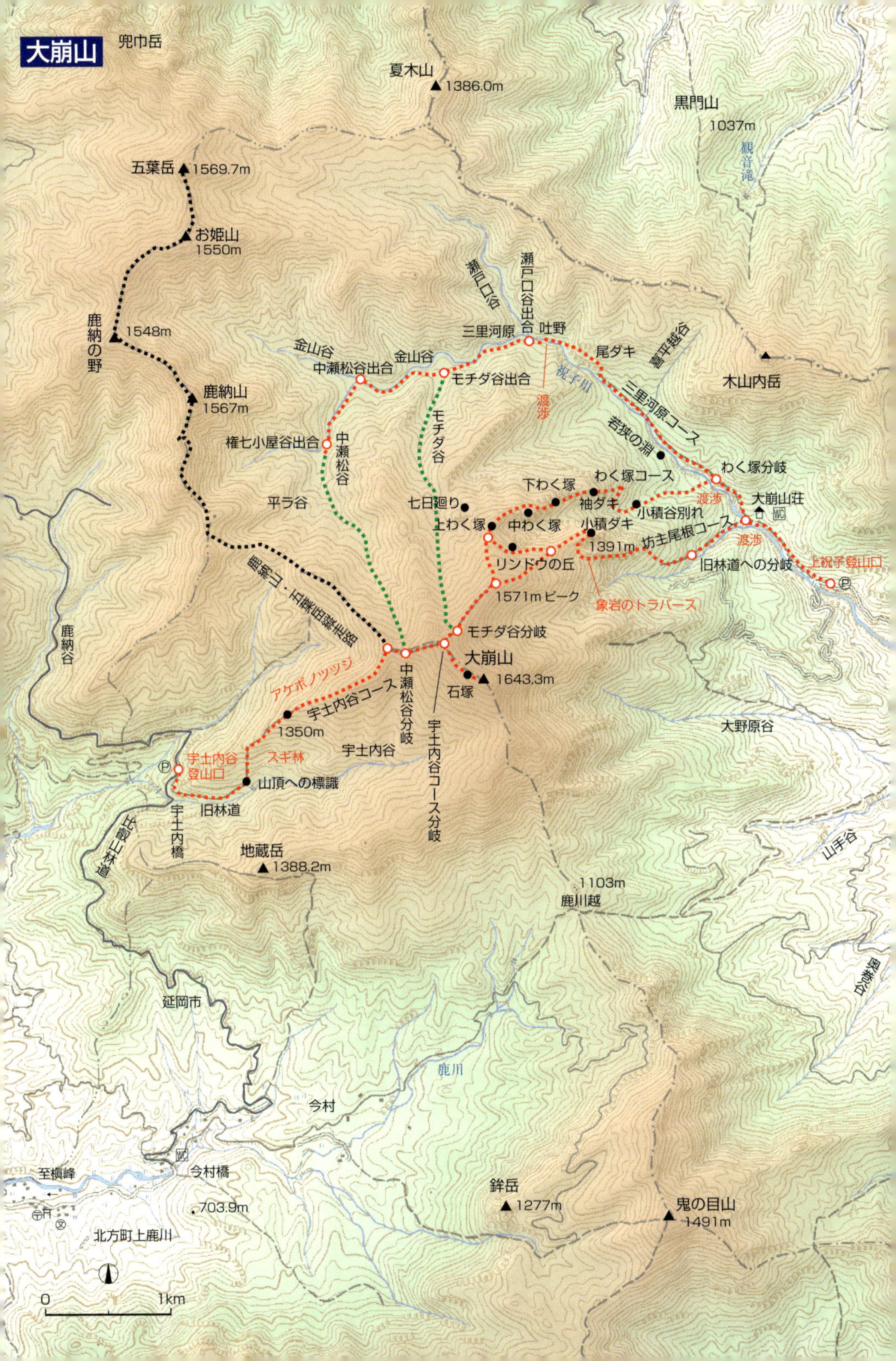
大崩山
兜巾岳
夏木山
1386.0m
黒門山
1037m
観音滝
五葉岳
1569.7m
お姫山
1550m
鹿納の野
1548m
鹿納山
1567m
瀬戸口谷
瀬戸口谷出合
三里河原
吐野
尾ダキ
喜平越谷
金山谷
中瀬松谷出合
金山谷
モチダ谷出合
祝子川
渡渉
木山内岳
三里河原コース
若狭の淵
わく塚分岐
権七小屋谷出合
中瀬松谷
モチダ谷
平ラ谷
七日廻り
下わく塚
わく塚コース
袖ダキ
渡渉
大崩山荘
上わく塚
中わく塚
小積谷別れ
小積ダキ
坊主尾根コース
1391m
渡渉
リンドウの丘
旧林道への分岐
上祝子登山口
1571mピーク
象岩のトラバース
鹿納山・五葉岳縦走路
モチダ谷分岐
鹿納谷
大崩山
1643.3m
石塚
アケボノツツジ
宇土内谷コース
中瀬松谷分岐
宇土内谷コース分岐
1350m
大野原谷
宇土内谷登山口
スギ林
宇土内谷
山頂への標識
旧林道
宇土内橋
比叡山林道
地蔵岳
1388.2m
山手谷
1103m
鹿川越
延岡市
鹿川
今村
至槇峰
今村橋
703.9m
鉾岳
1277m
鬼の目山
1491m
北方町上鹿川
0
1km

道が崩壊しており，落下した地点にはロープもあるが，粘土質ですべりやすく雨の日は要注意だ。

このコースの一番の難関は，花崗岩がせり出した象岩のトラバースである。ワイヤーが張ってあるが慎重に。特に冬場は凍っていることもあるので注意が必要だ。ここに来ると，目の前に広がる小積ダキの大岩に圧倒される。小積ダキの上部は平坦で展望も良い。祝子川を挟んで目の前に夏木山，新百姓山，木山内岳，桑平山，広ダキスラブなど，また東には祝子川の集落，日向灘も望むことができる。

大崩山山頂（三角点）へは，右手のわく塚岩峰群を堪能しながらゆっくりと登る。リンドウの丘・上わく塚への分岐に出る（山頂まで往復1時間30分はかかる。時間がない時は大崩山山頂の登山をカットして，わく塚コースを下る方が賢明である）。この分岐を直進すると1571mピークに至る。ここでわく塚コースと合流し，道は平坦になりモチダ谷への分岐，さらに宇土内谷登山口への分岐を過ぎると360度の展望の石塚に着く。大崩山山頂（一等三角点）はここから南に5分，スズタケの中にあり展望はない。

下りはわく塚コースを下ろう。1571mピークの分岐までは登ってきた道を引き返し，ここから左に道をとる。スズタケの中を一気に下ると，リンドウの丘から来た道と出合う。上わく塚に着いたら，わく塚コースを辿って下山する（詳細は **1** を参照）。

3 三里河原コース
―― 原生林に覆われた秘境の渓谷

上祝子登山口から祝子川の左岸を吐野まで進み，谷に下りた所から上流の部分を「三里河原」と呼んでいる。三里河原の主流の谷は金山谷で，さらに途中から中瀬松谷に入り権七小屋谷出合までが見所である。滑らかな砂岩ホルンフェルスや花崗岩の川床を滑るように流れる清流は澄み，各所に淵，ナメ，瀬をつくり，時には甌穴なども点在する。両岸にはブナ，モミ，ツガ，ヒメシャラなどのうっそうとした原生林が渓谷を覆い，九州では最も美しい谷といわれる景観をなしている。この三里河原で集まった水は祝子川となり，延岡市で太平洋に流れる。

ところで，大崩山には山の神の祠がない。信仰の山として人々が入れないほど険しかったことを物語っている。それでも，ここに祝子川伝説がある。寿永4（1185）年の壇ノ浦の戦い

迫力の小積ダキ

で源氏に追われた平家の武将若狭守(わかさのかみ)はこの祝子川に逃れる。この時スズメに「ついてくるなよ。でないと人が住んでいるあかしになるから」と言ったため，祝子川地区には今でもスズメがいないという伝説がある。若狭守はさらに山奥の祝子川の上流の岩屋に住むが，都の父母が恋しく，病に倒れ，岩屋に手鏡を残し，底なき淵に身を投げてしまう。今でもその岩屋を「若狭の岩屋」，その淵を「若狭の淵」と言っている。わく塚コースの渡渉点の上部に当たり，三里河原に行く途中で樹林の間から望むことができる。

三里河原から大崩山山頂目指すコースは時間もかかるし道もはっきりしていない所が多いので，大崩山に詳しい経験者の同行が必要である。ここでは，大崩山山頂までは行かず，権七小屋谷から引き返すルートを紹介する。

上祝子登山口から大崩山荘前を直進し，**わく塚コースの分岐**の標識に会う。ここを三里河原に向けて直進すると，周りは原生林の巨木が見られ，左手に樹林の間から天を刺す**小積ダキ**の白い大岩峰に圧倒される。**若狭の淵**の展望所近くでは大小の岩屋などもある。

水量の多い**喜平越谷**(きへいごしだに)を過ぎるとわく塚の岩峰も樹林の間から見えてくる。足下

三里河原。川床を流れる清流

モチダ谷（左）と金山谷の出合

はるかの祝子川の渓谷は狭くなりゴルジュになっているが，望むことはできない。

道は段々と高巻きし，ロープやハシゴが設置されているが，吐野までは慎重を要する。道も谷に近づきスギ林を過ぎると**吐野**に出る。ここからが大崩山を代表する秘境の渓谷**三里河原**である。残念ながら平成19年の豪雨の影響で砂利で埋まり，中瀬松谷までの三里河原は壊滅的な状況で以前の面影はなくなってしまった。これも自然の営みと思えば仕方がないことだが，前の渓谷美に戻るには数百年はかかるのだろう。

吐野で右岸に渡渉するが，くれぐれも増水には気をつけること。ここで渡渉で

平成19年の豪雨で砂利に埋まった三里河原

秘境の谷，中瀬松谷

山頂に行くこともできるが，今回ここで引き返す。

4 宇土内谷コース
── 最短コース・アケボノツツジのトンネル

宇土内谷コースは大崩山（一等三角点）に登る最短コースである。岩峰や沢もなく大崩山らしくないが，安全で迷う所もないのでエスケープルートとしても利用できる。ゴールデンウィークの頃はアケボノツツジのトンネルができるなど，標高の低い所から山頂までどこかで花を楽しむことができる。

この宇土内谷コースの登山口に行くには，綱の瀬川の左岸を走る県道214号を上鹿川へ向かう。県道214号は狭く，曲がりくねった道だが，綱の瀬川の谷が深く切れ込み，岩がそそり立ち，変化に富んで見所も多い。300年以上の歴史を持った槙峰鉱山跡，全国のクライマーが集まる比叡山，対岸の圧倒されるような矢筈岳を望む千畳敷を過ぎ，上鹿川集落に着くと，左手に釣鐘山，日隠山，右手がダキ山，国見山，鬼の目山，前方は鉾岳，その奥には大崩山がどっしりと居座っている。

きない時は，このコースの登山は中止した方がよい。この辺りのホルンフェルスの岩は滑りやすいので注意。浅瀬が多いので，沢足袋があると沢の中を快適に歩ける。10分も歩くと右手からの**瀬戸口谷**と合流，40分位で左からの**モチダ谷**に出合う。ここでは右岸に渡りモチダ谷を渡渉してもとの金山谷に戻る。このモチダ谷を上り詰めるとわく塚コースに出て，大崩山山頂に行ける。これがモチダ谷コースである（モチダ谷出合から山頂まで約2時間）。

モチダ谷出合から30分で**金山谷と中瀬松谷の出合**に着く。ここからは左の**中瀬松谷**を進む。巨石の間を左岸に行ったり右岸に行ったりしながら進むと**権七小屋谷**に出合う。この辺りが中瀬松谷の中心部で，階段状の一枚岩の花崗岩の川床を水はさらさらと滑るように流れる。心が洗われるような景観で，まさに秘境の谷である。

この権七小屋谷を詰めると鹿納山に行くのだが，ここの谷も土石流で埋まり登山道は崩壊している。この出合から5分も行くと**平ラ谷**に出合う。この中瀬松谷を突き上げ，宇土内谷コースに出て大崩

宇土内谷の大崩山登山口

94

5月初旬，アケボノツツジのトンネル

宇土内谷

　廃校となった上鹿川小学校を過ぎると，鹿川渓谷に架かる**今村橋**に着く。ここには駐車場やきれいなトイレもある。右に折れて鹿川渓谷沿いの道を上っていけば，鹿川キャンプ場を経て鉾岳・鬼の目山の登山口になる。

　大崩山へは，今村橋を渡り直進し，曲がりくねって荒れた**比叡山林道**を7km進むと宇土内谷に着く。橋を渡ると林道は広くなり，**宇土内谷コースの登山口**がある。ここには10台位は駐車できる（この比叡山林道をさらに3km程進むと，鹿納(かのう)山の登山口の鹿納谷近くまで行ける）。右手の林道に入り，宇土内谷を右に見ながら15分も進むと**大崩山頂への標識**がある。ここからスギ林の中をジグザグに登っていくと20分位でスズタケに覆われた尾根に出る。スズタケの中を標高**1350m**まで来ると，ブナの樹林の間から宇土内谷や日隠山，鹿納山方面も見えてくる。5月の連休の頃は，この辺りから**アケボノツツジのトンネル**となる。道が緩やかになると**鹿納山・五葉岳への縦走路**に合流する。

　さらに大崩山の秘境の谷といわれる**中瀬松谷への分岐**を過ぎた辺りになると，スズタケもすっかり枯れてしまい，明るい尾根道となる。まもなく祝子川からの登山路と合流する。右に進むと360度の展望の**石塚**に着く。**大崩山山頂**（一等三角点）は5分位南に入った所にある。スズタケの中で展望はない。下りはもと来た道を引き返す。また，車の手配ができれば，時間はかかるが，三里河原コース，わく塚コース，坊主尾根コースのいずれかで上祝子登山口に出てもよい。　　［久永］

大崩山山頂にて

☆1 行程 5 時間15分＝4.9km／☆2 行程 5 時間20分＝6.4km

38 五葉岳（ごようだけ）

1569.7m

鉱山の歴史を秘め，四季折々の花が楽しめる山

- 25000図＝椎原
- 問合せ＝日之影町役場☎0982(87)3910
- アクセス＝国道218号・日之影町から県道6号で見立方面へ。中村橋から日隠林道を9kmの所にゲートあり（お化粧山・お姫山登山口）。さらに上部に進むと大吹谷五葉岳登山口
- 寄道＝日之影温泉駅☎0982(87)2690
- 宿泊＝河鹿荘☎0982(89)1112／石垣茶屋☎0982(87)2295／リフレッシュハウス出羽☎0982(89)1220
- 別ルート＝大吹谷五葉岳登山口から300m位涸れた谷を進み，分岐から右手の尾根に上がる。ブナの三叉路を経てお姫山にも登れる
- 注意＝日隠林道は災害による通行止めや工事が多いので問い合わせてから入林した方がよい

宮崎

　五葉岳は日之影町北部の見立にあって祖母山，傾山（かたむきやま）を目前にし，山頂からの雄大な山々のパノラマは素晴らしい。自然美溢れた奥深い山である。この険しい山岳地帯で約400年前，鉱山開発に夢をかけた男たちのロマンがあった。今を去ること380年前の江戸時代，甲州武田勝頼の家臣の高見但馬守安利（たかみたじまのかみやすとし）は日向の国に辿り着き，五葉岳周辺に洞岳（どうだけ）鉱山，大吹（おおぶき）鉱山を開いた。そこでは硫化鉄，亜鉛鉱，スズ，銀などを発掘生産していた。元禄・宝永年間（1688～1713年）の全盛時には鉱山労働者をはじめ家族や行商人など，多くの人々で賑わっていた。遊郭の存在もうかがい知ることができる。大吹谷には今でも墓地（女郎墓）や，露天掘りの跡が見られる。

　またこの一帯は，5月の連休の頃にはアケボノツツジ，ヤマシャクヤク，秋にはトリカブトの群生を見ることができ，渓谷を赤く染める紅葉など，四季折々で楽しめる。

1 お姫山－五葉岳コース

　お姫山－五葉岳の周回コースを紹介しよう。
　お姫山は大崩山（おおくえやま）－五葉岳の縦走路にあって，山頂のピークはあまり目立たない。中村橋から右に入り，大吹谷沿いの狭い日隠（ひがくれ）林道をゆっくり進む。平成19年の豪雨でこの林道は壊滅的な被害に遭った。現在復旧工

お姫山のアケボノツツジと鹿納山

96

ブナの三叉路

事も進み，車は入ることができるが，上部は道が悪い。

お化粧山・お姫山登山口の標識がある所に車を停める。標識に従い林道から右に入り，お化粧山を経て上り詰めると，大きなブナのある三叉路に出る。ここを左に行くと，お姫山を経て五葉岳・兜巾岳に向かう。右（南）へ行くと鹿納山を経て大崩山への縦走路の尾根である。

左に緩やかな尾根道を15分も進むと，小さな岩峰に出る。そこがお姫山山頂である。5人位がやっとという狭さ。大崩山系の原生林のすり鉢状の谷が一望できる。アケボノツツジのピンクと新緑の原生林とが鮮やかに浮き上がって見える。この山の優雅な名前の起こりは，大吹鉱山が栄えた頃，この山から毎晩お姫様が現れ，若い鉱夫たちを悩ませたことによるという伝説もある。また山頂にヒメコマツが多いことも何か関係しているかもしれない。

山頂から東の尾根に降りて**1517mピーク**まで行くと，岩とマツがありアケボノツツジが群生し，日本庭園風の別世界である。

引き返して五葉岳に向かう。ブナの大木は倒れ，スズタケもすっかり少なくなり明るい。まもなく十字路の鞍部（瀬戸口谷入口）に着く。右は瀬戸口谷，左に行けば大吹谷の五葉岳登山口へのルートと合流する。五葉岳山頂はここを直進して急坂を登り切った所にある。

山頂は狭く，5〜6人がやっとで，石灰岩と花崗岩質の岩山で360度の展望が開ける。西に日隠山，二ツ岳，北に傾・祖母山系，遠くに由布岳，久住山，東には夏木山・新百姓山・木山内山，桑平山，

二ツ岳から望む。右からお姫山・五葉岳・兜巾岳・洞岳の稜線

大吹谷のヤマシャクヤクの群生

南に鹿納山、大崩山。9月末には山頂直下の岩峰の周辺に紫色のトリカブトの花が咲き誇る。下りは**大吹谷五葉岳登山口**方面へ下る（**2**を参照）。**木材集積場跡**の広場に出たら林道を車の所まで下る（約2.5 km）。

宮崎

2 五葉岳－兜巾岳－洞岳コース

お化粧山・お姫山登山口に車を停めて、さらに林道を約60分（約2.5 km）歩くと**木材集積場跡**の広場に着く（四駆車ならこの広場まで来ることが可能）。ここが**大吹谷五葉岳登山口**である。広場の奥の林道沿いに標識があり、大吹谷に入る。

この谷一体は、5月にはヤマシャクヤクの群落となる。また9月の彼岸頃にはトリカブトが斜面全体に群生し、見事に花が開く。谷沿いに約50m位進み、大吹谷の涸れた谷から外れて左の尾根に上がると伐採跡に出る。粘土質で雨の時は滑るので注意。まもなくヒノキ林に入る。急であるがヒノキの間をジグザグに登る。この林を登り切ると道は緩やかになり岩峰の下に着く。ここから左にガレ場を急登すると**五葉岳**の山頂である。トリカブトの花の時期には岩峰を取り囲むように紫の花が咲き誇る。根は猛毒で鹿も食べない。

山頂で展望を楽しんだら、兜巾岳に向かう。山頂からさらに北に降りていくと兜巾岳・洞岳または夏木山への縦走路で、見立にも下ることができる。**夏木山への分岐**を過ぎる辺りからミツバツツジの群落が見事である。登山道から少し外れて東側の崖沿いを歩くとアケボノツツジ、シャクナゲの群落も観ることができる。洞岳・兜巾岳分岐から**兜巾岳**山頂へは10分である。山頂からは、見立渓谷を挟み傾山が間近に見える。シャクナゲあり、アケボノツツジ、ミツバツツジと、この周回コースは実に楽しい。紅葉の時期は兜巾岳の東側の岩稜、西側の岩稜の紅葉がきれいである。

山頂から分岐まで引き返し、**奥州屋の尾**を西に向かって緩やかに下り、40分。まもなく木材集積場跡広場から登ってくる**日隠林道**に下りる。林道を10分位西に進み、**洞岳入口**で林道から外れてさらに西へ5分位登ると**洞岳**山頂。石灰岩質の

左＝五葉岳直下のトリカブトの群生／右＝兜巾岳山頂のシャクナゲ

山で，周辺にはヤマシャクヤク，トリカブトの花が咲く。林道を戻れば木材集積場跡の広場に出る。そこからさらにお化粧山・お姫山登山口まで戻る。　[久永]

兜巾岳から傾山を望む

▶タイム： 1 お化粧山・お姫山登山口▶60▶お化粧山▶30▶ブナの三叉路▶30▶お姫山▶50▶1517mピーク往復▶15▶十字路（瀬戸口谷入口）▶10▶五葉岳▶60▶大吹谷五葉岳登山口▶60▶お化粧山・お姫山登山口／ 2 お化粧山・お姫山登山口▶60▶大吹谷五葉岳登山口（木材集積場跡）▶80▶五葉岳▶30▶兜巾岳▶50▶日隠林道出合▶20▶洞岳▶80▶お化粧山・お姫山登山口

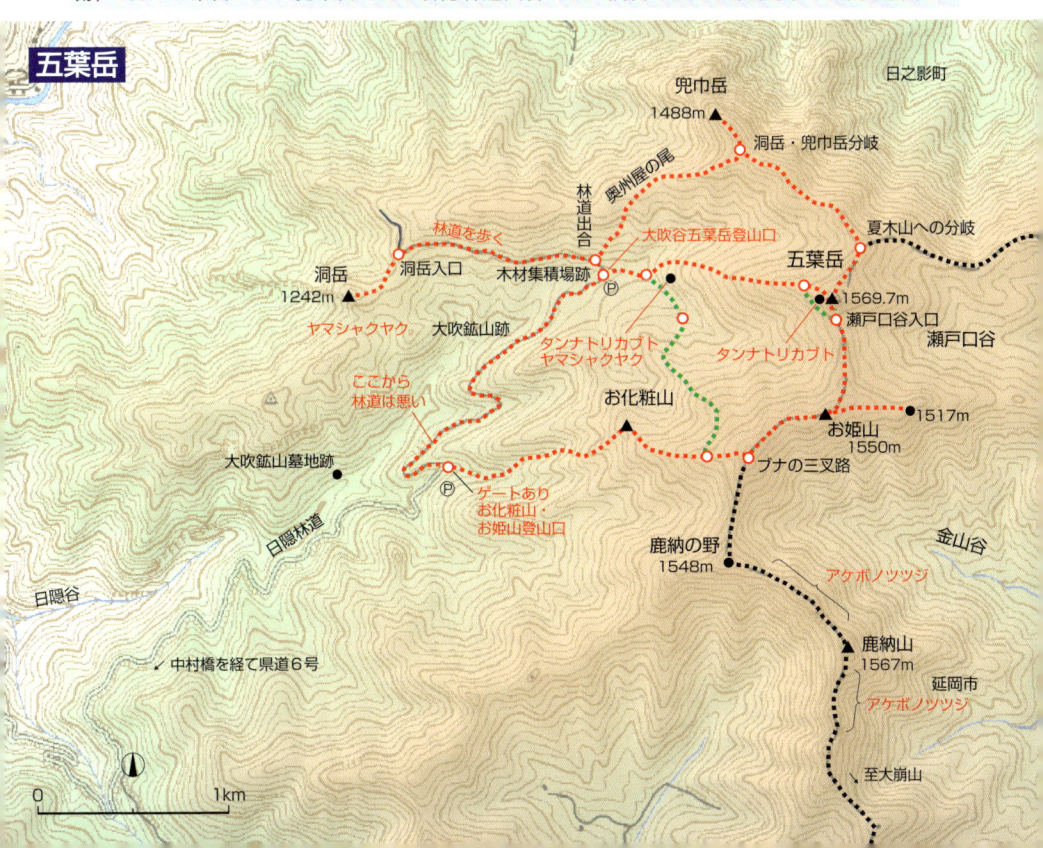

五葉岳

■1 ☆☆行程5時間＝6.2km／■2 ☆☆行程3時間40分＝5.2km

39 鹿納山（かのうさん）
1567.0m

大崩山塊の尾根にそそり立つ岩峰

▶25000図＝見立・大菅
▶問合せ＝延岡市北方町総合支所☎0982（47）3600／日之影町役場☎0982（87）3910
▶寄道＝■1 日之影温泉駅☎0982（87）2690／道の駅青雲橋／見立渓谷／■2 鹿川渓谷／鹿川キャンプ場☎0982（48）0864
▶注意＝日隠林道・比叡山林道とも，災害による通行止めや工事が多いので，問い合わせてから入林した方がよい

宮崎

　大崩山の石塚，上わく塚，五葉岳（ごようだけ）から眺めると，尾根の中央に際立った岩峰がそそり立っているのが見える。その岩峰が鹿納山（鹿納坊主（かのうぼうず））である。大崩山塊の中心的な位置にあり，3つの岩峰は「三ツ鹿納」ともいわれ，最高岩峰が鹿納坊主，北西の「鹿納の野」も含めて鹿納山と呼んでいる。日隠（ひがくれ）林道からお化粧山登山口に入るコースと，鹿川（ししがわ）を経由する比叡山林道を経て鹿納谷登山口から登るコースを紹介する。

■1 お化粧山登山口からのコース

　日之影町の中村橋から右に曲がり**日隠林道**に入る。9km程行くと**お化粧山・お姫山登山口**の標識に出合う。車はここに停める。標識に従い林道から右に入り，**お化粧山**を経てブナの三叉路に出る。右（南）に進むと鹿納山・大崩山，左（北）に進むとお姫山・五葉岳である。ここを右に進む。スズタケの中にブナが散在し，アケボノツツジの群落もあり，5月の連休の頃にはピンクの可憐な花に出合える。
　岩ツグマの岩峰を小さく巻くと鞍部に出る。**金山谷入口**である。**鹿納の野**から鹿納山までは小さな岩峰の連続で，西側を巻きながら登る。最も高い岩峰が**鹿納山**で，最後の登りの短い岩場のルートにはジグザグに道がついているが，注意して登ろう。
　山頂は狭くて7～8人がやっとである。360度の大パノラマが眺望でき，眼下には原生林が広がり，雄大である。帰りは往路を下る。

■2 鹿納谷登山口からのコース

　延岡から国道218号を高千穂方面へ向かう。槇峰大橋を過ぎて左折し旧高千穂鉄道槇峰駅，そこから県道214号に入り鹿川へ。今村橋から直進して**比叡山林道**を上ると，宇土内谷の大崩山登山口まで7km，さらに約4km行くと鹿納谷登山口である。

鹿納山　100

下＝鹿納谷の紅葉／右＝三ツ鹿納

　左に日隠山がそびえ，林道下の綱の瀬川の源流である鹿納谷の甌穴群や「ナメの滝」を見ながら進む。平成19年の豪雨で林道が土石流で埋まっている所（**林道崩壊地点**）に着き，ここに車を駐車する。そこから林道跡を歩く。

　鹿納谷入口に**鹿納谷登山口**の標識がある。スズタケとモミ，ツガ，アカマツの原生林の尾根をひたすら登っていくと，左前方の樹林の間に三ツ鹿納の岩峰が見えてくる。ここもアケボノツツジが多い。秋の鹿納谷は紅葉が美しい。

　この尾根を登り切ると，**大崩山への縦走路との分岐**に出る。ここを左（北）に進む。痩せた岩の尾根のアップダウンを注意しながら進むと，**権七小屋谷入口**の広い鞍部に出る。ここを過ぎると最後の登りとなり，**鹿納山**山頂に着く。

　帰りは往路を下る。また時間があれば大崩山への縦走路を辿り，宇土内谷コースを下ることもできる（91ページの地図を参照）。

[久永]

▷タイム：①お化粧山・お姫山登山口▶90▶ブナの三叉路▶30▶鹿納の野▶40▶鹿納山▶140▶お化粧山・お姫山登山口／②比叡山林道崩壊地点▶30▶鹿納谷登山口▶70▶縦走路分岐▶20▶権七小屋谷入口▶10▶鹿納山▶70▶鹿納谷登山口▶20▶比叡山林道崩壊地点

40 日隠山（ひがくれやま）

☆☆行程 4時間45分＝5.6km
1544.2m

スズタケに覆われた奥深い山

- 25000図＝見立・大菅
- 問合せ＝日之影町役場☎0982(87)3910
- アクセス＝国道218号、日之影町の青雲橋から日之影駅温泉方面に下りていく。旧国道に出る前の交差点で日之影川に沿った県道6号に入り、見立方面に向かう。中村橋から日隠林道に入る
- 寄道＝日之影温泉駅☎0982(87)2690／道の駅青雲橋／英国館／石垣の村
- 宿泊＝河鹿荘☎0982(89)1112
- 注意＝日隠林道は災害による通行止めや工事が多いので問い合わせてから入林した方がよい

宮崎

　日隠山の全容は上鹿川（かみししがわ）から望むことができる。集落を取り囲むように、西の釣鐘山（つりがねやま）から鞍部の鹿川峠を経て尾根は続き、北西から北の方向に大きな山容をなした日隠山がどっしりと座っている。さらにこの尾根は鹿納の野（かのうの）を経て鹿納山に続いている。五葉岳（ごようだけ）登山口の大吹鉱山（おおぶき）の全盛期の頃、この鹿納山と日隠山の尾根を越える二十丁峠（にじっちょうとうげ）は、鉱石を牛馬に積んで鹿川に下るための重要な交通路であった。鹿川から綱の瀬川の右岸を通り、五ケ瀬川（ごかせがわ）を利用して延岡に運んだという（『見立鉱山物語』日之影町、1984年）。

　三角点のある日隠山（1544.2m）はスズタケに覆われ展望はないが、1580mの北日隠山は360度、奥深い山々を望むこ とができる。眼下に広がる鹿川盆地は、見立渓谷側と違いゆったりとした空間を作り、時間の経つのを忘れさせてくれる。

　日隠山への一般登山コースは日之影町の日隠林道から登る。日之影川沿いの県道6号を見立に向かい、**中村橋**から**日隠林道**に入る。約6kmの所で林道の分岐に**日隠山登山口**の標識がある。車はそこに駐車する。標識に従い林道を30分位歩くと、谷の出合の所で道は完全に崩壊している。荒れた林道跡を辿りながら谷を渡渉すると、日隠山への小さな案内板がある。そこから植林されたスギ林の中を直登する。以前に比べるとスズタケも刈ってあり登りやすいが、足元に注意しながら登山道を南にただただ登る。

上：登山口近くの林道崩壊跡
左：日隠林道入口の中村橋

102

下＝コバノミツバツツジ／右＝
鹿納谷登山道から見る日隠山

　途中で大岩を右に巻いて登る。5月の初めには、登り切った所で満開のアケボノツツジと鮮やかな紫色のミツバツツジが迎えてくれる。北日隠山の山頂も木々の間に望むことができる。ここからは2mもあろうかというスズタケの覆い被さったトンネルの中を掻き分けながら進む。20分位で日隠山の稜線に着く。この**分岐**を右に5分で**日隠山**。展望はない。

　分岐まで引き返し、その稜線を北東に進むと**北日隠山**である。尾根には大きな岩が点在し、スズタケの中にブナ、ミズナラが芽吹きを待っている。明るく気持ちのいい雰囲気である。

　北日隠山に着くと展望は開け、眼下に鹿川盆地が広

がり、南にだき山、国見山、鬼の目山、東には宇土内谷からの大崩山、さらに鹿納谷からの鹿納山、北には祖母山など奥深い山々を望むことができる。ここを北東にちょっと下って、展望の良い岩の上部まで行ってみるとよい。下山はもと来たコースを引き返す。
　　　　　　　　　　　　　　　　　[久永]

▷タイム：日隠山登山口▶30▶林道崩壊跡▶5▶小さな案内板▶110▶日隠山▶30▶北日隠山▶110▶日隠山登山口

103

☆☆行程5時間55分＝7km

41 鉾岳－鬼の目山

1277.0m
1491.0m

巨大な花崗岩のスラブと，世界でここだけのツチビノキ

▶25000図＝祝子川・木浦鉱山
▶問合せ＝延岡市北方町総合支所☎0982(47)3600
▶アクセス＝延岡から国道218号を高千穂方面へ。槇峰大橋を過ぎて左折し旧高千穂鉄道槇峰駅、そこから県道214号に入り鹿川へ。今村橋を渡り右折し、鹿川キャンプ場へ
▶寄道＝鹿川渓谷／比叡山千畳敷／丹助岳
▶宿泊＝いろりの里鹿川山荘☎0982(48)0865／鹿川キャンプ場☎0982(48)0864

宮崎

　鉾岳は雄鋒、雌鋒の2峰からなり、巨大な花崗岩の姿は圧巻である。スラブの規模は高さ250m、底部の幅400m、国内最大級といわれ、全国からクライマーが集まる。また世界中で鬼の目山系にしかないツチビノキが自生している。ツチビノキはジンチョウゲ科の植物で、6月から7月にかけピンク色の花を咲かせる。

　鬼の目山から国見山、だき山に至る稜線の西側急斜面は冷温帯の林相を呈しており、「鬼の目山林木遺伝資源保存林」に指定されている。また、ここのスギは天然性であると報告されている。ここでは鉾岳－鬼の目山のルートを紹介する。

　槇峰から綱の瀬川を鹿川方面に向かい、鹿川渓谷入口の**今村橋**から渓谷沿いに走ると**鹿川キャンプ場**に着く。車はここに停める。キャンプ場の前方にそそり立つ花崗岩のダキが鉾岳である。標識に従い鉾岳・鬼の目山に向かう。

　森林の中をゆっくり登っていくと、右側に**鉾岳谷**の水の音を聞きながら尾根の急な登りとなるが、4月中旬にはミツバツツジが癒してくれる。途中**鉾岳スラブ取り付き入口**の標識がある。さらに**鉾岳谷の渡渉点**に出る。沢を渡って左岸を急登し、トラバースしながら登る。左には木陰の間に雌鋒の大スラブを眺めることができる。

　崩壊場所やハシゴ、ロープもあり、注意しながら進むと、水が岩の上をさらさらと流れる「ナメの沢」に出る。右には10分程で雌鋒の大スラブ

クライマーを魅了する大スラブ　　大スラブを登るクライマー

104

下＝鬼の目山系にしかないツチビノキの花
／右＝鹿川キャンプ場近くから見る鉾岳

を望める**展望所**もある。この沢を渡渉して上に上がると**鬼の目林道**に出る。林道に出て左が鉾岳、右は鬼の目山・国見岳だ。左に進み、すぐ谷に下りて渡渉し、スズタケの中を進むと**鉾岳（雄鋒）**である。

　展望が開け、眼下にキャンプ場、鹿川渓谷、鹿川の集落が見え、釣鐘山(つりがねやま)、日隠山(ひがくれやま)を望み、雄大でのどかな雰囲気を醸し出している。

　鬼の目林道に戻り鬼の目山に向かう。荒れた林道を進むと**鬼の目山の登山口**（標識）があり、左の谷に入る。谷は大雨で荒れており、登山道がわかりにくい所もあるので注意しながら進む。

　途中で谷から右側の急な斜面に入る。スズタケが覆い被さっていて苦労するが、道ははっきりしているのでとにかく登る。登り切ると緩やかになり、樹林に囲まれた**鬼の目山**山頂1491.0m三等三角点に着く。帰りは往路を下る。時間があれば、鬼の目登山口から林道を南に20位進んだ所にある「森の巨人たち百選」の**鬼の目杉**を見学するとよい。[久永]

▷タイム：鹿川キャンプ場▶60▶鉾岳谷渡渉点▶40▶ナメの沢渡渉点▶10▶鬼の目林道出合▶20▶鉾岳▶15▶鬼の目林道出合▶20▶鬼の目登山口▶50▶鬼の目山▶140▶鹿川キャンプ場

鉾岳－鬼の目山

105

42 だき山-国見山

☆☆☆行程8時間=8.9km
1420.4m
1391.5m

ツチビノキ，天然スギ，そして「ブナラ様」

▶25000図＝祝子川
▶問合せ＝延岡市北方町総合支所☎0982(47)3600
▶アクセス＝延岡から国道218号を高千穂方面へ。槇峰大橋を過ぎて左折し旧高千穂鉄道槇峰駅，そこから県道214号に入り鹿川へ。上鹿川小学校跡を経て登山口へ

▶寄道＝鹿川渓谷／比叡山千畳敷
▶宿泊＝いろりの里鹿川山荘☎0982(48)0865／鹿川キャンプ場☎0982(48)0864
▶注意＝初心者は山頂から往路を引き返す方がよい
▶その他＝運が良ければコース途中で煙水晶を拾うことができる

　鹿川キャンプ場付近から眺めると，北に大崩山，東に鉾岳，鬼の目山，西に釣鐘山，日隠山，そして南を向くとこのだき山，国見山が水平に近い稜線でつながり横たわっている。

　だき山の先端は上鹿川の集落に向かってドーンと切れ落ちており，「だき」とはこの切り立った断崖を指す言葉だ。鉾岳や鬼の目山に比べマイナーな山だが，名前にインパクトがあり，近年登山者が増えつつある。

　国道218号から廃線となった高千穂鉄道槇峰駅に下り，県道214号に入って上鹿川へ約15km走る。槇峰地区からの道中，木彫りのトンビやフクロウ，タヌキたちが道端に佇んでいる。これは延岡市北方町鹿川地区の住民たちがチェーンソー・アートとして彫ったものだ。通る人を温かく迎え，地区を元気にしたいという願いが込められている。

　上鹿川小学校（廃校）から100m先に右に入る作業道がある。標識に従い3km登ると**登山口**があり，山主の好意で手前の雑木林に数台駐車できる。

　民有林から出発するが，すぐに森林開発公団の人工林の急登となる。息が上がる頃自然林に入って平坦路となるが，それも束の間，再び胸突き八丁の急登が始まる。悪場には固定ロープが張ってあるが，浮き石も多いので，多人数の時は落石に注意する。登山口から約2時間30分で主稜線端部に登り着く。視界が開け，比叡山，矢筈岳，釣鐘山，大崩山と，鹿川を取り囲む山々が見渡せる。

　尾根伝いに20分で**だき山西峰**着。だき山本峰は展望がないので，ここで素晴らしい眺めを楽しもう。また，西峰直前に珍しい木があるのでぜひ見てほしい。ブナとミズナラが半分ずつ合体して完全に

ブナラ様

宮崎

106

鬼の目杉　　　　　　　　　　　　　　　　　　　　　鉾岳山頂から見ただき山

1本の木として生長しているのだ。見る向きを変えると全く違う木になる「ブナラ様」である。

　だき山本峰へは西峰を越えても行けるが，もろい岩場なので，この「ブナラ様」から右手に入り西峰を巻いた方が安全である。スズタケを掻き分け20分で三角点のある**だき山**山頂に出る。山頂はアセビやシロモジ，ブナの林の中で展望はない。

　国見山へは，山頂から東へスズタケの中を2.5km辿る緩やかな尾根歩きだ。国見山最初のピークは前衛峰で，南東へ少し下り，登り詰めた所が**国見山**山頂だ。行縢山方面に視界が開けている。国見山一帯もツチビノキが多い。

　山頂から北へ向かい，40分かけて**鬼の目林道**に出ると，すぐ近くに**鬼の目杉**があるのでぜひ見て行こう。下山は，林道の鉾岳入口手前から標識に従い，鹿川キャンプ場に下る。

[飯干]

▷タイム：登山口 ▶200▶ だき山 ▶90▶ 国見山 ▶40▶ 鬼の目林道 ▶150▶ 鹿川キャンプ場

だき山－国見山

☆行程 4 時間35分＝ 8 km

43 可愛岳(えのたけ)

727.7m

西郷軍「可愛岳突囲」の舞台

▶25000図＝延岡北部
▶問合せ＝延岡市北川町総合支所☎0982(46)5010
▶アクセス＝国道10号を延岡市から大分方面へ。北川町俵野の西郷隆盛宿陣跡資料館を目指す
▶寄道＝西郷隆盛宿陣跡資料館／西南の役和田越決戦場／延岡城址城山公園／須美江家族旅行村／行縢山／道の駅北川はゆま☎0982(24)6006
▶宿泊＝北川町ホタルの宿☎0982(24)6022(予約制)／その他、延岡市内にホテル多数あり

宮崎

　延岡市北川町にあり、市街地から北を望むとすぐそこに南面の岩壁が長く続きどっしり居座っているのが可愛岳である。大崩山(おおくえやま)花崗岩体を取り巻いている花崗斑岩のリングダイク（環状岩脈）の中の一番東に当たるのが可愛岳で、その隣りに行縢山(むかばきやま)、比叡山(ひえいざん)、矢筈岳(やはずだけ)などの山々が続いている。

　西南の役で延岡の和田越(わだごえ)の戦いに敗れた西郷軍は、俵野の児玉熊四郎宅（現西郷隆盛宿陣跡資料館）で降伏か決戦かを迫られる中、可愛岳突破を決意した。兵力で圧倒的に勝る官軍の包囲網をくぐり抜け、上祝子(かみほうり)を越え、釣鐘山(つりがねやま)の鹿川峠(ししがわとうげ)、高千穂を経て鹿児島に帰還した。可愛岳は西郷軍が必死の敗走を果たした山である。

　南尾根コースから可愛岳に登り、烏帽子岳を経て北尾根コースを下るルートを紹介する。**西郷隆盛宿陣跡資料館**の駐車場から南に「可愛嶽突囲戦薩軍登山口」の看板があり、そこが南尾根コースの**登山口**である。伐採地に出ると後方に北川やその周辺の集落が見える。尾根に上がり、緩やかな道になってくると5合目（340m）の**ザレの頭**である。木々の間から上部にノゾキの岸壁も見えてくる。20分位でガレ場の谷に出合い、水飲み場の標識がある。ここから足場の悪い急登をロープ伝いに登ると炭焼き釜跡があり、「ザレの平」の標識がある。さらに急な道を上ると、まもなく烏帽子岳からの**北尾根コースと合流**する。辺りは照葉樹の林で、ここから左に行くとすぐに**前屋敷**(まえやしき)

左＝北川から望む可愛岳
下＝鉾岩。ここから10分で山頂

烏帽子岳から日向灘・延岡市街地を望む

分岐に到着する。

　ここで道は尾根の上部に向かう道と，南側を巻いてノゾキ展望所を経て山頂に向かう道とに分かれるが，先にノゾキ展望所に行くコースをとる。**ノゾキ展望所**に出ると突然，目の前は開け，切れ落ちていて，眼下には延岡市街地，遠くに日向灘が広がり，海岸線の白い波が見え，素晴らしい眺めである。危険防止のためロープも設置してある。そこからもとの尾根道まで登り，前屋敷からの道に合流する。岩のある尾根のアップダウンを繰り返しながら進むと**鉾岩**（ほこいわ）に出る。10分も進むと，尾根の最西端にある**可愛岳**の山頂に着く。延岡市街地や日向灘，行縢山がすぐそこに見え，北の方向には**大崩山**（おおくえやま）も見える。

　下山は鉾岩を過ぎて分岐から左に行き，前屋敷の分岐でノゾキ展望所からの道と合流する。さらに登ってきた南尾根コースとの合流点を直進し，**北尾根コース**を下る。道は尾根の南側を等高線沿いに続く。ヒノキ林に入るとまもなく**烏帽子岳**の頂上，ここでも南側に出ると目の前が開け，ノゾキで見た風景が広がっている。可愛岳山頂からから約60分で着く。

　ヒノキ林の中を東に下ると**林道**に出る。そこから再び登山道を下る。日豊本線の線路の横に出て，西郷隆盛宿陣跡資料館の前に戻ってくる。
　　　　　　　　　　　　　　　　[久永]

▷タイム：西郷隆盛宿陣跡資料館▶50▶ザレの頭▶50▶北尾根コースとの合流点▶15▶ノゾキ展望所▶30▶可愛岳▶60▶烏帽子岳▶20▶林道出合▶50▶西郷隆盛宿陣跡資料館

44 行縢山(むかばきやま)

☆行程3時間40分＝6.2km
829.9m

岩あり滝ありの森林に恵まれた山

- ▶25000図＝行縢山
- ▶問合せ＝延岡市役所☎0982(34)2111
- ▶アクセス＝延岡市街地から国道218号で高千穂方面へ。舞野IC手前に大きな行縢山の標識あり。右折し宮崎県むかばき少年自然の家へ。
- ▶行縢神社が登山口（トイレ，駐車場あり）
- ▶寄道＝行縢神社／行縢の滝／延岡城址城山公園／今山大師寺
- ▶宿泊＝延岡市内にホテル多数あり

宮崎

　行縢山は可愛岳(えのだけ)、比叡山(ひえいざん)、矢筈岳(やはずだけ)と同じ花崗斑岩のリングダイク（環状岩脈）の大スラブの山である。延岡市街地から近く，市民ハイキングの山として親しまれている。宮崎県むかばき少年自然の家などもあり，小・中・高生の研修登山にも使われている。山名は武者のすねあて（ムカバキ）に似ていることから，ともいわれている。

　登山道の途中には行縢の滝がある。垂直の一枚岩を流れ落ちる落差77mの高度感のある滝は「日本の滝百選」の1つに選ばれている。また登山口にはスギやカシ，ダブなどの巨木の森があり，その中に行縢神社が静かに佇んでいる。案内板によると，綺麗な山，荘厳な滝が古代の山岳信仰を興し，これらを御神体として社殿が建立された。養老2（718）年には和歌山県の熊野大社の御分霊が奉納され，代々の藩主の崇敬が篤かったとある。神社の横には「みやざきの巨樹100選」の1つ「バクチノキ」などもある。また行縢山一帯では，5月にはミツバツツジ，岩壁の間に可憐なササユリも観ることができる。

　行縢神社入口にある**登山口**からスギの巨木の中の登山道はよく整備され，緩やかに続いている。15分もすると上部駐車場から来た道と合流する。まもなく立派なスチールの吊り橋の**滝見橋**に着く。その名の通り**行縢の滝**が樹林の向こうに見える。一枚岩の上を白くシャーシャーと水が落ちてくる様は別名「布引(ぬのびき)の滝」ともいわれている。道は沢から離れて左岸

上＝行縢山登山口
左＝行縢神社

110

日本の滝百選，行縢の滝（布引の滝） 　　　　　　　　山麓から見る行縢山（左が雄岳，右は雌岳）

の石積みのジグザグを登る。途中で滝壺の近くまで下りて見学することができる。

　もとの道に戻り，急な坂道を登ると**雌岳への分岐**。この分岐から雌岳山頂に登り，山頂より200mぐらい引き返した分岐から県民の森へ向かうルートもある（約120分）。県民の森（宮崎県明治百年記念の森）には休憩所（東屋）などもある。

　今回は雌岳への分岐を直進し，**山ノ神峠**を経てさらに**県民の森分岐**に出る。ここを左にとり，滝の上部の沢を渡る。スギ林の中の緩やかな道を登っていくと，**最後の水場**の標識に出合う。尾根に出るとまもなく目の前の展望が開け，南東側が切れ落ちた**行縢山**山頂に着く。直下に登山口の宮崎県むかばき少年自然の家が見え，さらに

は延岡市街地の町並みが広がり日向灘も望める。

　下山はもと来た道を下る。　　　［久永］

▷タイム：登山口▶40▶滝見橋▶20▶行縢の滝▶20▶山ノ神峠▶50▶行縢山▶90▶登山口

行縢山

☆☆行程4時間＝5.1km

45 比叡山 918.0m

クライマーを魅了する花崗斑岩の大岩峰

- 25000図＝日之影
- 問合せ＝延岡市北方町総合支所☎0982(47)3600
- アクセス＝延岡から国道218号を高千穂方面へ。槇峰大橋を過ぎて左折し旧高千穂鉄道槇峰駅、そこから県道214号に入り比叡山へ。県道脇に広い駐車スペースのある南側登山口、さらに進むと比叡山直下に駐車場やトイレのある千畳敷登山口。北側登山口には駐車スペースはない
- 寄道＝鹿川渓谷／丹助岳
- 宿泊＝鹿川キャンプ場☎0982(48)0864／いろりの里鹿川山荘☎0982(48)0865

宮崎

　綱の瀬川を挟んでV字型に比叡山と矢筈岳が対峙している。花崗斑岩の大岩峰の光景、まずはどうしてこのような地形ができたのだろうか。
　大崩山、鉾岳、鬼の目山、国見山などは大崩山花崗岩体と呼ばれ、これを取り巻くように花崗斑岩が輪状分布（リングダイク）し、東から可愛岳、行縢山、比叡山、矢筈岳、丹助山などの山を形成している。このリングダイクは延長40kmに達し、規模が雄大なこともあって、日本では稀有なものといわれている。また五ケ瀬川とその支流域は、阿蘇火山活動により火砕流に埋め尽くされ台地ができた。そして長年、隆起と浸食を繰り返し比叡山、矢筈岳は分かれ、深い綱の瀬川の渓谷ができたといわれている。比叡山と矢筈岳は国の名勝地に指定されている。
　比叡山のクライミングルートはⅠ峰・Ⅱ峰・Ⅲ峰からなっていて、週末になると岩稜や岩壁には全国からクライマーが集まる。ショートルートからマルチピッチのルートまで50本以上が開拓されており、その開拓の中心になったのはクライマーの宿（庵鹿川）に集う人たちである。
　千畳敷登山口の駐車場に車を停める。トイレを過ぎて県道脇の階段を上ると**千畳敷**で、改めて目の前の矢筈岳の堂々とした姿に圧倒され、深く落ち込んだ綱の瀬川の渓谷に感嘆する。

左＝浸食と隆起でV字に分かれた矢筈岳と比叡山／右＝比叡山Ⅰ峰からⅡ峰を望む

スラブを登るクライマー　　　　　　　　　夕陽に照らされる比叡山（矢筈方面より）

　ここから5分も行くと北側登山口からの道と合流し，そこから右の急な登山道を行く。比叡山の尾根の西に当たる**Ⅰ峰**に着く。立派な比叡山の標柱があるが，三角点のある山頂ではない。北にはⅡ峰が見える。さらに尾根伝いに進むと**南側登山口**からの道と合流し，**760mのピーク**に着く。ヒカゲツツジやアケボノツツジの花を見ながら緩やかな尾根道を30分も歩くと，岩の割れ目にハシゴやロープのある**カランコロン岩（864m）**に着く。高度感もあり，展望も良い。三等三角点918.0mのある**比叡山**山頂は，一旦ロープで下り，最後は登りとなるが，残念ながら山頂は樹林の中で展望はない。

　下りは，760mのピークを過ぎる所まではもと来た道を引き返し，**南側登山口への分岐**の所から左に下り登山口へ戻る。

[久永]

▷タイム：千畳敷登山口▶10▶千畳敷▶50▶Ⅰ峰▶40▶760mピーク▶30▶カランコロン岩▶20▶比叡山▶90▶千畳敷登山口

| 1 ☆行程 1 時間35分＝1.5km / 2 ☆行程 1 時間40分＝2.7km

46 丹助岳・矢筈岳
たんすけだけ・やはずだけ

815.0m
666.0m

短時間で登れる高度感充分の360度のパノラマ

- 25000図＝日之影
- 問合せ＝日之影町役場☎0982(87)3910
- アクセス＝【矢筈岳へ直接行く場合】国道218号を延岡市から高千穂方面へ。こんにゃく村を過ぎた所を右折、標識に従い進む。登山口手前の展望所では比叡・矢筈の絶景を望むことができ、トイレ、東屋なども設置されている。国道218号から約6kmで矢筈岳登山口
- 寄道＝青雲橋／日之影温泉駅☎0982(87)2690／森林セラピー推進協議会☎0982(87)3900
- 宿泊＝丹助小屋(管理人はいないので下記に電話して利用する)☎0982(87)2491(日之影町村おこし総合産業)

宮崎

丹助岳は九州自然歩道沿いの岩峰で、低いながらも展望は良く、大崩山群、遠くは阿蘇山も望むことができる。8合目の丹助広場には丹助小屋(50人)、トイレもある。丹助岳の山名の由来は、天狗岩で天狗になろうと修行した「丹助どん」の伝説によるものといわれている。また矢筈岳は矢尻状の東西2峰からなり、東峰がやや高い。山名はくぼんだ鞍部を挟む2峰の姿が矢筈に似ていることによるとされている。丹助岳・矢筈岳とも花崗斑岩からなり、綱の瀬川を隔てた比叡山とともに雄大な景観を形成している。

延岡市から218号で高千穂方面に向かう。青雲橋の手前に中村トンネルがある。このトンネルの前の右側の道路脇に丹助岳登山口の標識がある。そこから右に舗装された狭い林道をどんどん登ると15分で丹助小屋のある丹助広場に着く。車はここに停める。

1 丹助岳

丹助広場の登山標識に従い尾根の北側を巻いて展望所・天狗岩経由で山頂に向かう。道はよく整備されていて歩きやすい。天狗への分岐から天狗岩へ登ると360度の大パノラマの展望が開ける。天狗岩からロープを伝って登山道へ降りる。引き返して安全な巻き道もあるので、不慣れな人はそちらを通るとよい。
伊佐賀大明神から登ってくる道と合流する。急登すると目の前が開けて丹助岳山頂に着く。下山は直下の分岐を左にとり、急な斜面をジグザグに下り、岩穴に祀られている伊佐賀大明神に立ち寄って丹助広場に戻る。続けて矢筈岳に向かう。

2 矢筈岳

丹助広場から標識に従い九州自然歩道を矢筈岳登山口に向かう(約3km、片道

丹助小屋

114

下＝比叡山Ⅰ峰から見る丹助岳／右＝比叡山側から見た矢筈岳（左）と丹助岳（右）

60分）。尾根沿いの木製の遊歩道は下り勾配なので，帰りはこの階段を上り返すことになる。また車で移動するには**丹助岳線林道**を，丹助岳の南を巻きながら580mまで下り，矢筈岳の西側に上った所が**矢筈岳登山口**広場で，ここに車を停める。

登山口から西峰を経て東峰に至るコースもあるが，岩場のコースでロープが設置されていない危険箇所もあるので東峰に登る。丹助岳を左に見ながら500mまで下る。天然林の林に入り，登り始めると西峰と東峰の**鞍部**に着く。左（東）に進むと**東峰**である。

山頂は樹林で展望は良くない。また三角点や標識はない。東側に進むと正面に

は綱の瀬川の深い谷からそそりたつ比叡山の岩峰を望むことができ，その姿に圧倒される。下りはもと来た道を矢筈岳登山口に戻る。

日之影町は森林セラピー基地として各種事業を計画し，その１つとして「九州自然歩道丹助・矢筈岳」をウォーキングコースに設定している。　　　　　［久永］

▷タイム：**1** 丹助広場▶30▶天狗岩▶30▶丹助岳▶20▶伊佐賀大明神▶15▶丹助広場／**2** 矢筈岳登山口▶50▶矢筈岳（東峰）▶50▶矢筈岳登山口　※丹助広場から矢筈岳登山口までは片道60分

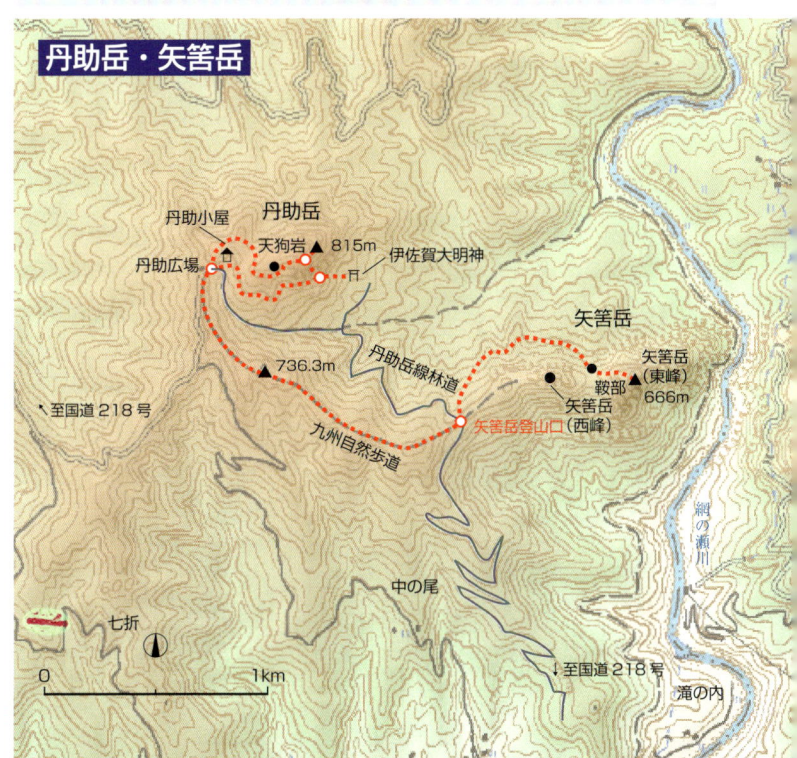

丹助岳・矢筈岳

47 諸塚山(もろつかやま)

☆行程3時間＝5.5km
1341.6m

六峰街道上の霊山

- 25000図＝諸塚山
- 問合せ＝高千穂町役場☎0982(73)1212
- アクセス＝国道218号，五ケ瀬赤谷から503号に右折し，六峰街道登山口まで15.2km
- 寄道＝高千穂峡／高千穂温泉／浄専寺（境内のしだれ桜は県の天然記念物）／ＥＴＯランド
- （延岡市北方町）
- 宿泊＝ホテル旅館・民宿多数あり
- 付近の山＝赤上岸山／大仁田山／黒仁田山
- その他＝六峰街道の二上山周辺はアケボノツツジが手軽に見られることで有名

宮崎

諸塚山は諸塚村・高千穂町の町村境に位置し，六峰街道と呼ばれる大規模林道（全線舗装）の開通によって老若男女誰でも気軽に登れるようになった。山名の由来は，山頂付近にある円丘群（円墳）を指して諸々の塚――諸塚の山としたのだろう。

山頂にはかつて天孫ニニギノミコト以前の天神を祀る社があったという。現在は南麓に七ツ山神社として祀られており，北山麓の高千穂町秋元の秋元神社にも同じく，『日本書紀』にいう天神七代の初め，国常立尊(くにのとこたちのみこと)・国狭槌尊(くにのさつちのみこと)・豊斟渟尊(とよぐもぬのみこと)の最古三代神を祀っている。また，800年程前のことだろうか，神仏混交信仰により熊野から修験者（山伏）が入山し，日向国七霊山の1つとして諸塚山岳信仰が確立した。

大伯山(たいはくさん)諸塚山とも言い，「たいはく」は呉の大伯だったり，朝鮮大白山だったり，果ては大白は中国では金星のことだったりと，伝説・伝承を紐解くと山登りより面白いかも……。

幕末の本草学者・賀来飛霞(かくひか)の『高千穂採薬記』によると，弘化2(1845)年3月29日に諸塚山に登っており，「諸塚は高千穂第一の高山也……」と記し，70種余りの薬草を列挙している。

国道218号の五ケ瀬町赤谷から国道503号に右折，1.2kmで**六峰街道**入口の標識があり，ここから登山口まで14kmの舗装された林道を走る。途中，高千穂盆地を一望できるのでぜひ堪能してほしい。

登山口広場には諸塚神社元宮鳥居，山名の由来，コース案内板などがある。自然林の登山道は幅約2mで，平坦路以外は8台目付近まで木製階段が付けられている。ブナ，ミズナラ，アケボノツツジ，ミズメ，リョウブ，ホウなどに囲まれた遊歩道的登山道は，落ち葉を拾って樹木の名前当てゲームをするなど，家族向けにお勧めである。

諸塚山登山口

116

左＝諸塚山山頂／右＝上野岳から望む諸塚山（中央奥）／右下＝頂上付近のリョウブ

登山口からゆっくり1時間で**諸塚山**山頂。樹林越しではあるが，西に祇園山・揺岳，南に尾鈴山，東に行縢山，延岡市街を望むことができる。山頂一帯は「**郷土の森**」と呼ばれ，巨樹が多く，夏でも涼しい。

山頂から南へ10分緩やかに下ると，郷土の森周回コースと元宮への分岐に出る。急斜面を20分降りると，石灰岩の壁を背にして建つ総ヒノキ造り銅板葺の社（**元宮**）に着く。社の前を通り30分で六峰街道に下ることもできるが，そこから登山口まで林道を4km歩くことになる。

下山はもとの分岐に戻り，郷土の森の水平歩道を30分で8合目下の登山道に出合う。

［飯干］

▷タイム：登山口▶60▶諸塚山▶30▶元宮▶50▶郷土の森出口▶40▶登山口

諸塚山

48 祇園山・揺岳

☆全行程3時間＝1.9km／3.4km

1307.3m
1335.2m

化石と古戦場が静かに眠る山

- 25000図＝鞍岡
- 問合せ＝五ケ瀬町役場☎0982(82)0100
- アクセス＝国道218号，五ケ瀬中心部から約15kmで登山口
- 寄道＝五ケ瀬ワイナリー☎0982(73)5477／浄専寺（境内のしだれ桜は県の天然記念物）／五ケ瀬ハイランドスキー場
- 宿泊＝ごかせ温泉木地屋☎0982(82)1115／五ケ瀬の里キャンプ村☎0982(82)1536
- 注意＝九州を代表する豪雪地帯なので，冬場の登山は道路状況を問い合わせた方がよい

宮崎

「九州発祥の地」をキャッチ・コピーとする五ケ瀬町鞍岡の祇園山は，4億年以上前の日本最古の化石を産出することで学術的に貴重な山塊である。ここの化石を含む大理石は宮崎県庁本館の建築石材として使われており，見学者も多いそうだ。

また，揺岳との鞍部である大石越は明治10（1877）年の西南戦争で薩軍が土塁を築いて，鏡山に陣を構える官軍を監視した場所だ。特に5月14日の鏡山の大激戦では，肥後壮之助率いる正義六番中隊が祇園山から稜線伝いに鏡山へ進軍しており，激しい銃撃は竹林に火を放ったかのように麓の村々に響いた，と記録にある（西川功・甲斐畩常『西南の役　高千穂戦記』西臼杵郡町村会事務局，1979年）。

鞍岡から望む祇園山の黒々とした山容は，その山名と相まって威厳すら感じさせる町のシンボルだ。

国道218号の五ケ瀬町赤谷から国道503号に入り8km，坂本小学校で国道から外れ，7.5kmで登山口の**大石越**に着く。駐車場にはトイレもあり，ありがたい。両山ともここで発着となる。

■**祇園山**　道路脇の看板横から取り付く。少し登れば，山名の由来書き看板と，その後ろの草場に西南戦争の土塁を見ることができる。

急登，平坦，急登の後，小ピークを2つ過ぎると，登山口から約40分で**祇園山**山頂だ。なお，ここでは化石を含む石灰岩を見ることはできない。化石の露出する山域は，学術調査目的以外の入山は規制されている。

登山道も山頂も地元の有志によって常に整備されており気持ちが良い。祇園山の山頂は西側を除いて展望に優れ，祖母

祇園山登山口

下＝揺岳山頂／右＝鞍岡
中心部から見た祇園山

山系、阿蘇、くじゅう連山、近隣の山々が一望できる。山頂の景色を堪能したら往路を戻る。登山口まで30分だ。

■揺岳　大石越から南の作業道に入り、100m程歩くと小さな標識がある。スギ林を抜け雑木の尾根を辿ると、作業道から30分で、先に登った祇園山がよく見える大尾根の端の伐開地に出る。ここから道はほぼ直角に曲がり、しばらく平坦な尾根を歩いたら、ロープのたくさん張られた急斜面をひと登りで揺岳山頂だ。

東側に視界が開け、六峰街道方面がよく見える。こちらも祇園山と同じくきれいに整備されており、気持ち良い登山を約束してくれる。

下山は往路を辿る。登山口から国道218号へは白滝経由で鞍岡に下り、国道265号を通って馬見原で合流するルートもあるので、紅葉のシーズンはこちらを勧めたい。ただし、カーブが多く道幅が狭いので、車の運転には注意すること。

［飯干］

▷タイム：大石越▶40▶祇園山▶30▶大石越▶60▶揺岳▶50▶大石越

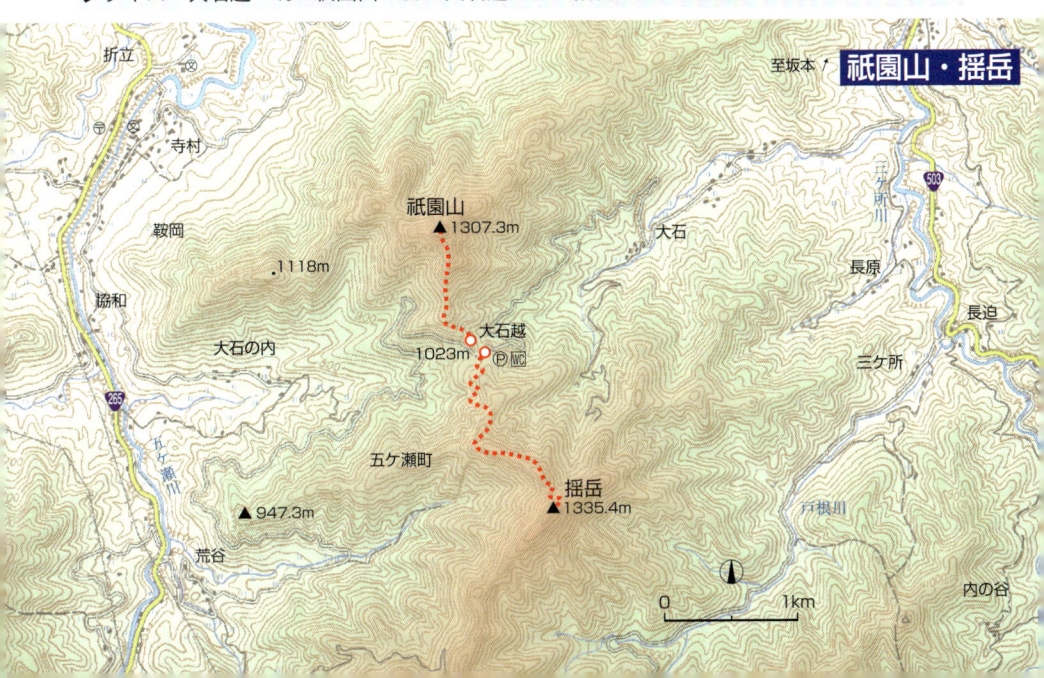

祇園山・揺岳

☆☆行程5時間＝12km

49 霧立越白岩山-扇山
1646.4m
1661.3m

古老ブナたちが見守り続けたいにしえの道

- 25000図＝胡摩山・国見岳
- 問合せ＝五ケ瀬町役場☎0982(82)0100
- アクセス＝国道218号の山都町馬見原より国道265号に入り、五ケ瀬ハイランドスキー場を目指す
- 寄道＝浄専寺（境内のしだれ桜は県の天然記念物）／五ケ瀬ハイランドスキー場
- 宿泊＝登山口近くの波帰地区・椎葉に民宿多数あり
- 注意＝九州屈指の豪雪地帯なので、冬季の登山は道路状況、積雪状況を問い合わせた方がよい／鹿ネット通過後は必ず閉めること

宮崎

　五ケ瀬町波帰と椎葉村松木とを結ぶ山道は霧立越と呼ばれ、昔から重要な交通路であった。馬の背に大量の荷物をくくり付け、両村を往来する駄賃付けは、道路網が整備される近代まで続いた。故に道は緩やかで、大きな段差も危険な岩場もなく歩きやすい。

　霧立越は昭和54年、宮崎国体登山競技の縦走路として使われたが、当時は波帰を出発して扇山小屋から扇山をピストン、さらに尾根伝いに歩き上椎葉ダムに出て村の中心部まで下る、延べ25.1kmの長丁場だった。現在の霧立越ツアーの倍以上である。今では、五ケ瀬ハイランドスキー場への道路が整備され、リフト乗り場のあるカシバル峠、あるいはもう1つ上のゴボウ畑までマイカーで行けるので、いきなり稜線に取り付ける。

　国道218号馬見原から国道265号に入り、スキー場を目指す。冬場は凍結するので氷雪対策が必要だ。**カシバル峠**には大駐車場があり、**ゴボウ畑**は4～5台駐車可能だ。ゴボウ畑から白岩峠（旧・杉ケ越または日肥峠）までは木質チップを敷き詰めた軟性舗装がしてあり、足裏に心地良い。右手の自然林を囲む鹿食害防止ネットが興ざめであるが、道中に見るブナ、ミズナラの巨木たちは、何百年もそこに立ち、ここを通る人々を見守ってくれているのだ。

　白岩峠で向坂山からの道と出合い、20分程で**白岩岩峰**1620mに着く。石灰岩峰特有の植物たちが群落をなす一帯は、昭和17年、県の天然記念物に指定された。岩峰からさらに20分、左上のピークに登ると、**白岩山**山頂（別名・水呑ノ頭）だ。1646.4mは、語呂合わせで「色、白し」。東側の展望が良く、またシャクナゲの群落がある。

天然記念物の白岩岩峰

扇山山頂 　　　　　　　　　白岩岩峰から見た水呑ノ頭（1646.4m）

霧立越 白岩山－扇山

　白岩山を後にしたら，稜線上のピークは踏まずに巻きながら，ほぼ平坦な道を南進する。途中，「**馬つなぎ**」と呼ぶ林の中の平地があり，恰好の休憩ポイントだ。扇小屋手前に「みやざきの巨樹100選」に選定された平家ブナがあったが，枯れて倒れ，原形を留めない。椎葉村営の**山小屋**（無人）にはトイレもあり清潔で，利用者に喜ばれている。

　扇山は小屋前から約1時間で往復でき，展望も阿蘇，くじゅう連山，祖母，今まで歩いた霧立越，向霧立越と欲しいままだ。また，山頂はシャクナゲの大群落に囲まれており，花時期は登山者を魅了する。北東に少し歩くと，「みやざきの巨樹100選」扇山のイチイがある。芯は空洞化しているが，古木で高貴な木の貫禄を漂わせている。

　下山は，小屋まで下りて南西へ辿れば，30分で**松木登山口**に下り着く。もちろん，出発が早ければゴボウ畑まで充分戻れる。

[飯干]

▷タイム：ゴボウ畑▶30▶白岩峠▶20▶白岩岩峰▶20▶白岩山▶70▶馬つなぎ▶80▶山小屋▶30▶扇山▶20▶山小屋▶30▶松木登山口

121

☆行程 4時間20分＝5.4km

50 時雨岳
1546.0m

薄紅に頬染めるヤマシャクヤクが迎えてくれる山

- 25000図＝不土野
- 問合せ＝椎葉村観光協会☎0982(67)3139
- アクセス＝国道218号，山都町馬見原から椎葉村，尾前地区を目指す
- 寄道＝鶴富屋敷／十根川神社の大スギ
- 宿泊＝旅館・民宿多数あり
- 別ルート＝時間があれば銚子笠ピストン（往復2時間）をするのもよい
- 注意＝椎葉村中心部から登山口までは道幅が狭くカーブが多いので運転に注意すること

宮崎県西部にある椎葉村は熊本県境と接し，腹を突き出したように熊本県側にせり出している。五ケ瀬町の黒峰に端を発する九州脊梁山地は県境に沿って，向坂山，三方山，国見岳，五勇山，烏帽子岳，白鳥山，銚子笠，江代山，市房山までが椎葉村に接しており，その山並みの大きさは「九州中央山地国定公園」の名に恥じないスケールである。

平家一門，左中将 平 清経一族が住み着いたとされる白鳥山から，東に延びる稜線上にどっしりとした山体を構える時雨岳は花の宝庫である。稜線上に石灰岩の露頭があり，ヤマシャクヤクが所狭しと咲く。十数年前までは白鳥―時雨間にも，また林道沿いにも，キレンゲショウマ，ツクシミカエリソウの大群落があったのに，鹿の食害により消えてしまい，二度と見られないのが悔やまれる。

椎葉村尾前から五家荘に通じる**峰越林道**に入り高度を上げると，峠手前5km辺りが時雨岳直下になる。砂防ダムのある薄暗い谷が**時雨岳登山口**で，標高およそ1250mである。

人工林と自然林の境の急登をジグザグに登ると，40～50分で山頂一帯を取り囲む鹿ネットに突き当たる。**時雨岳**の山頂点を踏むには数カ所ある出入口のいずれかを開けて入ることになるが，必ず閉めること。尾根を越えた南東側の斜面は展

ヤマシャクヤクの群生

巨樹との出会い

時雨岳山頂とシナノキの大木 　　　　　　　　　　　カラ谷登山口から見た時雨岳

望が良く，白鳥山から市房山への稜線，五木五家荘の山々，白髪岳越しに霧島連山などが見渡せる。また，この山を一躍有名にした**ヤマシャクヤク**は，白鳥山までの稜線上に数カ所の群生地を作り，花時期には登山者の目を楽しませる。また，バイケイソウの若葉も美しい。

　同じルートを下山するのでは面白味に欠けるので，白鳥山へ縦走してカラ谷へ下ろう。

　時雨岳山頂から南南西に尾根を下ると，進路がやや西向きになり樹林帯に入って登りとなる。ブナ，ホウノキ，シナノキ，サワグルミ，コハウチワカエデ，シロモジなど，原生林歩きは樹木の生きた博物館のようで楽しい。

　時雨岳から**銚子笠分岐**を経て約140分で**白鳥山**山頂。ここから右に折れて10分も下ると，平清経住居跡の標柱があり，そこから30分で**御池**往復が可能だ。水場を過ぎて涸れた谷をひと下りすれば，**カラ谷登山口**に出る。林道を30分も歩けば，もとの登山口に戻れる。

［飯干］

▷タイム：時雨岳登山口▶50▶時雨岳▶110▶銚子笠分岐▶30▶白鳥山▶40▶カラ谷登山口▶30▶時雨岳登山口

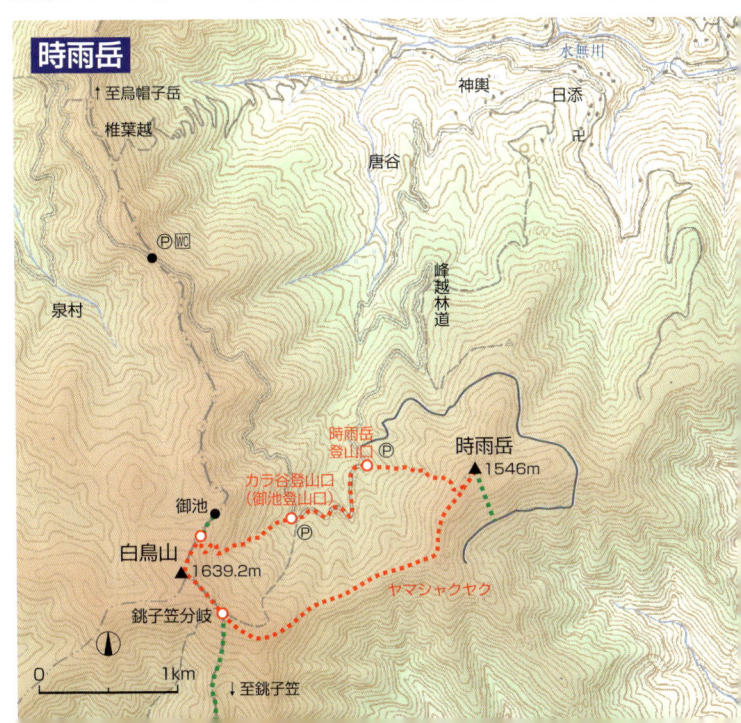

123

☆☆☆行程8時間＝12km

51 尾鈴山（おすずやま）

1405.2m

歌人，若山牧水を育んだ山

- 25000図＝尾鈴山
- 問合せ＝都農町地域振興課☎0983(25)5712
- アクセス＝国道10号で都農町へ。尾鈴山の案内板に従い11kmで登山口
- 寄道＝都農ワイナリー
- 宿泊＝尾鈴山キャンプ場（バンガローあり）
- 別ルート＝国道446号から多武ノ木林道に入り，坪谷川源流点から登山。万吉山経由で1時間半。ただし急登である
- 注意＝甘茶谷登山口―白滝間は標識をしっかり確認しながら歩くこと

宮崎

　日向灘沖の火山活動により大規模な火砕流が発生し，海側から内陸部へと流れ出て堆積した。その後隆起したとされる尾鈴山は，麓から上に向かって火砕流の痕跡を残している。尾鈴山は宮崎県内の山々はもちろん，熊本・大分方面の山からも一目で特定しやすい山体である。酒と旅を愛した郷土の歌人・若山牧水が「ふるさとの尾鈴のやまのかなしさよ　秋もかすみのたなびきてをり」と詠んだ歌にあるのは，生家のある日向市東郷町坪谷から，北面の神陰山，万吉山の稜線越しに眺めた山容であろう。

　また，尾鈴山を中心とする尾鈴県立自然公園（昭和33年指定）内には数多くの滝が瀑布群を形成しており，昭和19年3月7日，そのうちの三十有余の滝が「国指定名勝」になった。夏場は涼を求めて滝巡りに訪れる人も多い。

　植物では，ここでしか見ることのできないキバナノツキヌキホトトギスや，神陰山からの稜線上にアケボノツツジ，シャクナゲ，ヒカゲツツジ，矢筈岳から南矢筈岳にかけてはコウヤマキが多く自生しており，それらがこの山の魅力を増幅させている。

　都農町の国道10号から西へ約11km，尾鈴山か矢研ノ滝の案内板を頼りに進むと，**九重頭駐車場**に着く。川を挟んで2カ所ある駐車場は余裕充分だ。ここから**甘茶谷登山口**まで約4kmの林道歩きだが，右手の甘茶谷の瀑布群が目を楽しませる。

　林道が大きく左折する所で甘茶谷を渡り，原生林の尾根に取り付く。約1時間の急登の後，立ち枯れした灌木が見えてきたら山頂は近い。

　山頂手前の尾鈴神社上宮から右に下れば万吉山，神陰山へ向かう。過去のデー

白滝

若山牧水生家　　　　若山牧水の生家から見た尾鈴山（中央奥）

タには「スズタケのブッシュ」とあるが，今は鹿の食害によってほとんどない。

　尾鈴山山頂は平坦な広場で，ブナ，ヒメシャラ，シロモジなどの木に囲まれていて展望はない。

　尾鈴山を後にして南に進路をとり，**長崎尾**へ向かう。長崎尾から尾根は南東の矢筈岳に向かうが，途中，**万吉谷の登山口**に下りるルートがあり，初心者，家族連れはこれを下りた方がよいだろう。

　矢筈岳を過ぎると登山道は稜線を外れ，東側へ急激に高度を下げる。荒れた**矢筈岳林道**を横切り人工林を抜けると，白滝下に向かって急坂を下り本流をまたぐ。そこから軌道跡歩きが始

まるが，その前に矢研の滝に次ぐ名瀑，**白滝**を間近に見るため，往復20分のピストンをする。周囲の静寂を破り，70mを超えて落下する水音は圧巻だ。

　駐車場へと下る軌道跡はショートカットが多くあるので，かなり時間短縮になる。近道をフルに使っても瀑布群は見ることができる。　　　　　　　　　　［飯干］

▷タイム：九重頭駐車場▶60▶甘茶谷登山口▶120▶尾鈴山▶60▶長崎尾▶90▶矢筈岳林道出合▶60▶白滝（往復20分）▶70▶九重頭駐車場

52 樋口山-石堂山

☆☆☆行程6時間30分＝10.6km

1434.6m
1547.4m

静寂の稜線を一人占め！

- 25000図＝石堂山
- 問合せ＝西米良村役場☎0983(36)1111
- アクセス＝国道219号から県道39号に入り13km、上揚林道を7.5kmで登山口
- 寄道＝西米良村温泉／おがわ作小屋村
- 別ルート＝上米良バス停より人家の間を通り4時間
- 注意＝上揚林道は美郷町南郷区に通じており日向市からも入ることができるが、一部未舗装なので落石などに注意が必要である

宮崎

　石堂山は市房山、天包山とともに米良三山と呼ばれ、一ツ瀬川を挟み市房山と対峙している。山頂から樋口山へ延びる3kmの稜線は、自然林に覆われどっしりと構えているが、南面の8合目から上の痩せ尾根は岩肌剥き出しの荒々しい姿を見せる。

　登山ルートは、上米良のバス停から4時間余りかけて登るコースと、林道を利用して6合目から取り付くコースが一般的だが、ここでは上揚林道を使い樋口山に登り、稜線を辿って石堂山へ歩くコースを紹介する。昭和54年の宮崎国体で使用された縦走コースだ。

　国道219号から県道39号に入り、13kmで宮崎交通バス終点尾吐に着く。これより左折して、上揚林道を7.5kmで**登山口**広場着。

　この一帯は和紙の原料となるミツマタが多く、花時期は壮観である。樋口山直下まで**作業道**が延びているが、崩落箇所があるので車は入れない。作業道を3km、約1時間歩くと、ケルンを積んだ分岐がある。目印のテープを探りながら30分登ると、樋口山直下の**鞍部**に着くが、直前まで歩いた人工林から一転して雄大な原生林が広がり感動する。一息入れたら**樋口山**への30分の急登となるが、山頂からの展望が疲れを吹き飛ばしてくれる。西に市房から二ツ岩の荒々しい稜線、東に尾鈴山塊が広がる。

　樋口山山頂から石堂山へは、緩やかで幅広い尾根を南南西に辿ることになる。晴れていれば石堂山までの稜線がどこに

小雨の中寄り添うギンリョウソウ

ホウノキの花

126

石堂山山頂 　　　　　　　　天包山山頂から見た石堂山（左奥）と樋口山（右奥）

いても確認でき，コースを外れることはないが，霧が出ると支尾根に入り込む恐れがあるので，ルート・ハンティングできるベテランの同行が望ましい。

近年，鹿の食害でスズタケは完全になくなったが，代わりにアセビの群落が広がり始め，2～3カ所ブッシュ化している。しかし，広い稜線上にはブナ，ミズナラ，ホウ，リョウブなどの古木が多く，まるで庭園を歩くようで気持ちが良い。

右直下に8合目から回り込む荒れた林道が見えたら頂は近い。南と東面が開けた**石堂山**山頂には霧島六社権現の文字が見て取れる祠が祀られており，側に置かれた錆びた祭祀用の鉄器を見ていると，山岳信仰の霊山としての雰囲気を肌で感じる。

展望は西都・児湯の山々，霧島連山，尾鈴山など実に雄大である。下山は往路を辿る。　　　　　　　　　　［飯干］

▷タイム：登山口広場▶60▶作業道終点▶30▶鞍部▶30▶樋口山▶90▶石堂山▶180▶登山口広場

樋口山－石堂山

53 地蔵岳(じぞうだけ)

☆行程3時間30分＝3.2km
1089.0m

有楽椿の里にそそり立つ，コウヤマキ群生の山

▶25000図＝尾八重
▶問合せ＝西都市役所☎0983(43)1111
▶アクセス＝西都ICから国道219号を米良方面へ。杉安を過ぎて十六番バス停，そこを過ぎて右手に大椎葉トンネル。トンネルを出て左折し尾八重川沿いに進むと尾八重大橋があり，そのたもとが地蔵岳の登山口（219号から30分）。または大椎葉トンネルを出てそのままひむか神話街道を上っていくと尾八重の牧場跡に着く。そこから左に尾八重神社，有楽椿の里方面に下り，尾八重集落を過ぎて尾八重大橋に出る（219号から30分）。
▶寄道＝有楽椿の里（地蔵岳登山口から車で15分）／西都原公園

一ツ瀬川支流である尾八重川(おはえがわ)・打越川(うちこしがわ)・銀鏡川(しろみがわ)の流域には地蔵岳，オサレ山，龍房山(ふさやま)，雪降山(ゆきふりやま)などの米良(めら)の山々が連なり，険しい山域をなしている。南側から眺める地蔵岳は急峻でひときわ目立つ。高低差約690mの急勾配の登りであるが，ロープも設置され登山道はしっかりしている。痩せ尾根もあり変化のある面白い山である。

地蔵岳のある尾八重地区は，南向きの日当たりの良い谷の斜面に民家が点在し，棚田や段々畑が見られる。中世には尾八重城があって東米良の政治，文化の中心地であった。現在，集落は過疎が進み20戸余り，朽ちかけた廃屋も目につく。昭和57年には小・中学校も閉校となり統合された。また，この地区にはウラクツバキが点在し，対岸の樅木尾(もみきお)のウラクツバキは樹齢500年，国内でも最大級といわれ，宮崎県の天然記念物に指定されている。淡いピンクの花が印象的だ。さらに地蔵岳には天然のコウヤマキの群落があり，この米良の山々が南限ともいわれている。

尾八重大橋のたもとに**地蔵岳の登山口**がある。車は橋の周辺に置ける。標高400mの登山口から一旦スギ林の中を下って尾八重川を**渡渉**する。増水時は橋を渡って右岸をトラバースすることもできる。よく手入れされたスギ林の中の急な勾配をジグザグに登る。40分程で小岩の露出した尾根に着く。**4合目**に来ると東側が開け，尾八重の集落が見える。10分程で**5合目（コウヤマキの背）**に着く。痩せ尾根の北斜面にはコウヤマキの大木が群生し，登山道は細長い落葉が積もりふわふわと心地良い。痩せ尾根の岩と木の根を伝いながら注意して登る。20分で**6合目（コウヤマキの肩）**820mに着く。ここ過ぎると道は平らになり鞍部に着く。

地蔵岳の山頂

128

下＝ウラクツバキ／右＝有楽椿の里から見る地蔵岳

コウヤマキの群生

打越分岐である。分岐とはいえ登山道らしき道はない。左側は打越川に，右は尾八重川に落ち込む。ここから道は尾根の東側を巻くように登り，20分で**地蔵岳**山頂に着く。

山頂一帯は樹林に覆われ展望はないが，西側にちょっと行くと展望所があり，木の間に石堂，天包，烏帽子などの山々が望める。山頂には山名の由来となっている2体のお地蔵様が祀られ，木立の間から見える東側の尾八重の集落を優しい眼差しで見守っている。

下りはもと来た道を十分注意して下ろう。時間があれば有楽椿の里にもぜひ立ち寄ってもらいたい。1～2月にはピンクで小ぶりのかわいいウラクツバキが見られる。

［久永］

▷タイム：地蔵岳登山口▶50▶4合目▶10▶5合目（コウヤマキの背）▶20▶6合目（コウヤマキの肩）▶15▶打越分岐▶25▶地蔵岳▶90▶地蔵岳登山口

☆行程3時間20分＝7.4km

54 釈迦ケ岳（しゃかがだけ）
830.6m

最澄伝説と和泉式部伝説の山

- 25000図＝大森岳
- 問合せ＝法華嶽公園管理事務所☎0985(78)1943／国富町役場☎0985(75)3111／綾森林管理事務所☎0985(77)0132
- アクセス＝宮崎西ＩＣから国道10号で高岡。高岡から県道24号で国富町へ。県道法ケ岳・本庄線で法華嶽公園、さらに登っていくと法華嶽薬師寺に出る。広い駐車場がある
- 寄道＝法華嶽薬師寺／法華嶽公園

　釈迦ケ岳は展望も良く、日帰り登山として人気のスポットである。地元の国富町では古くから霊山として崇拝され、「しゃかんたけ」として親しまれている。また登山口の周辺は法華嶽公園としてグラススキー場、キャンプ場、グラウンド、日本庭園などもあり、憩いの場所となっている。

　法華嶽薬師寺の伝説によると、養老2（718）年、高僧が山上に伽藍を建て、釈尊像と薬師如来像を本尊として安置、金峰山長喜寺と称し創建された。しかし伝教大師（最澄）が立ち寄った時、山上に釈尊像を残し、薬師如来像を現在の地に移して真金山法華嶽寺と改めたという。この山上が現在の釈迦ケ岳である。

　また平安時代、和泉式部が重病を患い祈願したところ、「越後の米山、三河の鳳来寺、日向の法華嶽の三所の薬師に参籠し祈るべし」とのお告げがあり、そのため「日本の三薬師」といわれるようになったという（『国富町郷土史』1977年）。この和泉式部伝説にちなみ、釈迦ケ岳の近くにある国富町の最高峰1219m（もとは鈴嶽と呼ばれていたという）が平成7年に式部岳（しきぶだけ）と命名された。

　法華嶽薬師寺の駐車場から柵のある公園内を通って北側の出入口に進む。そこには釈迦岳登山口の案内、釈迦岳の由来の書かれた看板もある。山頂まで3600m。

平安時代に建立された法華嶽薬師寺本堂

釈迦ケ岳山頂から宮崎平野を一望

山麓から見る釈迦ヶ岳

6合目辺りまで道は作業道となっていて広く、一部舗装もある。2合目で作業道から右の尾根道に入ると3合目でもとの道に出合う。この辺りは緩やかな登りで、照葉樹林に覆われ気持ちが良い。**6合目**にはベンチが置かれている。ここからは北西に向かう尾根に沿って急な登りとなる。東方、南方の開けた見晴らしのいい展望所がいくつかあり、深年川(ふかとしがわ)の谷から吹き上げてくる風は心地良く、宮崎平野、日向灘、眼下には国富町、綾町の田園風景を望むことができる。

山頂手前に壁のない小屋があり、3分で**釈迦ケ岳**頂上に達する。山頂にはお堂があり、お釈迦様が祀られ、明るく展望は良い。二等三角点はお堂の裏の一段高い所にある。北の方向に掃部岳(かもんだけ)、その東に式部岳を望むことができる。帰りは往路を下る。

なお、式部岳の登山口は、法華嶽公園から深年川沿いの林道を約15km行った所にある。途中、林道にゲートがあるが、綾森林管理事務所に入林許可を申し込めば入林でき、一般車も入ることができる。平日のみの受付で電話でも可。

なお、この一帯は、夏は山ヒルが多いので覚悟して入ること。　　　　[久永]

▷タイム：駐車場▶50▶6合目▶60▶釈迦ケ岳▶90▶駐車場

釈迦ケ岳
釈迦ケ岳 830.6m
小屋
矢筈岳 704m
6合目
作業道
登山口
法華嶽薬師寺
国富町
深年川
尾谷川
高野
法華嶽公園
法華嶽

1km

55 双石山(ぼろいしやま)

☆行程5時間20分＝11km
509.3m

稜線散歩とジャングルを思わせる南国の自然を満喫

▶25000図＝日向青島
▶問合せ＝宮崎自然休養林保護管理協議会☎0985(21)1919
▶駐車場＝丸野駐車場。宮崎市内から日南方面への国道220号の宮崎南バイパスを木花で降り西進して約20分。広くてかなりの台数が駐車可
▶寄道＝丸野駐車場から東へ車で30分程でビロウの茂る青島に行ける。さらに10分程で太平洋を一望できる堀切峠に出る
▶別ルート＝【塩鶴登山口・小谷登山口】第2展望所で紹介ルートと合流／【九平登山口】頂上への直登ルート

双石山は、宮崎市から約13km、ほぼ南に位置し、市街地から近いということもあり宮崎市民に親しまれている山である。標高はそれほど高くないが、加江田(かえだ)渓谷を挟んで連なる徳蘇(とくそ)山系と合わせるとかなり広い山系となり、双石山への登山道も多い。またこの地域には、シイやカシ、タブノキを主とする照葉樹が繁り、林床にはシダやコケ植物も多く、自然林として学術上貴重な森林となっており、昭和44年には双石山自然林として国の天然記念物に指定された。また宮崎自然休養林として市民の憩いの場となっている。

宮崎自然休養林の駐車場である**丸野駐車場**からの出発である。加江田川沿いに1km程歩くと、**ひょうたん淵登山口**である。ここから右折し登山道に入っていく。

谷沿いの道は初めのうちは岩が多く、滑りやすく急登もあるので気をつけたい。

スギ植林に入るとすぐに、十字路になっている**麻畠**である。ここから右折、少し下り2度の渡渉の後、尾根の登りが40分程続くが、適度に緩斜面もあり、それほどきつくはない。やがて稜線上の**第3展望所**、さらに数分で**第2展望所**である。ここにはテーブルも設置されており、北方の展望が良い。塩鶴・小谷からの登山道との合流点でもある。

ここからは南西に走る稜線上を頂上に向かう。稜線はシイやカシに覆われ展望は良くないが、春にはツツジ、秋にかけては季節ごとのキノコなども見られ楽しめる。いくつかのピークはあるが、歩きやすく自然を楽しめる道である。頂上までの行程の半分程の所に**山小屋**がある。外にテーブルもあるので休憩にはもってこいの場所である。

双石山の山頂からの展望は木々に阻まれそれほど良いとはいえないが、南西に鰐塚(わにつか)山、北には清武町、宮崎市、さらに遠方には尾鈴(おすず)

清武町より望む双石山

132

山小屋　　　　　　　　　　　　　　　　　　　　　　第2展望所からの眺め

山を望むことができる。

　頂上からはもと来た道を山小屋まで引き返し、小屋のすぐ先の分岐を右にとり檜山の三叉路に下る。檜山を左折するとほどなく麻畠だ。麻畠を右折し、硫黄谷登山口に向かう。谷沿いの道は多くの種類のシダに覆われ、ジャングルの林床を思わせる雰囲気に満たされている。しかし、急な下りや滑りやすい岩などもあるので、特に雨の後は気をつけたい。硫黄谷登山口には立派なトイレや休憩所が設置されているので、ここで今日の登山をゆっくり振り返るのもいい。トロッコの軌道跡を丸野に向けて歩くと、途中ひょうたん淵登山口を通り、ほどなく駐車場に戻る。

　この登山道は、谷、尾根、稜線と変化に富んだ山歩きが楽しめる。また、谷沿いではイワタバコやギボウシ、シダ植物が、尾根や稜線ではシイやカシの大木が見られ、自然を満喫できるコースである。
　　　　　　　　　　　　　　　　　　［末廣］

▶タイム：丸野駐車場▶20▶ひょうたん淵登山口▶50▶麻畠▶60▶第2展望所▶45▶双石山▶25▶山小屋▶35▶檜山▶60▶硫黄谷登山口▶25▶丸野駐車場

双石山

56 小松山（こまつやま）

☆行程 2時間15分＝3.3km
988.8m

飫肥杉を産し，坂元棚田を見守る山

- 25000図＝飫肥・坂元
- 問合せ＝日南市役所☎0987(31)1100
- アクセス＝田野ICから県道28号を北郷へ。曽和田地区の三叉路を右折し，広域農道・黒潮ロードを串間方面へ。日南市山之口橋から国道222号に入り都城方面へ向かい，日南ダムを過ぎてすぐ右折し石原林道に入る
- 寄道＝坂元棚田（日本棚田百選）／道の駅酒谷☎0987(26)1051／小布瀬の滝／飫肥の城下町
- 宿泊＝酒谷キャンプ場☎0987(26)1216／その他日南市に多数あり

宮崎

　小松山は日南市で一番高い山である。酒谷から見ると台形をなしていて稜線が長く，東の端に三角点のある小松山がある。この地域ではシンボル的な山として校歌にも出てくる。登山口となっている酒谷地区には棚田百選で有名な坂元棚田があって訪れる人も多い。小松山のふところに抱かれた坂元棚田は昭和の初め，原野を切り開き自然石をひとつひとつ積み上げて7年もの歳月をかけて築き上げたという。また近くには道の駅酒谷などもあり，日南ダムや小布施の滝，キャンプ場もあって憩いの場所となっている。

　今回はケヤキ林コースを登り石原コースを下る。酒谷川に沿って国道222号を都城方面に向けて走ると，左手に日南ダムが見えてくる。そこを過ぎて50mも行くと右側に**小松山の案内板**がある。そこから右に入り舗装された**石原林道**を2km行くと分岐となり**下部駐車場**である。2〜3台は停めることができる。ここから悪路となるのでここに駐車して登山口まで歩いてもよい（1.7km）。今回は道を右にとり，さらに上部に向かう。1.7kmで**板床林道**に出合い，**三叉路**になっている。右に行くとケヤキ林コース登山口，左は石原コース登山口である。両登山口とも車は何台か駐車できる。

　ケヤキ林コース登山口からスギの林を急登すると，まもなく道は緩やかになり**ケヤキの林**となる。飫肥杉の産地であるこの一帯はほとんどがスギ山で，どうしてここにケヤキを植えたのだろうかと疑問が湧く反面，登山者にとっては広葉樹の林はホッとする。周りは明るく，新緑の頃はいいだろう。ケヤキの林を過ぎて，**板床コースと合流**し山頂に向かう。

　照葉樹の緩やかな道を気持ち良く歩く。

小松山に抱かれた日本棚田百選の坂元棚田

134

小松山山頂　　　　　　　　　　　　　　日南ダム近くの国道から望む小松山

小松山の稜線に登り切ると**小松大山神の祠**がある。そこから南に尾根を辿ると5分で，展望が開けた広い草地の**小松山**山頂に着く。東に日南市，日向灘，南に志布志湾、大隅半島，西に雪を残した霧島連山がくっきりと見える。また北には近くに鰐塚山，遠くに市房山も望める。

　素晴らしいパノラマを満喫し，下りは石原コースを下る。照葉樹林の急な下りを一気に下る。途中に「パラダイス」の標識があるが，「普通の林でなぜ？」と首を傾げる。そこから伐採地跡に出て急に明るくなり展望が良い。ここには**ケヤキ林展望所**の標識があり，スギの林の中に先ほど登ったケヤキ林の一角が見え，通ってきた林道や登山口も見える。道は伐採跡の境界にそってスギ林の中を下り，まもなく**石原コースの登山口**の林道に出る。林道を10分も下るとスタート地点の三叉路に出る。

［久永］

▷タイム：三叉路▶10▶ケヤキ林コース登山口▶10▶ケヤキ林▶20▶板床コース登山口からの登山道合流▶40▶小松大山神祠▶5▶小松山▶40▶石原コース登山口▶10▶三叉路

57 女鈴山-男鈴山

☆行程 2時間30分＝5.1km
741.0m
783.4m

飫肥杉に囲まれた山の神のやま

- ▶25000図＝飫肥・尾平野
- ▶問合せ＝日南市役所☎0987(31)1100
- ▶アクセス＝田野ICから県道28号北郷へ。曽和田地区の三叉路を右折し、広域農道・黒潮ロードを串間方面へ。日南市山之口橋から国道222号都城方面へ。酒谷小学校手前の西ノ園バス停から左の西ノ園林道に入る。悪路なので赤根地区のT字路に車を置いて林道を歩いてもよい（登山口の大岩まで3km）
- ▶寄道＝坂元棚田（日本棚田百選）／道の駅酒谷☎0987(26)1051／小布瀬の滝
- ▶別ルート＝ふるさと林道登山口から男鈴山・女鈴山（往復3時間50分）

　日南市飫肥を経て都城に至る国道222号を酒谷川に沿って走ると、川を挟んで対峙する北の小松山と南の男鈴山を望むことができる。男鈴山・女鈴山は日南市と串間市の境界に位置し、男鈴山の南に延びる尾根に女鈴山のピークがあり、女鈴山の山頂には立派な鳥居のある鈴嶽神社がある。山の神として古くから地元の人々に信仰されてきた。ここでは女鈴山・男鈴山周回コースを紹介しよう。

　国道222号を都城方面に向かってくると、**酒谷小学校**の手前の**西ノ園バス停**の所に女鈴山・男鈴山の標識があり、そこから左に入る。舗装してある狭い林道を約2.5km進むと左に豚舎のある**T字路**に出る。右に進むが舗装は切れて道は悪くなる。**西ノ園林道**を約3kmも進むと「火の用心」と書かれた**大岩**の所に来る。ここに車を停める。3台位は入る。

　女鈴山へは左に古い林道跡の道を15分位進む。広場になって**女鈴山登山口**の標識がある。スギの中にアオキや照葉樹の生えた林の中を急登する。道も緩やかになり山頂近くになると照葉樹林に変わり、周りが開けて**女鈴山**山頂に着く。展望は南西方向が開け、眼下に日南市や日向灘、西には大隅半島、志布志湾などが望め、明るい山頂である。山頂からすぐの所に**鈴嶽神社**がある。周りはアカガシ、アオキ、ヤブツバキ、タブなど照葉樹林である。

　男鈴山へは尾根に沿って緩やかに下っていく。鞍部を過ぎて緩やかに登ると三角点のある**男鈴**山山頂である。山頂は樹林の中で、一部開いているがほとんど展望はない。下りはすぐに急な斜面となり、ロープが設置されていて、雨の多い時期には助かる。まもなく、林道へ下る道と、ふるさと林道登山口に下る道との**分岐**で

スタート地点の「火の用心」と書かれた大岩

下＝女鈴山山頂にある鈴嶽神社／右＝西ノ園方面から見た女鈴山（左）と男鈴山（右）

ある。この分岐を右にとり尾根に沿って北に下ると約30分で西ノ園林道に出る。そこには**男鈴山登山口**の標識がある。ここから林道を緩やかに下っていくと30分で，今回のスタート地点の「火の用心」と書かれた大岩の所に戻る。

別ルートのふるさと林道小布瀬・風野線の登山口は，国道222号の道の駅酒谷を過ぎて都城方面に進み，酒谷キャンプ場，小布瀬の滝入口を過ぎて左に橋を渡る。ふるさと林道小布瀬・風野線の案内板が出ている。ふるさと林道を串間方面に向かい，峠に来ると**開通記念碑**があり，その反対側にふるさと林道男鈴山登山口の標識がある。そこから尾根沿いの道を登ると西ノ園林道の男鈴山登山口からの登山道に出合う。あとは前述の通りで男鈴山・女鈴山に行き引き返す。　　　［久永］

▷タイム：火の用心の大岩（駐車場）▶10▶女鈴山登山口▶40▶女鈴山▶30▶男鈴山▶10▶分岐▶30▶男鈴山登山口▶30▶火の用心の大岩（駐車場）

☆☆行程5時間10分＝11km

58 霧島連山縦走

韓国岳1700.1m　獅子戸岳1429.0m
新燃岳1420.8m　中岳1332.4m

四季を通じて楽しめる眺望の良い尾根歩き

▶25000図＝韓国岳・霧島温泉・日向小林・高千穂峰
▶問合せ＝えびのエコミュージアムセンター☎0984(33)3002／自然公園財団高千穂河原支部☎0995(57)2505／霧島市観光案内所☎0995(57)1588
▶公共交通機関＝土日だけ霧島連山周遊バスが霧島神宮駅－高千穂河原－えびの高原で1日2往復している。運行時間は観光案内所などへ
▶宿泊＝えびの高原キャンプ村（営業4／1～10／31,12／20～1／10）☎0984(33)0800／高千穂河原野営場（営業7／1～8／31）☎0995(57)2505
▶別ルート＝①高千穂河原からえびの高原へ逆コースを縦走できるが，標高の高い方へ歩くことになるのでややきつい。タイム：高千穂河原▶90▶中岳山頂▶40▶新燃岳山頂▶30▶十字路▶15▶獅子戸岳▶90▶韓国岳▶80▶えびの高原（歩行時間5時間45分）／②えびの高原に車を置いて韓国岳に登り，大浪池ルートを下り韓国岳避難小屋からえびの高原へのルートもある

宮崎　鹿児島

　霧島連山の縦走は，えびの高原から「日本百名山」に選ばれている韓国岳を越えて獅子戸岳1429m，新燃岳1420.8m，中岳を経由して高千穂河原へ歩くのがよい。このコースは天気に恵まれると，四季を通じて素晴らしい尾根歩きとなる。

　えびのエコミュージアムセンターの駐車場から韓国岳へ登り始めると，硫黄山の右側に出る。ここは昭和38年まで硫黄を採集した所である。まもなく低木帯に入るが，春にはキリシマミズキが綺麗に咲く。小さい沢を渡ると足場の悪い急坂になる。縦走は長丁場だからゆっくり登るとよい。3合目に着くと，低木帯を抜け眺望が開ける。初夏にはミヤマキリシマ，冬は霧氷が美しい。

　しばらく急坂を登ると5合目に着く。ここで休憩をとり，水分や間食をとることにしよう。初夏にはドウダンツツジ，ミヤマキリシマの花を観賞しよう。ここからは眺望が良く，振り返るとえびの高原が眼下に見える。遠望がきくと，北の方角に熊本と宮崎の県境にある市房山が尖って見え，遠くには北西に雲仙の普賢岳も頭をのぞかせる。

　5合目からは，韓国岳の火口壁の西側のやや緩やかな坂道を風景など楽しみながら巻くようにして登る。途中から右手

上＝キリシマミズキ
左＝大浪池から見た韓国岳

138

に日本最大の山頂火口湖といわれる大浪池、遠くには桜島が見えてくる。

登山口から約1時間30分で韓国岳山頂の岩場に着く。霧島連山では最高峰であり遮るものがないので360度の眺望があり、連山の全容が手に取るようで時も忘れる。中でも印象に残るのは、秀麗な高千穂峰と大浪池を前に時々噴煙を上げる桜島の雄姿である。桜島の左手には、これも「日本百名山」の開聞岳（薩摩富士）がある。秋から冬の澄んだ日には、高隈連山の向こうに屋久島の山頂を見ることができる。初夏には韓国岳山頂の火口壁に数こそ少ないがヒカゲツツジ、コイワ

▶タイム：えびの高原▶90▶韓国岳▶70▶獅子戸岳▶10▶十字路▶40▶新燃岳▶30▶中岳▶70▶高千穂河原

韓国岳から見た雪の霧島連山

霧島連山縦走

韓国岳の噴火口

カガミの花も見られる。

　霧島連山の縦走はここから4時間はかかるので，体調が悪いようであればえびの高原へ引き返す。山頂から分岐して大浪の池への下山もできるが，霧の時は迷いやすいので道標を確認してほしい。

　縦走路は山稜を反時計回りに数分行くと，右前方の獅子戸岳へ向かって急なガレ場の下りとなる。霧島では名のごとく霧が発生しやすいので，充分に道標を確認してほしい。スズタケ帯に入ると足場の悪い場所があり滑りやすい。

　左に窪地の琵琶池が見えると道も緩やかになり，歩きやすくなる。この池は渇水期には水がない。平坦になってしばらく歩くと，獅子戸岳への短い登りとなる。

　獅子戸岳の山頂に着くと，手前に新燃岳がどっしりと見え，高千穂峰も近くなる。獅子戸岳は縦走のほぼ中間点で，眺望も良く食事場所としてお勧めだ。山頂付近はミヤマキリシマが多い。

　縦走路は，獅子戸岳からやや不安定な坂道を下ると，ミツバツツジの開花時に賑わう**十字路**に着く。ここから東へ行くと大幡山から夷守台へのコース。西へ下ると約1時間50分で新湯温泉に着く。新湯コースは，5月中旬にはミツバツツジで花のトンネルができるので登山者が多い。

　十字路から大幡山の方へ約50m行くと，**携帯トイレ専用ブース**が設置されている。利用者は汚さないようにしよう。使用済み携帯トイレの回収ボックスは，高千穂河原とえびの高原にある。

　新燃岳へは十字路から南に進む。この登りはガレ道であるが，新燃岳はすぐそこである。まず火口湖のエメラルドグリ

霧島縦走路から見た桜島と錦江湾

新燃岳の火口湖と韓国岳

ーンが目に飛び込む。現在も噴煙を上げているので、時によっては灰色の湖になることもある。東側を半周したところが**新燃岳**の山頂である。ミヤマキリシマがきれいに咲くと庭園のような所だ。

　ここから中岳へは山肌の荒廃を防ぐために木道となっているので歩きやすく、高千穂河原までは九州自然歩道にもなっている。新燃岳と中岳との鞍部から湯之野への分岐があり、湯之野までは約1時間30分かかる。

　中岳の北側に登り、水無し火口淵の東側をしばらく行くと、縦走路の最後のピーク・**中岳**山頂である。中岳は、霧島を代表するミヤマキリシマの花が咲く5月下旬から6月上旬が一番賑わう。ここでは時間調整をしながら秀麗な高千穂峰などを眺めてほしい。眼下に縦走の終点である高千穂河原がよく見える。

　中岳山頂を後にしてしばらく岩場となるが、浮き石は少ないので歩きやすい。中岳の中腹では**もみじコース、つつじコースの分岐**がある。どのコースも所要時間に大きな差はないので、季節に合わせてコースを選んで歩くのもいい。高千穂河原が近づくとしばらく林の中を下る。小さな涸れ沢の橋を渡ると、終点の**高千穂河原**である。駐車場横の鳥居をくぐっ

新燃岳からの中岳（右）と高千穂峰（奥）

中岳中腹のミヤマキリシマと高千穂峰

て高千穂峰方向に少し歩くと、正徳5（1715）年まで約290年間、霧島神宮が建っていた立派な石垣の**古宮址**がある。天孫降臨の神話にあるニニギノミコトを参拝しよう。

　高千穂河原には**ビジターセンター**もあるので、立ち寄って歩いたコースを辿るのもよい。また、時間と体力のある人は高千穂峰への往復も約3時間でできる。

［福吉］

1 ☆☆ 行程3時間＝5.3km／**2** ☆☆ 行程4時間30分＝5.5km

59 高千穂峰
たかちほのみね

1573.4m

天孫降臨伝説の秀麗な霊峰

▶25000図＝高千穂峰
▶問合せ＝**1** 霧島市霧島総合支所☎0995(57)1111／自然公園財団高千穂河原支所☎0995(57)2505／霧島市観光案内所☎0995(57)1588／**2** 高原町役場☎0984(42)2111
▶寄道＝**1** 高千穂牧場☎0986(33)2102／霧島神宮／**2** 狭野神社／皇子原公園☎0984(42)3393
▶宿泊＝**1** 高千穂河原野営場（営業7／1〜8／31）☎0995(57)2505／**2** サンヨーフラワー温泉☎0984(42)2215
▶別ルート＝【九州自然歩道】ＪＲ高原駅から宮崎交通バス祓川下車，徒歩約20分で霧島東神社。乗用車利用の場合は同神社が出発点。拝殿

横に登山ポストがある。登山道はよく整備されているがヤマヒルのいる場所がある。二子石を経由して頂上まで登り約3.5時間，下り約2.5時間／【皇子原コース】皇子原公園を過ぎ，高千穂川を渡ると登山口。乗用車ならば登山口から約1.6km先まで未舗装の林道を通行可能。標高893mで天孫降臨コースに合流。頂上まで登り約3.5時間，下り2.5時間／【夢ケ丘コース】国道223号沿いの御池小学校から鹿児島県方向に進み約500mで右折。茶色の木製の看板に従って進むと水洗トイレのある駐車場に到着。登山道は二子石と高千穂峰の鞍部で九州自然歩道コースに合流。頂上まで登り3時間，下り2時間

宮崎　鹿児島

　高千穂峰は霧島山系の南東端に位置している。標高こそ韓国岳に次ぐ第2位だが，素晴らしい山容と天孫降臨の伝説はよく知られており，この山抜きには霧島山は語れない。登山コースは，宮崎県側の天孫降臨コースと鹿児島県側の高千穂河原コースがよく使われているので，ここではこの2つのコースを紹介しよう。

1 高千穂河原コース

　横川ＩＣまたは高原ＩＣから，国道223号を経て霧島神宮の東側にある県道480号に入り，**高千穂河原**に到着する。また霧島連山を縦走した場合，健脚の人で時間の余裕があれば，縦走の最後のコースに入れてもよい。高千穂河原には駐車場や水道が完備され，トイレの前には携帯トイレの回収ポストも置かれている。

　ビジターセンター前の鳥居から出発する。古宮址を右に巻いて遊歩道に入り，石畳の階段を登る。三叉路を左折して樹林帯を抜ける所にアカマツがある。ここに石の腰掛があり，中岳，新燃岳も見え始めて休憩場所によい。

　ここから**御鉢**まではガレ場の急坂となりきつくなるが，露岩の矢印に沿ってゆっくり登るといい。6月になると，ミヤマキリシマの開花で御鉢の斜面がピンクに染まり，登山者の疲れを癒してくれる。

高千穂河原

142

御鉢の馬の背を通る登山道

中岳からの高千穂峰と御鉢

御鉢まで登ると高千穂峰の山頂が顔を出す。ここからは緩やかな**馬の背**を登るが、天候によっては風の強い場所なので充分注意しよう。

ミヤマキリシマに囲まれた鞍部の**霧島神宮元宮**で休憩する。高千穂峰への急坂

▷タイム：①高千穂河原▶15▶三叉路▶40▶御鉢▶20▶霧島神宮元宮(鞍部)▶25▶高千穂峰▶80▶高千穂河原／②天孫降臨登山口▶40▶第1展望台▶40▶第2展望台▶40▶九州自然歩道合流点▶30▶高千穂峰▶120▶天孫降臨登山口

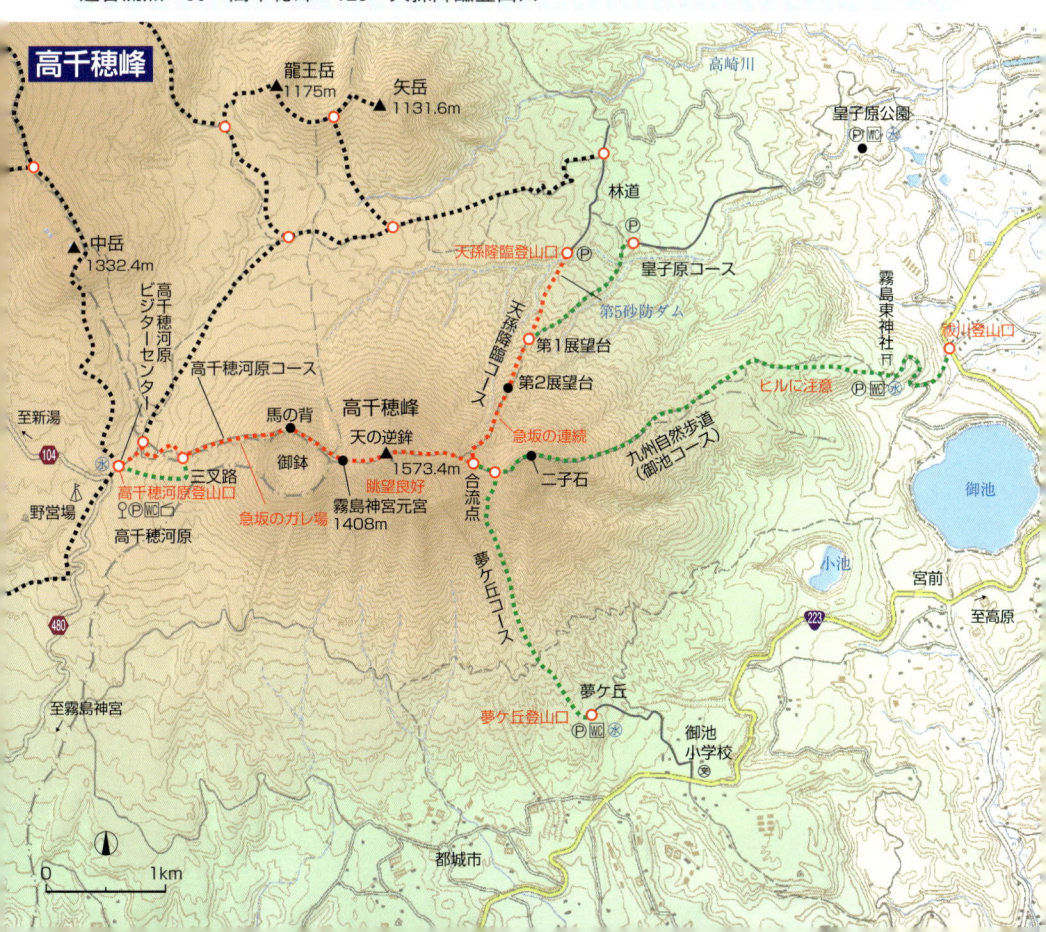

高千穂峰山頂にある天の逆鉾

高千穂峰山頂の方位盤から霧島連山を望む

は滑りやすいので慎重に登る。岩場を左に巻くようにして登ると**高千穂峰**山頂に到着する。山頂には天孫降臨の地を偲ばせる**天の逆鉾**がある。坂本龍馬と妻おりょうも登ったと伝えられ，これが日本の新婚旅行の始まりともいわれている。

山頂からは遮るものは何もなく，霧島連山はもとより，熊本や宮崎の山々をはじめ桜島や開聞岳を望むことができる。

休憩後，高千穂河原へ引き返すが，三叉路から左折して東屋を経て鳥居に出る神宮の森散策路を下るのもよい。春はシロモジ，初夏はミヤマキリシマ，夏はヤマボウシやネジキの花などが咲く。秋はウリハダカエデやシロモジなどの紅葉を楽しむことができる。

皇子原へ下山する場合は，前もって車を回送しておこう。

[栗屋]

2 天孫降臨コース

高千穂峰山頂は宮崎県高原町にあり，天の逆鉾は霧島東神社の社宝である。

九州自動車道を高原ＩＣで降り，**皇子原公園**方面に進む。公園にはバンガローや24時間利用可能な公衆トイレがある。西に進み温泉を過ぎると道幅が狭くなる。対向車に気をつけながら林道終点まで「天孫降臨コース」の看板に従い進んでゆく。

天孫降臨登山口の駐車場から歩き始める。いったん高崎川に下り，第5砂防ダムに堆積した砂礫の上を渡り小尾根に取り付く。照葉樹の大木を見ながら根のよく張った土の道を気持ち良く登ってゆく。東側の尾根がだんだん近づいてＹ字に重なり傾斜が緩くなった所が893mの**第1展望台**だ。樹木も低くなり登山道も明

上＝天孫降臨登山口
左＝高千穂峰から見た御鉢

144

るくなる。初夏にはヤマボウシの白い花が歓迎してくれる。ここで皇子原コースと合流する。皇子原コースは龍駒道(たつこまみち)と呼ばれていたコースで,皇子原公園からの林道で高千穂川を渡った所に登山ポストがある。現在では林道が奥まで延びたため,アプローチの短い天孫降臨コースを利用する登山者が多い。

天孫降臨登山口から見た高千穂峰

さて,第1展望台からさらに尾根の右斜面を大きくジグザグに登り,尾根に戻ると傾斜が緩くなり**第2展望台**に到着する。ここから傾斜が再び強くなり,ジグザグを繰り返しながら登ると,周辺の樹木はミヤマキリシマの低い群落に変わり少しずつ展望が開けてくる。右手には矢岳,大幡山,夷守岳(ひなもりだけ)などが見えて,左手には二子石の特徴ある岩峰が見え始める。これと高千穂峰を結ぶ稜線も近くなり,鞍部から少し上がった所で高千穂河原と霧島東神社を結ぶ**九州自然歩道との合流点**に達する。霧島東神社からの九州自然歩道はよく整備されているが,近年ヤマヒルの増えている場所もあるので夏場は対策が必要だ。また,この合流点の下にある鞍部は,御池(みいけ)小学校から登る夢ケ丘(ゆめがおか)コースとの分岐点になっている。

さて,合流点からは頂上を目指して真っ直ぐに階段状の登山道を登る。標高1400m付近の岩場は右側から巻き,再び平坦な細い尾根に戻る。春先は,ツクシショウジョウバカマが,初夏にはコイワカガミが可憐な花を咲かせる。また,天

高千穂峰から見た二子石

気が良ければ登山道の両側にミヤマキリシマに覆われた斜面が広がり,天上の散歩をしているような気持ちの良い場所である。鳥居の柱を過ぎると最後の登りになる。傾斜がきつく,小石のザレが歩きにくいが,大きな亀裂のある大岩の基部を左から巻いて越えると,頂上の石積みと天の逆鉾が見えてくる。**高千穂峰**頂上での素晴らしい景観を十分楽しんでから天孫降臨登山口へ引き返そう。なお,天孫降臨コースでは,毎年11月第1日曜日に霧島登山マラソンも実施されている。

高千穂河原へ下山する場合は,あらかじめ車を回送しておこう。　　　　　[下村]

☆☆行程 4 時間＝7.5km

60 矢岳-龍王岳

1131.6m
1175.0m

四季を通じての花の宝庫と炭化木

- ▶25000図＝高千穂峰
- ▶問合せ＝高原町役場☎0984(42)2111／小林市産業振興課☎0984(23)1174
- ▶寄道＝サンヨーフラワー温泉☎0984(42)2215
- ▶別ルート＝【谷越えコース】矢岳駐車場から作業道路経由で登山道に入る。谷の下り口を確認し、岩場を急降下する。水の涸れた矢岳川を徒渉し矢岳の頂上まで急勾配を直登。悪天候時は避ける。駐車場から登り約80分，下り60分／【北尾根コース】北尾根登山口から小林市と高原町の境界尾根を登り矢岳に到達。夷守台方面から便利なコース。登り約90分，下り80分

宮崎

　矢岳・龍王岳は縦走路から離れた位置にあり、標高も高くないため、一部の愛好者にのみ知られる山だったが、花の多さなどの魅力が報じられるようになり、一躍人気の山域になっている。ここでは宮崎県高原町の皇子原方面、矢岳登山口からの通称「リンナイコース」から、矢岳・龍王岳を回り炭化木の沢を周回するコースをガイドする。

　皇子原公園から舗装された林道を標識に従って終点まで車で進むと、**矢岳駐車場**の広場に到着する。登山ポスト横の工事用道路を約5分歩くと**矢岳登山口**の小さな道標があり、樹林の中の登山道に入る。モミの大木の混じる照葉樹の木々の間を緩やかに登る。登山道は倒木や獣道が多く、不明瞭な部分もあるため、テープの目印を見落とさないようにしたい。やがて「矢岳（谷越えコース）」の道標に出合うが、真っ直ぐに高千穂河原の方向に進む。やがて**リンナイコース（南回りコース）分岐**にあたる道標に出合い右折する。木々の間から矢岳・龍王岳が正面に見えてくる。イノシシのヌタ場を見ながら矢岳川を横断して小尾根を登り返す。通常、徒渉点は涸れているが、大雨の直後には増水し徒渉に苦労することがある。明るい森の中の歩きやすい緩やかな登りは、次第に傾斜を増し、ユズリハが目立つようになる。

　ほどなく**矢岳・龍王岳鞍部**で矢岳と龍王岳を結ぶ稜線にぶつかる。ここから右に進路をとると、矢岳の頂上は近い。高千穂峰北面の堂々たる姿とともに、9月には足元に咲くミカエリソウやツクシコウモリソウなど、5月にはヤマツツジ、ミツバツツジなどの花々を楽しみながら登りたい。

　矢岳山頂を楽しんだら引き返し、龍王岳へ向かう。基本的には尾根道だが、倒

上＝矢岳から見るヤマツツジと高千穂峰
下＝ミカエリソウ

146

下＝高崎川上流／右＝中岳から見た矢岳・龍王岳

木のため巻く箇所もある。頂上手前もスズタケが多く，左から巻くように登る。

龍王岳頂上では木々の間から中岳や新燃岳，大幡山の稜線を歩く登山者の姿を確認することができる。

龍王岳からは西の方向に下る。急な尾根を下るとやがて傾斜が緩くなり，えぐれた沢の源頭部が見えてくる。この沢が**炭化木の沢**である。沢底に下り，右方向に進むと，享保元（1716）年の新燃岳からの火砕流により蒸し焼きになった，様々な大きさの炭化木を見ることができる。

沢底から南方向に上がると，平坦な明るいマツ林になる。どこでも歩けるような地形なので，コンパスで進行方向を確かめながら進む。

右側から獅子戸岳よりの登山道が合流し，涸れた矢岳川を徒渉すると，通称「**Y字分岐**」と呼ばれる瀬多尾越コースとの合流点に到着する。ここからは，矢岳駐車場にも高千穂河原にも比較的はっきりした登山道でつながっている。　［下村］

▷タイム：矢岳駐車場▶5▶矢岳登山口▶10▶谷越えコース分岐▶45▶リンナイコース分岐▶40▶矢岳・龍王岳鞍部▶15▶矢岳▶10▶矢岳・龍王岳鞍部▶15▶龍王岳▶15▶炭化木の沢▶30▶Y字分岐▶15▶リンナイコース分岐▶40▶矢岳駐車場

矢岳－龍王山

☆☆行程6時間50分＝17.4km

61 大幡山－大幡池

1352.5m
1234.0m

ツツジと紅葉の名所を辿る静かな山旅

▶25000図＝韓国岳・霧島温泉・日向小林・高千穂峰
▶問合せ＝霧島市霧島総合支所☎0995(57)1111／自然公園財団高千穂河原支部☎0995(57)2505／霧島市観光案内所☎0995(57)1588
▶寄道＝道の駅神話の里☎0995(57)1711／高千穂牧場☎0986(33)2102／霧島神宮
▶宿泊＝新湯温泉（新燃荘）☎0995(78)2255／湯之野温泉みやま荘☎0995(57)0057
▶注意＝大雨の時は霧島川を徒渉できないので登山中止。霧島川より上にいる場合は新燃岳を越えて高千穂河原か湯之野に迂回すること

宮崎

このコースは霧島縦走コースと交差する形で、渓谷や尾根などの景観の変化と季節の変化に富んだ楽しい登山ができる。また、夷守台への縦走も可能である。

小林ICからえびの高原経由の県道1号と、横川ICから霧島温泉郷の丸尾経由の県道1号、そして高千穂河原からの県道104号が、新湯の三叉路で合流する。その東にある**新湯温泉バス停**前の烏帽子林道入口に駐車できる。トイレと水場はないので注意してほしい。

新湯温泉バス停を出発して硫黄の露出している上に出ると、霧島連山が見えてくる。新湯温泉入口を過ぎて鎖ゲートの脇から林道に入る。霧島川に沿って進みカーブに差し掛かると、滝と新燃岳が見えてくる。ここは休憩するのによい場所だ。

さらに渓谷に沿った林道を進むと、**大浪橋・新燃橋**を通り林道終点に着く。沢を徒渉し登山道を登ると、霧島川本流の**徒渉点**に出る。ここの水は飲めないが、登りに備えて休憩するのによい場所で、秋は紅葉の名所でもある。

涸れ沢を過ぎてミズナラの樹林帯を登ると、新燃岳の噴火口が見えてくる。ここから傾斜が緩やかになり、**ミツバツツジ**の群落の中を進む。開花時期は花のトンネルを歩くことになる。えびの高原と高千穂河原間の縦走路と交差する**十字路**に着く。大幡山寄り50mの所に**携帯トイレ専用ブース**もあるので、ゆっくり休憩

上＝新湯温泉
下＝ミツバツツジのトンネル

148

稜線から見るミヤマキリシマと高千穂峰　　　　　展望台からの夷守岳・丸岡山・大幡池

しよう。

　獅子戸岳の東を巻いて稜線に出る。1381mピークから大幡山までは**ミヤマキリシマ**の群落である。その向こうの二子石と御鉢を従えた高千穂峰の景観は霧島を代表するものだ。深田久弥も『日本百名山』の中で、高千穂峰を最も美しく眺め得るのはここからだと絶賛している。

大幡山の展望台から大幡池を眺めたら、登山道に引き返し大幡池を目指す。

　池が近くなるとミズナラに混じってブナの大木が目につき始める。春はキリシマミズキやシロモジの花を、秋は紅葉を楽しめる場所だ。**大幡池**は静かな場所で水際まで降りることができ

る。ゆっくり休憩して疲れを癒そう。

　新湯へ引き返す場合は、涸れ沢と霧島川の徒渉点付近は迷いやすいので、道標やケルンを確認すること。さらに、夷守台へ縦走を続ける場合は、事前に車を回しておくこと。62の丸岡山ー夷守岳のコースを参照されたい。

[栗屋]

▶タイム：新湯温泉バス停▶70▶徒渉点▶50▶十字路▶60▶大幡山▶30▶大幡池▶200▶新湯温泉バス停

149

62 丸岡山－夷守岳

☆☆行程5時間30分＝10.5km

1327.0m
1344.1m

山麓の小林市から仰ぎ見る霧島の「生駒富士」

- 25000図＝日向小林
- 問合せ＝小林市産業振興課☎0984(23)1174／ひなもりオートキャンプ場☎0984(23)8100
- 寄道＝神の郷温泉☎0984(23)2006／コスモス温泉☎0984(22)7085
- 別ルート＝【豊原コース】県道1号の夷守岳登山口の看板から林道へ。駐車場から登り始めると巣之浦林道に出合う。スズタケが出てきたら頂上は近い。登り約2.5時間、下り2時間／【大王コース】巣之浦林道に登山ポスト。尾根筋を登る変化に富んだコース。登り約2.5時間、下り2時間

夷守岳は山麓の小林市から仰ぎ見た姿から「生駒富士」とも呼ばれている。ここでは、オートキャンプ場のある夷守台から大幡池経由で丸岡山と夷守岳に登る。

小林ICからひなもりオートキャンプ場に向かう。キャンプ場手前の集合訓練広場には駐車スペース、トイレがある。広場の手前から舗装された林道へ進むと数台駐車できるスペースがあり、登山口になっている。

未舗装の急な林道を登ると登山ポストがある。道標に従ってほぼ平坦な林道を進むと、右手斜面に「スギ・ヒノキコース」の登山口がある。さらに林道を5分程で「天然林コース」の登山口に到着する。林道の状況次第では、ここまで自動車で進入することもできる。

登山口から細い尾根に取り付く。しばらく登ると水路が横切る。アカマツやミズナラの樹林の中を登ると、やがてゴツゴツした立岩に「山の神」の表示のある休憩所があり、振り返ると高千穂峰の堂々たる姿を見ることができる。

さらに登ってゆくと、標高1200m付近でスギ・ヒノキコースと合流する。緩やかな登りになり大幡池からの水路に出合う。左側はガケの岩場になっているため慎重に通過したい。

宮崎

(左から) スギ・ヒノキコース登山口／丸岡山の山の神／丸岡山、大幡池の上部取水路

150

大幡池 　　　　　　　　　　　　　　　　　　夷守岳山頂

　水路通過後10分程で縦走路に出合う。**大幡池**に下ると，明るい湖面に韓国岳が写り，疲れを忘れさせてくれる。縦走路に戻り，丸岡山1327mへはミズナラとササの中をひと登りだ。

　丸岡山山頂上近くでは大幡池方面の展望が開ける。丸岡山から夷守岳へは標高差にしてわずか17mなのだが，一旦1160mまで大きく下らなければならない。霧島随一のブナとミズナラの気持ちの良い林の中，古い石段をぐんぐん下る。

　ササの中の登山道が平坦になったら，いよいよ夷守岳への登りが始まる。雨の後などは滑りやすく，スズタケを手がかりに全身を使って登るような急坂であるが，一歩一歩登るごとに，背後に霧島山系のパノラマが広がってくる。

　夷守岳山頂で景観を楽しんだら「**スギ・ヒノキコース**」を通って登山口へ引き返そう。　　　　　　　　　　［下村］

▶タイム：登山口▶10▶登山ポスト▶30▶スギ・ヒノキコース登山口▶5▶天然林コース登山口▶30▶山の神休憩所▶50▶大幡池▶20▶丸岡山▶60▶夷守岳▶120▶登山口

丸岡山－夷守岳

☆行程4時間20分＝8.7km

63 白鳥山−甑岳
しらとりやま こしきだけ

1363.1m
1301.4m

えびの高原の池めぐりと甑岳

- ▶25000図＝韓国岳
- ▶問合せ＝えびの市観光商工課☎0984(35)1111／自然公園財団えびの支部☎0984(33)3002
- ▶寄道＝えびのエコミュージアムセンター☎0984(33)3002／郷土の森・白鳥温泉（甑岳の郷土の森分岐からは巨樹の多い「郷土の森」を経由して白鳥温泉下湯に下山できる。下り120分）
- ▶宿泊＝えびの高原キャンプ村☎0984(33)0800／えびの高原荘☎0984(33)0161／白鳥温泉上湯☎0984(33)1104／白鳥温泉下湯☎0984(33)3611

宮崎

　池めぐり自然研究路は手軽に霧島山の自然を感じることのできるハイキング・コースで，林野庁の「森林浴の森百選」にも選定されている。**えびのエコミュージアムセンター**からレンガ色の歩道を北方向に歩き始める。橋を渡り階段をしばらく登ると，**えびの展望台**に到着する。韓国岳の裾野に広がるえびの高原全体を見渡すことができる。折り返すように石段の遊歩道を登ってゆくと，明るいアカマツの林になる。**白鳥山南登山口**の分岐を左折すると，ひと登りで**二湖パノラマ展望台**に着く。白紫池と六観音御池を同時に楽しむことができる。
　さらに，緩やかに樹林の中を登ってゆくと岩が多くなり，電波塔のある**白鳥山**に到着する。山頂には方位盤も設置してあり展望を楽しめる。しばらく展望のない樹林の中を進み白紫池を大きく半周すると，**白鳥山北展望台**に到着する。ここからは甑岳，硫黄山，韓国岳，六観音御池の展望が素晴らしい。
　折り返しながら急な坂を下ると，白紫池からの池めぐりコースの**自然研究路と合流**する。歩きやすい研究路を快調に進むと大きなスギが出てきて**六観音御池**に到着する。観音堂と**六観音御池展望台**があり，四季折々に素晴らしい景色を楽しむことができる。展望台を過ぎると緩やかな登りになり，遊歩道脇にはツツジの着生したミズナラの老木なども見られる。
　そのまま研究路を進むと**不動池**を経由

上＝六観音御池の美しい紅葉
左＝六観音御池と甑岳(左)，夷守岳(右)

152

左＝甑岳火口部の池塘
上＝韓国岳から見た甑岳

して県道に出るが，甑岳に登るには道標のある分岐（**甑岳分岐**）からの近道がある。分岐を左折し樹林の中を下ってゆくと，アカマツの林になり，えびの市営露天風呂（現在は営業していない）からの甑岳コースに**合流**する。道標で方向を確認し，丸太橋を渡ると，少しずつ傾斜が強くなり，モミやツガの樹林の中の急登になる。岩場を越えると**甑岳の南側の頂上**である。さらに滑りやすい登山道を注意しながら下ると，火口底の気持ちの良い草原に到着する。中央部には池塘が残り，火口から湿原を経て草原へと変化する遷移の様子を実感することができる。さらに北側の火口壁まで進み樹林の中を歩くと**甑岳の三角点**に到達できるが，展望は良くない。

帰路は不動池を経由して，出発点であるえびの高原に戻ろう。なお，硫黄山を経由してもえびの高原に戻ることができる。

［下村］

▶タイム：えびのエコミュージアムセンター▶15▶えびの展望台▶20▶白鳥山南登山口▶30▶白鳥山▶20▶白鳥山北展望台▶15▶自然研究路との合流点▶20▶六観音御池展望台▶20▶甑岳分岐▶20▶合流点▶40▶甑岳▶60▶えびのエコミュージアムセンター

白鳥山－甑岳

153

64 大浪池一周　1411.4m

☆行程2時間50分＝5.2km

誰でも楽しく登れる山

- 25000図＝韓国岳・霧島温泉
- 問合せ＝えびのエコミュージアムセンター☎0984(33)3002／自然公園財団高千穂河原支部☎0995(57)2505／霧島市観光案内所☎0995(57)1588
- 寄道(宿泊も可)＝新湯温泉(新燃荘)☎0995(78)2255／湯之野温泉みやま荘☎0995(57)0057
- 別ルート＝①韓国岳避難小屋から韓国岳往復。約2時間／②大浪池は時計回りもよい／③車をえびの高原に回送すれば韓国岳を越えてえびの高原へ行ける。約2時間／④紅葉の時期には、③と同様車を回送して避難小屋近くからえびの高原へのコースもよい。約1時間

　霧島連山の中で、誰にでも簡単に登れる山として親しまれ、九州自然歩道にもなっている。大浪池一周コースには休憩所と避難小屋があるが、トイレがないので登山口で済ませてから出発しよう。このトイレには携帯トイレの回収ボックスが設置してある。

　県道1号の**大浪池登山口**から登り始めるとすぐ林内に入る。アカマツ、ツガ、モミ、ヒメシャラなどの大木が登山道を覆っている。大浪池に着くまで眺望はない。その分、春はヤブツバキ、夏にはハイノキ、ギンリョウソウの花などを楽しめる。登山道は中ほどまでは舗装されて歩きやすく、後は石の階段などでしっかりしているので初心者でも安心だ。

　30分程登って低木帯になってくると、**大浪池休憩所**はすぐそこだ。この休憩所は自然公園財団高千穂河原支部が定期的に清掃しており、ありがたい。皆で大事にしたいものだ。

　登り着くと**大浪池**は眼下に広がり、その向こうに韓国岳を据えた雄大な景色が広がる。山頂の火口湖としては大きく、周囲が1.9km、水深11mである。池の外輪を東周りに行くと、**マンサク**の多い場所に着く。毎年3月には花がトンネルを作るほどに咲き、霧島連山に春の訪れを知らせてくれる。5月下旬になるとミヤマキリシマが咲き誇る。

　山頂付近からは霧島連山が見渡せるようになる。東には高千穂峰と新燃岳の火

(左から) 大浪池の見事な紅葉／ギンリョウソウ (大浪池登山口付近)／マンサク

下＝山頂から新燃岳の噴煙が見られる（右は高千穂峰）／右＝大浪池と韓国岳

口外壁が見える。昭和34（1959）年に新燃岳の噴火でできた火口が斜面に幾条にもある山容は異様である。南には桜島，開聞岳などが展望できる。しばらく低木帯の中を下ると**韓国岳避難小屋**に着く。この小屋もきれいに清掃してあるので，使ったら元通りにしておきたい。

ここは韓国岳への分岐でもある。健脚の方は韓国岳まで往復することができる。避難小屋から西に少し行くと，大浪池とえびの高原への分岐がある。えびの高原への登山道はほぼ平坦で眺望はないが，秋の紅葉の頃は楽しい山歩きとなる。

えびの高原との分岐から南に登ると，大浪池の外輪北に着く。ここからは大浪池休憩所側が真向かいに見える。この外輪を西側に向かうと眺望が良くなる。北の方にはえびの高原

が見えてくる。栗野岳や白い蒸気を上げている大霧地熱発電所も望める。

一周したら大浪池と韓国岳の雄大な眺めをゆっくり楽しんでから下山しよう。登山口の車道までは展望がないが，森林浴によい。　　　　　　　　　　　［福吉］

▷タイム：大浪池登山口▶45▶大浪池休憩所▶30▶東周りで山頂▶20▶韓国岳避難小屋▶40▶大浪池休憩所▶35▶大浪池登山口

大浪池一周

65 栗野岳(くりのだけ) 1094.2m

☆行程3時間10分＝5.9km

素晴らしい眺望と自然を満喫できる山

- ▶25000図＝韓国岳
- ▶問合せ＝湧水町(ゆうすいちょう) 栗野庁舎(ちょうしゃ)☎0995(74)3111
- ▶寄道＝栗野岳温泉の八幡地獄(はちまんじごく)／霧島アートの森(美術館)☎0995(74)5945／丸池湧水(日本名水百選、JR栗野駅近く)／沢良原(ユウスゲ自生地)／地熱発電所(九州電力大霧発電所)☎0995(74)1186／関平温泉・関平鉱泉(入浴と飲む温泉水)☎0995(78)4012
- ▶宿泊＝栗野岳温泉南洲館☎0995(74)3511／フィールドアート栗野岳ログ・キャンプ村☎0995(74)4869／野々湯温泉☎0995(76)9336

栗野岳は霧島山系の西端に位置する。霧島山系では一番古く、台形のなだらかな山である。中腹にはレクリエーション村やアートの森、湯煙の絶えることのない栗野岳温泉がある。春は新緑、秋は紅葉や牧場の草モミジが楽しめる。

栗野岳へは次の2つのルートがある。九州自動車道・栗野ICから国道268号を経て県道103号に入る。湧水町の心光寺前を通り、栗野岳温泉に上がり**レクリエーション村**に向かう。または、霧島市からは国道223号の小谷(こたに)交差点より牧園広域農道に入り、アートの森の看板に従いレクリエーション村に向かう。

枕木登山口は日本一の枕木階段入口の所にあり、駐車場とカシワ林の中にトイレがある。枕木階段を東に登ると**展望台**に到着する。ここからは、牧場では馬が草をはんでいるのが見え、伊佐(いさ)平野の中を川内川(せんだいがわ)が蛇行し、その向こうには紫尾(しび)山が見える。冬は川に沿って霧が雲海となって広がり、曽木(そぎ)の滝辺りは雲がこんもりと盛り上がって見えることがある。

樹林帯に入り、スギの植林の中の緩やかな登山道を登ると**分岐**に出る。分岐から右折して広葉樹林の落ち葉を踏みしめながら急斜面を登ると、露岩のある**1029mピーク**に着く。なだらかな尾根を登っていくと、**もみじ原生林**に着く。この一帯はミズナラやカエデが多く、初夏の新緑や秋の紅葉の素晴らしい所である。

緩い傾斜を下り分岐点を右折してススキの生える**見晴台**に着く。ここからは大霧(おおぎり)地熱発電所、霧島連山、錦江湾に浮かぶ桜島を見ることができる。

分岐点まで戻り、北に折れて広葉樹林の中を下り、鞍部からロープの取り付けられた急坂を登ると、**栗野岳山頂の三等**

展望台から見た日本一の枕木階段

鹿児島

もみじ原生林

上＝栗野岳全景
右＝三角点のある栗野岳山頂

▷タイム：枕木登山口▶15▶展望台▶15▶分岐▶40▶もみじ原生林▶15▶見晴台▶20▶三角点▶10▶第1展望台▶50▶温泉登山口▶25▶枕木登山口

三角点に着く。周辺は草地で周りが低い灌木のため素晴らしい景観で，韓国岳を中心にした霧島連山を間近に見ることができる。

北に進むと分岐点に到着する。直進すると最高点に行けるが，道が荒れており展望も利かないので西に下ろう。広葉樹林を下ると第1展望台に到着。南側にもみじ原生林やアートの森が見える。下るにつれて大きな木が多くなり，モミ，ツガ，ヒメシャラなどの大木が見られる。スギ林の急な坂を下って温泉登山口に到着する。車道を左に行くとまもなくテレビ中継所が見え，枕木登山口に着く。[栗屋]

栗野岳

157

■☆行程2時間25分＝4.2km／②☆☆行程4時間50分＝11.0km

66 矢筈岳 （水俣市・出水市） 687.0m

県境にそびえるピラミッド型の秀峰

- ▶25000図＝湯出・米ノ津
- ▶問合せ＝■水俣市役所☎0966(61)1603／みなまた観光物産協会☎0966(63)2079／熊南産交水俣営業所☎0966(63)2185／②出水市役所☎0996(63)2111／出水市観光協会☎0996(79)3030
- ▶寄道＝■湯の児スペイン村☎0966(63)3900／②クレインパークいずみ☎0996(63)8915
- ▶宿泊＝■湯鶴温泉・湯出七滝（温泉と滝巡り）／湯の児温泉／②白木川内温泉
- ▶注意＝米ノ津コースの矢筈林道を登山口まで車で入るには四輪駆動車が無難である

矢筈峠コースと米ノ津コースを紹介しよう。説明は2コースとも登山口から山頂までの往復であるが、車を回送することが可能であれば縦走することができる。

■矢筈峠コース

水俣市からは県道117号を経て矢筈峠手前の林道入口に着く。出水市からは国道447号の萩の段から県道117号に入り林道入口に着く。県道脇の広場に駐車できる。林道入口からスギ林に囲まれた林道を歩き、左に曲がって視界が開けると、矢筈岳と女岳が目の前だ。林道が右に曲がる所が登山口で、スギ林を登り尾根に出て矢筈岳が見え出すと女岳鞍部に到着。ここから右折し、植林と広葉樹林の境を登ると、石の積まれた女岳に着く。樹木に囲まれているが、東方に鬼岳が見える。

女岳の北にある展望所にも立ち寄ろう。女岳鞍部に引き返し、大きな広葉樹林を見ながら急坂を登ると矢筈岳山頂に到着する。山頂には草原の中に一等三角点と高山彦九郎の歌碑がある。北側には加紫久利神社の奥の宮が祀られている。展望所に立つと足元から境川が始まり、県境に沿って八代海に注いでいる。天草諸島や水俣方面の素晴らしい景観は飽きることがない。下山は林道入口へ引き返す。

②米ノ津コース

水俣・出水方面からは、国道3号より米ノ津駅前に入る。加紫久利神社を過ぎ新幹線の陸橋を越えて、平松上の交差点を直進すると矢筈橋に着く。さつま町方

上＝高山彦九郎の歌碑がある矢筈岳山頂
左＝矢筈峠コースの林道から見た矢筈岳と女岳

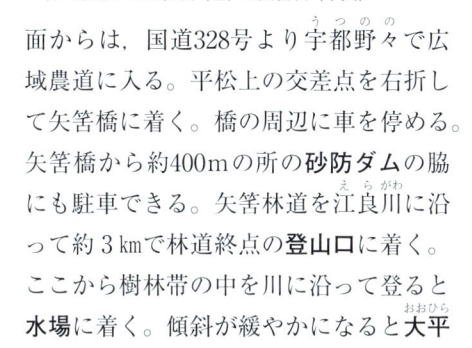

米ノ津港からの女岳（左）と矢筈岳（中央） 　　　　　　　　　　　　　　　山頂から水俣市と天草を望む

面からは，国道328号より宇都野々で広域農道に入る。平松上の交差点を右折して矢筈橋に着く。橋の周辺に車を停める。矢筈橋から約400mの所の**砂防ダム**の脇にも駐車できる。矢筈林道を江良川に沿って約3kmで林道終点の**登山口**に着く。ここから樹林帯の中を川に沿って登ると**水場**に着く。傾斜が緩やかになると**大平分岐**だ。ここから右折して広葉樹林の中を進むと**展望台**に出る。大きな**鬼立岩**がそそり立ち，その向こうには，紫尾山が緩やかな裾野を出水平野まで引いている。

　大平分岐に引き返して急坂を登ると，**矢筈岳**の山頂に到着する。山頂では，夏はチョウやトンボなどの乱舞がよく見られる。下山は矢筈橋へ引き返す。　［栗屋］

▷タイム：**1** 林道入口▶25▶登山口▶20▶女岳鞍部▶15▶女岳▶15▶女岳鞍部▶20▶矢筈岳▶50▶林道入口／**2** 矢筈橋▶60▶登山口▶55▶大平分岐▶15▶展望台▶20▶大平分岐▶20▶矢筈岳▶120▶矢筈橋

67 紫尾山（しびさん）

☆行程 3時間50分＝6.3km
1067.0m

重量感のある山容と豊かな広葉樹林が魅力の北薩の最高峰

- 25000図＝紫尾山・湯田
- 問合せ＝出水市役所☎0996(63)2111／出水市観光協会☎0996(79)3030／さつま町役場☎0966(53)1111／紫尾山ふれあいの森☎0996(53)1111
- 寄道＝クレインパークいずみ☎0996(63)8915／ツル観察センター（冬場）／紫尾温泉（神社の床下が源泉である）☎0996(59)8975
- 宿泊＝湯川内温泉かじか荘☎0996(62)1535／神の湯キャンプ場☎0996(59)8187／紫尾山きららの里キャンプ場☎0996(54)2038
- 別ルート＝堀切峠に車を回送すれば、登尾から堀切峠まで縦走できる

　紫尾山は「九州百名山」の1つである。薩摩半島の山々をはじめ霧島連山や桜島、高隈山系（たかくま）など県内各地から北西に目をやると、なだらかだがひときわ高く重量感のある山が見える。これが北薩の最高峰の紫尾山である。名称は諸説ある中で、中国の徐福（じょふく）がこの山頂に立ち「紫の紐」を山の神々に奉納したことから付けられたとの説がある。登山コースは平岩コースや東尾根コースもあるが、ここでは見所の多い登尾コース（のぼりお）を紹介しよう。

　横川ICから県道50号－国道504号を経て、出水市とさつま町に通じる国道328号を通って**登尾バス停**から西側の道路に入る。**登尾集落**の分岐点から右の林道に入る。林道が左へ折れるように曲がった所に、一の滝と**東屋**（あずまや）がある。まもなく、赤屋根の**ふれあいの森研修館**に到着する。大きな車はここに置いた方がいい。さらにもう一曲がりして林道終点の**登山口**に着く。登山口近くの東尾根コースの分岐を直進して、**千尋ノ滝**（せんぴろのたき）の橋に出る。落差76mの滝が3段になって落ちる様は豪快である。

　千尋ノ滝を迂回して、岩場に付けられたジグザグの急坂を登る。滑りやすいので一歩一歩確実に登ろう。滝口に出ると手前には野鳥観察小屋があり、対岸には観音菩薩像が祀られている。滝口から北薩の山々が見えるので一息入れよう。

　登山道に戻って階段の付けられた急坂を登り、尾根の西側を巻いて登ると傾斜も緩やかになる。谷に入って倒木をまたいで登り、さらに急坂を登ると**尾根出合**に着く。休憩によい場所だ。夏場は滝からこの辺りまではヒルが出るので注意しよう。尾根は大きな照葉樹林に覆われて展望はないが、なだらかな登山道で森林浴が楽し

上平川から見た紫尾山の全景

160

林道から見える千尋ノ滝　　　　　紫尾山から，雲海に浮かぶ高隈山系と桜島を眺める

める。冬場はこの辺から上は，冷たい北風が吹き付けて雪や霧氷で覆われる所だ。838mピークを越えて，935mピークの東を巻いて**定之段林道**に出る。

　林道はすぐ西からの平岩コースと合流する。そこから東側の登山道に入り，大きな木立に囲まれた**上宮神社**に着く。この一帯は大きなブナ，モミ，アカガシなどの大木が多く，「紫尾山広葉樹の森」として保護されている。

　上宮神社を出発して堀切峠からの**車道**に出る。トイレのある駐車場を過ぎると，電波塔が林立する**紫尾山**の山頂に到着する。山頂には方位盤や王貞治書の石碑もある。ここからは360度の展望で，雲仙の普

賢岳，霧島連山，高隈山系，桜島，開聞岳などが展望できて素晴らしい景観である。冬の朝，川内川流域に沿って雲海ができることがある。雲海にこれらの山々が島のように浮かんだ景観は見事なものである。

　山頂でゆっくり休んだら，**母様の祠**を経て登山口へ引き返そう。

[栗屋]

▷タイム：登山口▶20▶千尋ノ滝口▶40▶尾根出合▶40▶林道出合▶10▶上宮神社▶10▶車道出合▶20▶紫尾山▶90▶登山口

68 藺牟田池外輪山

☆行程3時間30分＝5.6km
片城山 508.8m

水鳥の住む池を眺めながら歩く変化に富んだ山

▶25000図＝塔之原
▶問合せ＝薩摩川内市祁答院支所☎0996(55)1111
▶寄道＝市営温泉浴場竜仙館☎0996(56)0039
▶宿泊＝藺牟田池キャンプ場（バンガローは通年、テントは7／10〜8月末）☎0996(56)0370／湖畔リゾートホテルいむた☎0996(56)0121

▶別ルート＝①飯盛山432mへは、らせん状の遊歩道を50分で往復できる。山頂には展望台があり、霧島や桜島そして紫尾山などが見える／②竜石登山口の車道から入来方面へ20分で愛宕ビスタパークに着く。ここにはトイレ・水・駐車場が完備され展望もあり休憩場所によい

藺牟田池外輪山のある藺牟田池までは、加治木ICから県道42号を西へ車で40分かかり、薩摩川内市からも県道42号を東へ車で40分かかる。

藺牟田池は標高295mにある周囲4kmの火口湖で、その火口湖を5つの山が取り囲んでいる。湖面には国の天然記念物に指定されている泥炭形成植物群があり、国内希少野生動植物種であるベッコウトンボが生息し、県内有数の桜の名所でもある。この一帯の自然を保護するため、昭和28年に藺牟田池県立自然公園に指定された。さらに、平成17年には「特に水鳥の生息地として重要な湿地」として、ラムサール条約に登録された。毎年、薩摩川内市主催の「いむた池外輪山登山大会」が開催され、多くの参加者で賑わっている。また、池を一周する遊歩道と登山道の一部が九州自然歩道になっている。

ここでは登り初めに急坂のない左回りのコースを紹介しよう。生態系保存資料館**アクアイム前の駐車場**からスタートする。湖畔を左に見ながら、宿泊施設「**湖畔リゾートホテルいむた**」入口横の登山口に着く。ホテルの裏から**第1鴨猟場**を経て、岩場の急坂を登り切った所で展望を楽しんで外輪山の最高峰**片城山**に着く。山頂は樹木で展望はないが、少し進むと北西に北薩の雄、**紫尾山**が見える。

第2鴨猟場への下りは急で、ロープが固定されている。**山王岳**480mはカシやシイなどの大きな木に覆われて視界はない。山頂を少し下ると岩場があり、ここから湖面の展望が良い。10分下ると車道に出る。

車道脇の鳥居から登ると5分で**竜石**に着く。約20mの巨岩に注連縄が掛けられ、祠が祀られている。ここからの眺望が縦走路で一番良い。湖面全体と歩いてきた山、これから登る山のすべてを一望でき

湖面に映る竜石（中央）と山王岳（右端）

ツクシショウジョウバカマ 　　　　　　片城山からの飯盛山（中央）と愛宕山（右）

る。竜石から小ピークを3つ越えて車道に出る。春にはこの一帯でツクシショウジョウバカマやアオモジの花が楽しめる。

　道標に従って，スギ林に新たに造られた登山道を30分も登ると舟見岳（ふなみだけ）498.5mに着く。ここから植林地を下り，鞍部で池からの登山道と出合う。ここを直進して最後の愛宕山（あたごやま）485mに登る。山頂には祠があり南側は開けて展望が良い。ここから照葉樹林の中をアクアイム前の駐車場に下る。

　外輪山は500m以下の山であるが，展望が利き適当なアップダウンがあり，初心者の登山には最適な山である。また，縦走しても駐車場に戻るので便利だ。

[園田]

愛宕山登山口

▷タイム：アクアイム駐車場▶55▶片城山▶35▶山王岳▶30▶竜石▶50▶舟見岳▶20▶愛宕山▶20▶アクアイム駐車場

藺牟田池外輪山

遠見ケ城 ▲474m
至さつま町
至国道10号
さつま町
第1鴨猟場
片城山 508.8m
リゾートホテルいむた
第2鴨猟場
山王岳 480m
飯盛山 432m 眺望良好
林道
愛宕嶽 446m
藺牟田池
祁答院町藺牟田
九州自然歩道
460m竜石
登山口（アクアイム）
愛宕ビスタパーク
眺望良好
愛宕山 485m
舟見岳 498.5m
薩摩川内市
林道
至国道10号

0　　1km

☆行程3時間20分＝8.5km

69 冠岳－材木岳

516.4m
465.0m

徐福伝説と信仰と奇岩の山

▶25000図＝串木野
▶問合せ＝いちき串木野市観光協会☎0996(32)2049
▶寄道＝市来ふれあい温泉センター☎0996(21)5022／観音ケ池市民の森（県内有数の桜の名所）いちき串木野市役所☎0996(32)3111／薩摩金山蔵（観光施設を併設した坑道内焼酎貯蔵蔵へトロッコ列車で入る）☎0996(21)2110／見学焼酎蔵・薩州濱田屋伝兵衛☎0996(36)3131
▶行事＝かんむり嶽参り（11月23日，護摩岩で護摩焚きや冠嶽園で長崎龍踊りなど）／串木野まぐろフェステイバル（串木野漁港，4月下旬）いちき串木野市水産港湾課☎0996(32)3111／串木野浜競馬大会（照島海岸，4月中旬）

　冠岳は，南さつま市の金峰山とともに薩州二大霊山の1つで，西岳，中岳，東岳の3峰からなり，主峰の西岳が冠岳と呼ばれている。

　いちき串木野市から県道39号を東へ，車で約10分走ると九州新幹線をくぐる。すぐの三叉路を北へ500m進むと，**冠嶽神社**横の駐車場に着く。ここをスタート・ゴールとする周回コースを紹介する。隣接した**冠嶽園**にはトイレも完備されている。

　駐車場から，南の県道39号前の五反田川手前を西へ，川畑集落を通り，**冠岳小学校**から西の八牟礼集落を目指す。ここまでは舗装道路で，この先は砂防工事用に造られた道路。荒れてはいるが，道幅は2m以上ある。集落から15分で涸れ沢を渡り，稜線を回り込んでスギ林を登ると，煙草神社下の**車道**に出る。車道を西に徐福像のある**冠岳展望公園**に着く。公園から冠岳に向けて，**鎮國寺**を経由して行くと，生福集落からの道路と合流する**駐車場**に着く。

　道標に従って車道をショートカットし，急坂の階段を登る。頂上直下の登山道脇に，5段に積み重なった**天狗岩**がある。ここから急坂を登り詰めた所が西岳神社のある**冠岳**で，眺望は抜群。足下に徐福像や鎮國寺が，南に吹上浜や金峰山，野間岳，南東には桜島が見える。

登山道階段

天狗岩の石積み

洞窟の中にある煙草神社

護摩岩での護摩焚き　　　　　　　　　　　　　　　西岳と徐福像（冠岳展望公園）

山頂から東の**経塚**（きょうづか）を経て，中岳西端の**材木岳**へ登る。柱状節理の岩石が，材木を積んだように見えることからついた名前のようだ。ここから鞍部まで引き返し，南へ下ると，鎖の固定された岩場の下が**煙草神社**である。蘇我馬子（そがのうまこ）が崇徳天皇（すとく）の怒りに触れて流された後，帰京に際して洞窟に煙草の種をまいたとの言い伝えがある。

ここから5分で車道に出る。車道に出るとすぐに**傘岩**（かさいわ）があり，ゴール近くには**護摩岩**（ごまいわ）がある。両方とも車道から往復に時間はかからない。

約2200年前，中国の秦の始皇帝から命を受けた徐福が，不老不死の薬を求めてこの地を訪れ，

景色の素晴らしさに自らの冠を解いて頂上に捧げたことから，この地を冠岳と呼ぶようになった，との説もある。また，ゴール近くの護摩岩は，蒙古襲来の折，島津家がこの岩上で敵兵退散の護摩を焚いて祈禱させたといわれている。　[園田]

▶タイム：冠嶽神社▶15▶冠岳小学校▶20▶八牟礼集落▶25▶煙草神社下車道▶10▶冠岳展望公園▶20▶駐車場▶25▶冠岳（西岳）▶30▶材木岳▶20▶煙草神社▶35▶冠嶽神社

冠岳－材木岳

165

70 八重山-鷹ノ子岳

☆☆行程4時間15分＝7.1km
676.8m
422.1m

石積みの奇岩や尖峰の山が楽しめる

- 25000図＝薩摩郡山
- 問合せ＝薩摩川内市入来支所☎0996(44)3111／鹿児島市役所☎099(216)1366
- 寄道＝スパランド裸・楽・良（鹿児島市東俣）☎099(245)7070／入来温泉センター☎0996(44)2735／花尾神社（鹿児島市花尾町。「さつま日光」とも呼ばれている）／内之尾の棚田（薩摩川内市入来町。日本棚田百選）
- 宿泊＝八重山公園キャンプ村（コテージやてんがら館あり）☎099(298)4880
- 別ルート＝①八重山公園駐車場から八重山展望所までの往復コース／②清浦ダム近くの東家から鷹ノ子岳までの往復コース

　八重山は、東西に長い台地の山域で、鹿児島市を流れる甲突川の源流がある。甲突池から八重山に登り銭積石を経由し、清浦ダム左岸の鷹ノ子岳に至る縦走コースを紹介する。この場合、あらかじめ車を夢かけ橋の東屋に回しておこう。
　鹿児島市方面からは国道3号の小山田から国道328号を北上する。薩摩川内・入来方面からは国道328号を南下する。入来峠で西に曲がり、**八重山公園**を通過すると**甲突池**駐車場に到着する。
　甲突池は甲突川の源流で1年中水が絶えない。甲突池を出発し、八重山歩道入口の道標から登る。すぐ竹林に入り急勾配を登る。数カ所の炭焼窯跡を見ながら登り詰めると、樹林帯が開け八重山公園からのコースと**甲突池分岐**で合流する。ここから**八重山**の一等三角点に到着するが、展望は全くない。近くに昭和26年から5年間天文測量に使われた基準点がある。全国48カ所に設置され、鹿児島県唯一の「天測点」のコンクリート柱である。
　展望の利かない樹林帯を抜けて、**展望所**に到着。天候の良い時は桜島、霧島山系、金峰山を遠望できる。甲突池分岐まで引き返し、八重山公園方向へ所々に丸太が敷かれた道を下る。道が南方向へ変わる地点に**山頂1.9kmの道標**がある。ここが銭積石への分岐点である。樹林帯を北へほぼ等高線に沿って進むと尾根の**三叉路**に出る。ここから左折して40m程一気に急勾配を登ると、銭積石上部の**展望所**に到着。入来峠の国道、鹿児島市街や桜島が見える。展望所から下ると、**銭積石**が突然現れる。団子状の石を積み重ねたものがいくつもあり、文字通り銭を積んだようで、自然に出来たとはとても思

眺望の良い八重山の展望所

166

左＝不思議な銭積石／上＝鷹ノ子岳と夢かけ橋

われないが，どうだろう。

　道標に従い三叉路に戻る。ここから左折して涸れ沢の左側を下ると，駐車場に出て入来牧場への**車道**に到着する。車道を北西に400m位進むと**鷹ノ子岳への案内板**がある。車道から右に入りしばらく進むと**南登山口**に到着する。ここから**鷹ノ見張り岩，370mピーク，毒蛇の岩屋**へと樹林帯のやせ尾根道を進む。鷹ノ子神社と鷹ノ子岳への**分岐**に到着。急勾配で木の根などにつかまりながら登ると，祠のある422.1mの**鷹ノ子岳**山頂に到着。直下に国道328号線や清浦ダム湖を望むことができるが，樹木に遮られて眺望が良いとはいえない。山頂から分岐に戻り，急勾配を下って**鷹ノ子神社**に到着する。参道の石段を下ると，鳥居と神社の説明板がある登山口に着く。清浦ダム湖に架かる**夢かけ橋**を渡ると国道328号線横の**東屋**に到着。駐車場は広くトイレもあるので登山口としては最適である。　　　　［永重］

▶タイム：甲突池▶40▶甲突池分岐▶5▶八重山▶10▶展望所▶70▶銭積石▶35▶車道▶10▶鷹ノ子岳案内板▶60▶鷹ノ子岳▶15▶鷹ノ子神社▶10▶東屋

八重山－鷹ノ子岳

167

71 金峰山（南さつま市）

☆行程3時間5分＝7.0km
636.3m

3つの峰からなる霊峰

▶25000図＝神殿・唐仁原
▶問合せ＝南さつま市金峰支所☎0993(77)1111
▶寄道＝金峰温泉交流の郷いなほ館（県道20号浦之名バス停近く。温水プールやレストランもある）☎0993(77)2611／道の駅きんぽう木花館（国道270号沿い）☎0993(77)3988

▶別ルート＝【大坂コース】県道20号大坂交差点近くの金峰2000年橋（駐車場とトイレ完備）から金峰山まで金峰山林道（4kmの舗装路）を登る。往復約3時間／【大野コース】国道270号大野バス停から金峰山林道に入り、登山口の鳥居から北岳の駐車場を経て本岳。往復約2時間

　冠岳から南を望むと、弓なりになった吹上浜海岸線の山手に3つの峰を持つ山がすぐ目にとまる。また、野間半島から北を望んでもすぐわかる。これが金峰山だ。昔は金峯山と言った。金峰山は最高峰の本岳（一の岳）・東岳（二の岳）・北岳（三の岳）の3峰に分かれ、霊峰として古くから崇められ、人々に親しまれている山である。金峰山登山には浦之名、大坂、大野の3コースがあるが、浦之名から金峰山まで往復するのが一般的であるので、このコースを紹介しよう。

　鹿児島市街または谷山ICから南さつま市への県道20号を大坂方面に走る。**浦之名バス停**前の三叉路（道標で南さつま市金峰支所方向）を右折して進むと、約180mで**金峰山登山道の案内板**がある。

　また、出水・薩摩川内方面からは、国道3号から国道270号に入り、金峰町尾下の交差点を左折し、大坂方面へ向うと浦之名で金峰山登山道の看板がある。

　ここから**矢杖**集落を上っていくと右側に駐車場、山手に木の鳥居があり、ここが**矢杖登山口**である。植林帯の中の滑りやすいジグザグの道を登り詰め、荒れた旧林道に出る。これを登っていくと、舗装された**金峰山林道**に出合う。右方向へ上っていく。途中、ロッククライミングのゲレンデを眺めながら行くと、右側に**金峰神社入口の道標**がある。照葉樹林に入り、落ち葉の積もった階段の道を登っていくと、大きな木立に囲まれた**金峰神**

上＝矢杖登山口／左＝大坂からの金峰山（左から東岳、本岳、北岳）

鹿児島

168

稚児ノ宮　　　　　　　　　　　　　　北岳西展望台から吹上浜方面を望む

社の社務所に到着する。

　社務所から階段を上がっていくと金峰神社の本殿に着く。神社の左横を通り木造りの階段を登ると**本岳**の山頂に到着する。本岳直下の岩場からは，東に桜島，南に開聞岳，西に日本三大砂丘の1つである吹上浜から野間岳まで展望できる。また，この岩場を左に回り込んで下ると，子供の死を悲しむ母親の涙が岩の淵から水のしずくとなり流れ落ちるようになった，**稚児ノ宮**という祠がある。ここから南東側方向へ樹林帯を450m進むと，**東岳**山頂に到着する。東岳の山頂には木製の展望台があるが，本岳山頂ほどの展望は得られない。

　鞍部に引き返し本岳の北を巻いて金峰神社駐車場に出る。ここから急勾配の階段を上ると10分程度で北岳に到着する。山頂からは本岳，東岳，鹿児島市や北方向の山々が展望できる。また，西の展望台からは，吹上浜，東シナ海，野間岳が展望できる。下山は社務所を経て往路を戻る。

［永重］

▶タイム：矢杖登山口▶50▶林道▶25▶金峰神社入口の道標▶15▶金峰神社▶5▶本岳▶10▶東岳▶20▶北岳▶60▶矢杖登山口

72 野間岳 591.1m

☆行程 1時間40分＝3.3km

どこからでも望める素晴らしい尖峰

▶25000図＝野間岳
▶問合せ＝南さつま市笠沙支所☎0993(63)1111
▶寄道＝杜氏の里焼酎づくり伝承展示館（南さつま市笠沙町赤生木）☎0993(63)1002／鑑真記念館（鑑真大和上上陸地の南さつま市坊津町秋目）☎0993(68)0288
▶宿泊＝吹上浜海浜公園キャンプ場☎0993(52)7600／笠沙恵比寿☎0993(59)5020
▶別ルート＝①宮ノ山登山口からドルメン式墳墓群や旧林道を経て野間神社に至るコース／②野間神社から野間岳に登り，笠沙石門を経て片浦へ下るコース

薩摩半島の各地の山々から，野間半島に尖峰がひときわ目立つ山が見える。これが野間岳である。鹿児島市街地から県道20号を経て南さつま市の宮崎交差点を直進する。また，出水・薩摩川内方面からは，国道3号から国道270号を経て南さつま市の宮崎交差点で県道20号線に合流する。

慰霊塔下交差点から国道226号に入り，右側に東シナ海を見ながら笠沙町方向へ進む。南さつま市笠沙支所を右手に見ながらしばらく進み，黒瀬方向（杜氏の里への案内板もある）に左折し，道なりに進むと椎木集落に着く。三叉路で野間岳登山口の看板に従って右折し，林道野間神社線に入り坂を上る。再び三叉路に突き当たり，左折して650m位で野間神社駐車場に到着する。

野間神社の境内に入り，広場の右隅にトイレがある。階段を登ると，本殿の前に水があり，右側に野間岳への道標がある。九州自然歩道になっているコンクリートの道を西方向へ登ると太郎木場からの道と出合う。右折して階段を登る。まもなく第1展望台に着く。ここから東シナ海方面の海岸線が見える。坂を登ると再び緩やかになり，鹿児島県内市町村の樹木の植物園がある。さらに急な登りとなり，大きな照葉樹林の中に岩場が見え始める。この辺りで，秋にはツチトリモチやヤッコソウを見ることができる。

鎖の手すりのある階段を登り詰めると第2展望台に到着。ここから，金峰山，長屋山や開聞岳が望めるので，一服す

上＝野間神社
左＝黒瀬から見た野間岳

170

下=自然にできた笠沙石門／右=山頂から野間池と野間岬を望む

るのによい場所だ。さらに10分程登ると，一等三角点と祠のある**野間岳**山頂に到着する。ここでは樹木に囲まれ展望は得られない。祠の前を通り，第27回国民体育大会**炬火採火の地**のレリーフが埋め込まれた岩場に到着する。岩に登ると西には天然の港になった野間池をはじめ風力発電所や遠く甑島が見える。東には，坊津方面の海岸や開聞岳が望める。

下山は片浦コースへ。落葉樹に覆われた擬木の階段を東方向へ下ると，**笠沙石門**が登山道上にトンネルを作っている。今にも落下しそうで不安を抱きながら大岩の下をくぐり抜ける。樹林帯の尾根道をさらに下ると傾斜が緩くなり広い草原

▶タイム：野間神社▶35▶第2展望台▶10▶野間岳▶30▶395m展望台▶10▶林道▶15▶野間神社

に変わる。登山道より北東へ10m登ると**395m展望台**に到着する。振り返ると野間岳の美しい姿，前には吹上浜，薩摩半島の山々をはじめ，遠くは紫尾山，霧島連山など，一大パノラマが展開されている。ここで，この素晴らしい景観を充分満喫しよう。ここから登山道へ引き返し，緩やかな尾根を下り，**林道野間神社線**を野間神社駐車場へ戻る。　　　[永重]

73 磯間嶽 (いそまだけ)

☆☆☆行程 4 時間55分＝5.3km

363.0m

岩稜コースで心地良い緊張感が味わえる山

- 25000図＝野間岳・加世田・坊・枕崎
- 問合せ＝南さつま市大浦支所 ☎0993(62)2111
- アクセス＝出水・薩摩川内方面からは，国道3号から国道270号を経て県道20号線に合流
- 寄道＝坊津歴史資料センター☎0993(67)0171／鑑真記念館☎0993(68)0288／吹上浜海浜公園キャンプ場☎0993(52)7600
- 別ルート＝①岩稜コースを縦走し上津貫登山口に下る場合はあらかじめ車を回しておく／②上津貫・大浦登山口から磯間嶽まで往復する
- 注意＝各コースとも初心者は岩登り経験者との同行が望ましい。子供連れには不向きである

　鹿児島市街または谷山ＩＣから県道20号線に入り，南さつま市の宮崎交差点を直進する。慰霊塔下交差点から国道226号を大浦方面へ向かう。大浦干拓手前より県道272号へ左折する。

　大浦小学校を通り過ぎ，左前方の磯間嶽の鋸状の山並みを見ながら久志方向に行くと民家が2～3軒ある。民家の手前に三叉路があり，ここを左折し渡瀬橋を渡る。300m先の林道入口に道標が立てられている。これより約700m林道を進むと岩稜コース登山口に到着する。車を2～3台位停められるが，時期によっては雑草が生い茂っているため林道入口近くに駐車した方がよい。

　雑木林や雑草帯を登ると第1岩場が現れる。残置ロープがあり直登できるが，西側に巻き道もある。大坊主岩から小坊主岩へと続く眺めの良い岩稜帯を進む。オットセイ岩の西側の巻き道を通り樹林帯を登ると325mのピークに到着する。展望は利かない。樹林帯を下り，さらに登り返し展望の良い第9岩場へ。風穴を過ぎ，第10岩場を経て南側の巻き道を通り登り詰めると，394.6mの三角点のある中嶽に到着する。ここも展望はない。

　ワン子岩・ゲロ岩の奇岩を見ながら下ると第11岩場である。岩場の南北に残置ロープがあるが，西側に巻き道があるので，安全のために巻き道を勧める。磯間嶽を目の前に見ながら「田の神さあ岩」を過ぎると，まもなく磯間嶽鞍部に到着。大浦・上津貫登山口への分岐点でもある。

　山頂へは鎖の取り付けられた岩場を登

上＝小坊主岩
左＝磯間嶽と連なる岩稜

172

ユーモラスなパンチパーマの人形岩

縦走路から磯間嶽を望む

ることになる。足場やホールドはしっかりしているので，三点支持を守り確実に登ろう。**磯間嶽**の山頂は足下が切れ落ちて狭いが，縦走してきた尾根や岩場が見え，360度の素晴らしい展望に囲まれると満足感が溢れるだろう。下りの岩場や鎖場は慎重に進むことを忘れないでほしい。

上津貫登山口へ5分下り，様々な顔を連想させられる**人形岩**を見てから，再び磯間嶽鞍部に引き返し，大浦コース登山口へと下山をする。登山道は涸れ沢の中を北西方向へ下り，途中から沢とほぼ並行に右側斜面を下っていく。傾斜が緩やかとなり沢を左側に渡り，尾根をしばらく下ると**林道**に到着。道なりに下っていくと，大木場への車道との出合の**大浦コース登山口**に到着する。角には磯間嶽への道標がある。車道を700m歩くと林道入口に到着し，岩稜コース登山口に戻る。　　　　　[永重]

▷タイム：岩稜コース登山口▶60▶325mピーク▶60▶中嶽▶50▶第11岩場▶35▶磯間嶽鞍部▶5▶磯間嶽山頂▶5▶人形岩▶5▶磯間嶽鞍部▶40▶林道（道標）▶15▶大浦コース登山口▶10▶林道入口▶10▶岩稜コース登山口

74 矢筈岳 (南九州市)　358.8m

☆☆行程3時間45分＝5.3km

変化に富んだ岩峰を楽しみながら展望も満喫

▶25000図＝開聞岳
▶問合せ＝南九州市頴娃支所☎0993(36)1111／指宿市開聞観光案内所☎0993(32)2677
▶寄道＝瀬平公園(与謝野鉄幹・晶子夫婦の記念碑あり)／番所鼻自然公園(開聞岳の眺望は伊能忠敬も絶賛)／フラワーパークかごしま☎0993(35)3333／山川天然砂むし温泉☎0993(35)2669／えい中央温泉センター(日帰り,市役所頴娃支所近く)☎0993(36)3715
▶宿泊＝かいもん山麓ふれあい公園(オートキャンプ場,ログハウスの使用は要予約)☎0993(32)5566／休暇村指宿☎0993(22)3211

　矢筈岳は薩摩半島南端の開聞岳の西,指宿市と南九州市との境にある。低山ではあるが稜線は屏風状に広がり,岩峰が混在する変化に富んだコースである。

　鹿児島市街または谷山ICから国道226号で指宿市開聞を経て枕崎方向へ移動する。物袋集落を過ぎると右手の**瀬平公園**駐車場に到着する。ここには水道とトイレが完備されている。

　矢筈岳へは,**物袋バス停**まで国道を指宿市方向に引き返し,押しボタン式信号機のある交差点から左折,民家の脇を進みJR指宿枕崎線のガードをくぐり,果樹園を見ながら登っていくと三叉路に突き当たる。ここを左折すると,すぐ右手側に矢筈岳**登山口**の道標がある。

　果樹園を左に見ながら急坂を登り尾根に出て,しばらく進むと**第1展望台**に到着する。展望台は狭く,足場も不安定で東側に切れ落ちているので注意を要する。

　第2展望台は露岩が連続しており足場に注意しながら進むと,尾根道の急坂に変わる。最後は左側へ尾根を回り込みながら進むと**西郷ドン岩**に着く。岩の上には立木をつかみながら登れる。

　さらに尾根道を進むと,**第3展望台**(屏風岩)への道標のある分岐点に着く。ここから坂を数分下ると,景色の素晴らしい第三展望台である。分岐点まで引き返し尾根道を進み,途中残置されたロープをつかみながら登る。**刀剣岩**を過ぎる

上＝物袋バス停付近
下＝第1展望台

174

刀剣岩　　　　　　　　　　　　　　矢筈岳全景

と高さ4～5m位の岩場が現れ、残置ロープや木の根を握りながら乗り越えると道が緩やかになり矢筈岳山頂と長崎集落への**分岐点**に着く。

さらに緩やかな上り下りを繰り返し、大岩から**第4展望台**を過ぎると、左手に三角錐の**開聞岩**（かいもんいわ）が開聞岳と重なり合う格好で立っており、まさに絶景である。

最後の勾配を登ると358.8mの**矢筈岳**山頂に着く。南方向に開聞岳、西側には枕崎市から東シナ海の海原、北側展望所からは北西方向に**金峰山**（きんぽうざん）、**野間岳**（のまだけ）、北東方向には桜島、**高隈山**（たかくまやま）系も遠望できる。

下山は分岐点まで引き返し、西側の樹林帯の急坂を下る。落ち葉で滑りやすいので要注意。矢筈岳登山口の道標を過ぎると緩やかになった農道を下る。畑地を過ぎ、JR指宿枕崎線の踏切を渡り、国道226号の**長崎**集落から右に行くと**瀬平公園**である。

[永重]

▷タイム：瀬平公園駐車場▶15▶物袋バス停▶20▶登山口▶20▶第1展望台▶5▶第2展望台▶10▶西郷ドン岩▶25▶第3展望台▶10▶刀剣岩▶10▶分岐点▶25▶開聞岩（展望所）▶5▶矢筈岳▶25▶分岐点▶45▶長崎▶10▶瀬平公園駐車場

175

75 開聞岳

☆☆行程 4時間30分＝8.5km
924.0m

日本百名山の1つ「薩摩富士」

▶25000図＝開聞岳・長崎鼻
▶問合せ＝指宿市観光案内所☎0993(22)4114
▶公共交通機関＝JR指宿枕崎線開聞駅の問合せはJR指宿駅☎0993(22)3776
▶寄道＝山川天然砂むし温泉☎0993(35)2669／池田湖，鰻池，枚聞神社，長崎鼻，魚見岳，知林ケ島などの周辺観光／橋牟礼川遺跡（開聞岳の噴火により埋もれた国指定の遺跡）指宿市教育委員会☎0993(23)5100／フラワーパークかごしま会☎0993(35)3333
▶宿泊＝かいもん山麓ふれあい公園（オートキャンプ場，ログハウスの使用は要予約）☎0993(32)5566／休暇村指宿☎0993(22)3211

薩摩半島最南端にある開聞岳は，仁和元(885)年の噴火活動で山頂火口内に熔岩ドームが形成され，熔岩円頂丘が噴出して7合目以上が，現在の2段式山形となっている。山の南西半分は海に面しており，海上交通の目印になっていた。同様の目印である薩摩半島の秀峰，野間岳と金峰山を合わせて「薩摩三峰」とも呼ばれている。また，見事な円錐形の山容から「薩摩富士」とも呼ばれている。その秀麗な山容のため，「日本百名山」の1つに数えられており，途中の景観はあまり期待できないが，全国からの登山者が多く，九州自然歩道にもなっている。

山麓は2月になると，菜の花が満開となり，登山者や観光客の目を楽しませてくれる。JR指宿枕崎線の開聞駅が近くにあるが，1日の列車本数は少ない。

車では，鹿児島市街または谷山ICから国道226号を南下する。指宿の十町交差点から南折して**かいもん山麓ふれあい公園**に到着する。ここが登山口で，広い駐車場とトイレも完備されている。途中で水の補給は一切できないので，必ずスタート地点で準備すること。

公園から草スキー場横の車道を進み，車道の行き止まりから登山道になる。登山コースはここからの一本道，螺旋状の緩やかな登りが時計回りに最後まで続く。登山道は火山礫が露出して滑りやすい。マツ林の中を登ると**2.5合目**で，開聞山麓自然公園からの林道と交差する。ここから35分で**5合目**に着く。ここは東の視界が開けて長崎鼻方面の展望があり，ベンチも置かれているので休憩地点としてよい。

登るにつれて露岩の多い登山道となる。足元に充分注意したい。**7合目**の道標からしばらく登ると，重な

山頂から池田湖方面を望む

鹿児島

176

り合った大きな岩の間に，大きな口を開けた仙人洞がある。かつては山伏たちの修行の場であったといわれている。ここを過ぎると樹高も低くなり，やがて北西方向の景観が得られる。

　9合目まで登ると，眼下にスタート地点の公園も見えてくる。展望を楽しみながら登りたいが，急坂の岩場が続く。ロープが固定され，ハシゴも設置された岩場を慎重に登ると，小さな鳥居がある。山麓の枚聞神社は，開聞岳を御神体としており，山頂はその奥宮の御岳神社になっている。この小さな鳥居を過ぎると開聞岳山頂である。山頂は岩が多く広くはないが，景観は抜群で，霧島山系や高隈山系，条件が良ければ南に屋久島の山も見える。

　下山は往路を引き返す。岩場での転倒による骨折も報告されている。5合目から下では火山礫によるスリップにも注意して下山すること。　　　　［園田］

▶タイム：かいもん山麓ふれあい公園▶25▶2.5合目（開聞山麓自然公園道との出合）▶35▶5合目▶40▶仙人洞▶50▶開聞岳▶120▶かいもん山麓ふれあい公園

伊能忠敬も絶賛した，番所鼻から見た矢筈岳（左）と開聞岳（右）

影薩摩富士

76 大箟柄岳－小箟柄岳

☆☆行程5時間10分＝11.7km

1236.4m
1149.0m

大隅半島の最高峰を歩く

- ▶25000図＝上祓川・百引
- ▶問合せ＝垂水市役所☎0994(32)1111（代）
- ▶寄道＝高峠つつじケ丘公園（ハイキングと四季折々の花を楽しむ）垂水市商工観光課☎0994(32)1486／大隅湖（春の桜、初夏はアジサイの花、秋の紅葉、冬は渡り鳥の越冬地で観光客も多い）／垂水千本イチョウ園（垂水市の新観光名所として指定、県道垂水南之郷線沿い）垂水市商工観光課☎0994(32)1486
- ▶別ルート＝御岳登山口に車を回送すれば、スマン峠から妻岳・御岳鞍部を経て御岳ルートを下山できる（78御岳参照）

　大箟柄岳は高隈山系の最高峰である。古くから山岳信仰の山としても知られ、大箟柄岳や小箟柄岳は、樹木を御神体としていた。そして、日本のブナ林の南限があり「森林生物遺伝資源保存林」に指定されている。

　ここでは垂桜コース登山口からの周回コースを紹介する。

　垂水市から県道71号を大隅湖方向に進む。堀切峠の手前2kmの田地明バス停から、南東の垂桜集落を経て、**大野原林道**を4km進むと**垂桜コース登山口**に着く。林道は荒れた箇所があるので車の走行には注意すること。スマンコース登山口にも駐車できる。

　登山口からブナやシイの巨木が目立つ照葉樹林帯を歩く。**水場入口**から登りにかかり、**3合目**を過ぎるとロープの設置された急坂を登り、スズタケが見え出すと、花崗岩で出来た**5合目**の展望台だ。垂水市街地、錦江湾、桜島の展望が良い。秋になるとこの付近で黄色い**タカクマホトトギス**の花を見ることができる。

　ここからさらに急坂をしばらく登ると、北東に延びる主稜線と出合う。ここが**杖捨祠**で、「ここから先は杖を使うような急坂はない」ということで、今でも多くの杖が置かれている。周辺はブナの原生林となり、ほどなく**大箟柄岳**山頂である。山頂からは、錦江湾を挟んで鹿児島市街地から金峰山や開聞岳、北に桜島とその奥に霧島連山まで、大パノラマが展開さ

上＝垂桜コース登山口
右＝5合目から垂水を望む

大篦柄岳山頂

第一刀剣山から見る大篦柄岳

れる。

　山頂からスズタケの中を南に小篦柄岳を目指す。25分で**小篦柄岳分岐**に着き山頂まで往復するが，登山道は樹木が被さっているので足元に注意が必要だ。**小篦柄岳**山頂には祠が祀られている。ここから南の二子岳（ふたごだけ）や妻岳（つまだけ），御岳（おんたけ）が望める。

　分岐に引き返し南下すると，スズタケが少なくなり，照葉樹林帯になってくると**スマン峠**だ。樹林帯の中で展望はないが，ベンチがあり休憩できる。登山口から縦走路は九州自然歩道となっているが，ここから分かれて西の一九坂（いつくんざか）を下る。急坂が続くので転倒や捻挫に注意する。途中に**水場**があり，登りにこのコースを使う時の休憩地になっている。傾斜が緩やかになると，ほどなく**スマンコース登山口**に到着する。後は周辺の植生を楽しみながら，平坦な林道を垂桜コース登山口に向かう。　　[園田]

▶タイム：垂桜コース登山口▶30▶水場入口▶40▶5合目▶40▶杖捨祠▶20▶大篦柄岳▶25▶小篦柄分岐▶15▶小篦柄岳▶10▶小篦柄分岐▶20▶スマン峠▶25▶一九坂水場▶15▶スマンコース登山口▶70▶垂桜コース登山口

大篦柄岳－小篦柄岳

179

77 刀剣山（とうけんざん）

☆☆行程5時間10分＝6.0km

第一刀剣山 635.0m
第二刀剣山 680.0m

山水画を想わせる白い花崗岩の岩峰群とツツジの山

- 25000図＝上祓川
- 問合せ＝垂水市役所☎0994(32)1111（代）
- 寄道＝高峠つつじヶ丘公園（ハイキングと四季折々の花を楽しむ）垂水市商工観光課☎0994(32)1486／道の駅たるみず☎0994(34)2237
- 宿泊＝猿ケ城キャンプ場（テントとロッジあり，営業7／16〜8月末）垂水市商工観光課☎0994(32)1486／森の駅たるみず（猿ケ城にあるコテージで，宿泊のできる体験型観光施設）☎0994(32)9601
- 注意＝大きな徒渉点や沢があるので，梅雨時季など，雨の多い時は入山を避ける

　刀剣山という山名は，高隈山系（たかくま）の地形図には記されていないが，垂水（たるみず）市街地から東の一番手前に見える，白い花崗岩の岩峰群が刀剣山である。

　一時期，刀剣山への登山道は荒廃して使えなかったが，地元のボランティアグループ「フロンティア刀剣山」の努力で登山道が整備された。また，猿ケ城（さるがじょう）キャンプ場から刀剣山を経て，猿ケ城渓谷への周回コースも整備された。初心者だけで周回コースに入ると，コースからはずれることが懸念されるので，ここでは往復コースを紹介する。

　垂水市から県道71号を経て**猿ケ城林道**に入る。垂水市街地の中央を流れる本城（ほんじょう）川の中流，**猿ケ城キャンプ場**が登山口である。キャンプ場から「ますケ淵」を渡り，上流へ少し登ると登山道の分岐がある。分岐を右にスギの植林地を登ると，**第1休憩所**がある。ここから丸太などで作られた階段状の急坂が続く。スダジイの巨木とヤッコソウの自生地を過ぎると**第5休憩所**である。ここから見る刀剣山の岩峰群は素晴らしい。

　ここからは緩やかな登りで**第6休憩所**に着く。ここで登山道は左右に分かれ，右は巨岩の丘に向かうが，ここには下山時に立ち寄ろう。左にコースをとって樹林帯を通り，崩落地を通過して沢に出る。おいしい水と岩肌にはイワタバコやタカクマホトトギスがあり，周辺には小さな食虫植物のモウセンゴケが生えている。左岸にある**10mのハシゴ**を登り，岩場を通過すると右岸に5mのハシゴがある。ここからあちこちにロープの張られた急坂になる。表土が崩落した岩場の上が，第一・第二刀剣山ルートへの**分岐**である。

　分岐から15分で**第一刀剣山**山頂を経て

ますケ淵

鹿児島

180

第一刀剣山から第二刀剣山を望む 　　　　　　　新御堂（しんみどう）からの刀剣山全景

第1展望所に着く。ここからの展望は垂水の市街地、噴煙を上げる桜島、高隈の山々と素晴らしい。またミツバツツジやドウダンツツジが多く、登山道沿いにはタカクマホトトギスやギボウシが多い。ここから引き返して第二刀剣山へ向かう。

661mピークから右へ下り、固定されたロープや立木をつかみながら、急坂を登り切ると目の前に大きな岩が現れる。岩を時計回りに巻いて登った岩の上が、第二刀剣山の展望所になっている。ここからは迫力満点の岩峰を楽しめる。ここもツツジが多く、コメツツジの小さな花や、アケボノツツジ

が目の高さで楽しめる。

ここからは往路を引き返すが、時間はさほどかからないので、巨岩の丘分岐から左に行き、巨岩の丘から刀剣山の素晴らしい岩峰の景観を眺めて、往路に合流するとよい。

［園田］

▷タイム：猿ケ城キャンプ場▶20▶第1休憩所▶40▶第6休憩所▶35▶10mハシゴ▶40▶分岐▶15▶第一刀剣山展望所▶25▶661mピーク▶15▶第二刀剣山▶70▶巨岩の丘分岐▶10▶巨岩の丘▶10▶第6休憩所▶30▶猿ケ城キャンプ場

78 御岳(おんたけ)

☆行程2時間40分＝3.4km

1181.6m

高隈山系中一番の眺望と，タカクマホトトギスの群落

▶25000図＝上祓川
▶問合せ＝鹿屋市観光協会☎0994(41)7010
▶寄道＝霧島ケ丘公園（鹿屋市を代表する観光スポットで四季を通して花を楽しめる。バラ園の面積は日本一）☎0994(40)2170／鳴之尾牧場☎0994(46)3247／鹿屋航空基地資料館☎0994(42)0233
▶宿泊＝国立大隅青少年自然の家（横岳の南山麓にある青少年自然の家は，登山や自然観察を通して豊かな自然と素晴らしい出会いを体験する場としてよく利用されている。本館，キャンプ場とも要予約）☎0994(46)2222

　御岳は高隈山系を北から縦断している九州自然歩道の南端にあり，一等三角点の山である。山容はピラミッド型をしているが，高隈山系の中では最もファミリー向けで，気軽に登れる山である。
　ここでは鹿屋市営鳴之尾牧場の東，高隈山系の山裾を走る，峰越林道登山口からのコースを紹介する。
　国道220号を垂水から鹿屋市方向へ進み，古江バイパスの途中から鳴之尾林道に入り鳴之尾牧場を目指す。牧場の手前約500mの三叉路に「御岳登山口」の道標があり，ここから右に登ってゆくと，西の眼下に赤い三角屋根の鳴之尾牧場が見えてくる。やがて峰越林道と合流し，北に500m進むと御岳登山口に到着する。

　林道周辺から上には，高隈山系固有のタカクマホトトギスが多く，9月になると黄色の花を楽しみながらの登山となる。
　登り始めるとコンクリートの階段と，手すりのついた急坂が始まる。30分でテレビ塔に到着するが，ここまでゆっくりしたペースで登ることを心がける。テレビ塔の隣には934mの標高点のある小ピークがある。忠兵衛ケ岳(ちゅうべえがたけ)の山名を記した標石がある。春になるとこの近辺と，9合目北斜面でアケボノツツジの花が見られる。一息入れながら展望も楽しめる。また，ここから9合目にかけては赤いツバキの花や，早春にはアセビの花が多い。
　ここから鞍部まで少し下ると，本格的な登りとなる。途中の急坂数カ所には，

鹿児島

上＝タカクマホトトギス
左＝御岳と鳴之尾牧場

182

忠兵衛ケ岳（テレビ塔）　　　　　　　　　　　　　　　　　　笠野原からの御岳

ロープや鎖が設置されている。登山道脇に立てられているユニークな看板「妻に尻！ 上司に肩をたたかれる！ お父さん、山でうっぷんを！」。思わずニンマリ。

　急坂の途中で振り返ると、東側に笠野原の畑台地が、南側には鹿屋市街地とその向こうに国見山（くにみやま）や黒尊岳（くろそんだけ）、甫与志岳（ほよしだけ）などの大隅の山々を眺めることができる。

　ここを登り切ると8合目の水場に着く。水量は少ないが喉を潤そう。9合目の平坦な稜線に出ると、上祓川（かみはらいがわ）からのコースと合流するが、現在廃道になっているので足を踏み入れないこと。風の強い時などは、この9合目でゆっくりするとよい。

　最後の急坂を登ると、一等三角点の御岳山頂に着く。山頂には信仰の山らしく高隈竜王（たかくまりゅうおう）

大権現（だいごんげん）が祀られている。360度の展望が得られ、高隈連山が目の前に広がり、東に志布志湾（しぶしわん）から太平洋、西には錦江湾（きんこうわん）から薩摩半島、南に開聞岳（かいもんだけ）と、条件が良ければ屋久島の山々、北に霧島連山を見ることができる。下山は往路を辿る。［園田］

▷タイム：御岳登山口▶30▶テレビ塔▶30▶8合目水場▶30▶御岳▶70▶御岳登山口

79 横岳 1094.0m

☆☆行程 5時間30分＝10.9km

自然観察の山と大滝を巡る

▶25000図＝上祓川
▶問合せ＝鹿屋市観光協会☎0994(41)7010
▶寄道＝霧島ケ丘公園（鹿屋市を代表する観光スポットで四季を通して花を楽しめる。バラ園の面積は日本一）☎0994(40)2170／鳴之尾牧場☎0994(46)3247／鹿屋航空基地資料館☎0994(42)0233
▶宿泊＝国立大隅青少年自然の家（横岳の南山麓にある青少年自然の家は、登山や自然観察を通して豊かな自然と素晴らしい出会いを体験する場としてよく利用されている。本館、キャンプ場とも要予約）☎0994(46)2222

　垂水市から国道220号の古江バイパス途中にある、鶴羽小学校交差点を東に進み、国立大隅青少年自然の家の道標に従って**キャンプ場**へ。キャンプ場の炊飯棟横が**登山口**である。横岳登山の後、万滝を巡るルートを紹介する。

　登山口から、**とんがり山**への直登ルートと、南西を巻くルートがあるが、所要時間に大差はない。この山域一帯には、番号の書かれた標識がたくさん立てられている。自然の家の野外活動用で、自然の家で番号入りの地図がもらえる。**サシバ小屋**からの急坂にはロープも固定されている。小屋から30分で**629mのピーク**に着き、一息入れる。この周辺には薬草として知られるセンブリが多く、秋になると白い5弁の花をつけるので、目につくようになる。

　緩い傾斜の登りから草の生い茂った急坂を登ると**白山林道**と出合う。林道から傾斜の緩い稜線をしばらく登ると、所々にロープの張られた急坂が続く。林道から山頂まで、照葉樹林帯の中で展望はない。しばらく行くと、白山神社と妻岳方面を結ぶ縦走路と合流する（**白山神社分岐**）。この周辺から山頂にかけてヤブツバキが多い。冬から早春にかけて花の少ない時季に、真っ赤な花がひときわ目立つ。山頂を目指して東にルートをとる。ピークを2つ越した急坂の先が**横岳**山頂である。そう広くない山頂に、大きな祠とアセビの木がある。山頂からは高隈の

左＝横岳登山口／右＝万滝コースの登山道

疲れを癒す落差54mの万滝 　　　　　　　　　　花岡から見た横岳と平岳

山々，南東に赤い屋根の鳴之尾牧場の建物が可愛い。

　ここから万滝へは平岳（ひらだけ）方向へ進み，鞍部を南に林道を目指すルートもあるが，ルート上には大きな崩落地が2カ所あり，滑落の危険を避けるため，林道へ引き返し万滝コースに入る。

　白山林道を東へ進み万滝を目指す。万滝下降口の道標から南西にかなりの急坂を一気に下る。落差54mの**万滝**から降り注ぐマイナスイオンを浴びながらしばしの休憩。

　帰りは右岸を川沿いに下ると，**花里集落へ**（はなさと）

の分岐の約200m手前に大木があり，その根元には**山の神**が祀られている。広葉樹に覆われているので展望は全くない。分岐を右に山腹を巻きながら，**木製のハシゴ**を登り，小さな起伏を上り下りする。自然の家の探索路を，**サシバ小屋**から**とんがり山**を経由してキャンプ場に帰る。

[園田]

▷タイム：青少年自然の家キャンプ場▶30▶サシバ小屋▶50▶白山林道出合▶50▶白山神社分岐▶30▶横岳▶60▶白山林道出合▶30▶万滝下降口▶20▶万滝▶45▶サシバ小屋▶15▶青少年自然の家キャンプ場

80 黒尊岳・国見山 (肝付町)

1☆行程 2時間＝4.2km　2☆行程 1時間30分＝4.3km

908.5m
886.5m

志布志湾の南にそびえる信仰の山

▶25000図＝上名・内之浦
▶問合せ＝肝付町役場☎0994(65)2511／肝付町内之浦総合支所☎0994(67)2111
▶寄道＝高山温泉ドーム☎0994(31)5711／吾平山稜(神武天皇の父君と母君の御陵)／二階堂屋敷(国の重要文化財)／内之浦宇宙空間観測所(科学観測ロケット打上げ)☎050(3362)3111
▶宿泊＝コスモピア内之浦☎0994(67)4110／コテージ叶岳☎0994(67)3055
▶注意＝車を回送すれば，国見山から甫与志岳まで縦走できるが6時間かかる。事前の準備・計画が必要で経験者と同行しよう

　肝属山系の国見山，黒尊岳，甫与志岳山頂の祠に参拝する登山は，三岳参りとして江戸時代からの伝統行事で毎年4月3日に行われる。ここでは黒尊岳と国見山を紹介する。
　垂水方面からは国道220号を鹿屋に向かう。都城方面からは国道269号で鹿屋に入る。鹿屋から県道543〜554号で肝付町の国見小・中学校を過ぎて，本城バス停の交差点を県道561号の神之川内之浦線に入る。国見トンネル手前の金山から峰越林道を登り，6.8kmで標高750mの国見平に着く。ここと黒尊岳や国見山との標高差は150m足らずである。

1 黒尊岳

　まず，南西側の黒尊岳に向かう。ヤブツバキやシキミなどの照葉樹林に覆われた登山道を上り下りしながら進む。801mピークからは国見山方面が望める。814mピーク岩場の手前からは甫与志岳や内之浦が見えるので一息入れよう。
　岩場を越えると緩やかな登りとなり，黒尊祠分岐を通過して黒尊岳に到着する。山頂には三角点と道標があるが樹木に囲まれて眺望はない。太平洋側に出ると甫与志岳や内之浦が望まれる。
　帰りは黒尊祠に立ち寄ろう。西側の尾根を下り黒尊祠への道と合流する。左折して尾根を進み，鳥居を潜ると黒尊祠に到着する。注連縄が張られた大きな岩にはヤマグルマやアケボノツツジが生えている。岩の下に祠があり，寿命継ぎの神として岩長比売が祀られている。ここか

上＝金山の峰越林道入口(左)
右＝注連縄の張られた黒尊祠

ら黒尊祠分岐に出て国見平へと引き返す。このコースは、6月から9月中旬までは夏草が繁茂するので避けた方がよい。

2 国見岳

国見平で一息入れたら、国見山を目指してゲートの横から舗装道路を進む。車道が大きく西に曲がった所の**国見権現入口**の案内板から樹林帯に入る。風力発電用の管理道を横切って、樹林帯に入るとまもなく**国見山**の山頂に到着する。山頂には三角点があり、国見権現が祀られている。志布志湾の景観が素晴らしい。

国見山無線中継所へは、国見権現入口に引き返し舗装道路を歩く。ここからの展望は国見山系で一番素晴らしく、眼下に広がる志布志湾や高隈山系をはじめ、大隅の山々の景観を望むことができる。国見平への車道は尾根伝いなので眺望が良い。秋になると、萱藪にナンバンキセルを見ることができるだろう。

上＝吾平からの国見山（左）と黒尊岳
右＝林道で見かけたナンバンキセル

国見山の東側に15基の風力発電所を持つ国見山ウインドファームがあり、志布志湾や国見山の大自然と、新しい科学の粋を集めた建物とが織りなす景観で新しい名所になっている。

［栗屋］

▶タイム： **1**国見平▶15▶801mピーク▶40▶黒尊祠分岐▶5▶黒尊岳▶10▶黒尊祠▶10▶黒尊祠分岐▶40▶国見平／**2**国見平▶40▶国見山▶15▶国見山無線中継所▶35▶国見平

81 甫与志岳
ほよしだけ

☆行程 1時間55分＝3.5km

966.9m

肝属山系の最高峰で眺望の素晴らしい信仰の山

- ▶25000図＝半ケ石・上名
- ▶問合せ＝肝付町役場☎0994(65)2511
- ▶寄道＝高山温泉ドーム☎0994(31)5711／吾平山稜(神武天皇の父君と母君の御陵)／二階堂屋敷(国の重要文化財)
- ▶宿泊＝二股川キャンプ場(夏休み期間中のみ利用可)肝付町教育委員会☎0994(65)2594／コスモピア内之浦☎0994(67)4110
- ▶別ルート＝姫門コースの登山口は姫門林道の峠にある。往復1時間50分。展望はない
- ▶注意＝6月から9月中旬まではキイチゴ、ノイバラ、ススキなどが多く登山には不適期

　鹿屋市街地を通過して肝属平野を南下すると、なだらかな肝属山系の三岳が大きく見えてくる。その左端が最高峰の甫与志岳だ。眺望も良く「九州百名山」の1つになっている。

　登山コースは2つあるが、ここではよく登られている二股川キャンプ場からの往復コースを紹介する。垂水方面からは国道220号を鹿屋に向かう。都城方面からは国道269号で鹿屋に入る。鹿屋から県道543～554号で肝付町の国見小・中学校を過ぎて、本城バス停の交差点から県道542号を南下すると、肝付町営の二股川キャンプ場に到着する。

　駐車場の左側に甫与志林道入口の道標がある。ここより林道が砂利道に変わるので、慎重な運転で登山口へ移動する。途中にある清純ノ滝は大きな滝で、林道案内板から約5分で行けるのでぜひ見ておきたい。暑い時は涼を体感でき快い。

　ここから登山口までは一部舗装され通りやすくなった。登山口には7～8台分の駐車スペースがある。登山口の道標に従い、右手に沢の音を聞きながらスギ林の登山道を進むと小滝に出る。休憩するのによい場所だ。小滝を過ぎたら沢を右に渡り、沢の音を聞きながら北東方向へ斜面を登っていくと、甫与志岳から流れ出てきた沢に出合う。ここが最後の水場なので、水分補給を忘れずにして欲しい。

　沢を渡り、再び樹林帯に入り急坂の尾根を登っていくと岩場が出てくる。これを越えた所に展望台への分岐がある。展望台で太平洋と南大隅の山を眺めながら休憩しよう。ここから上は、次第に低い樹木に変わりヤブツバキやヒメシャラが目に付くようになる。さらに登り詰めると山頂直下の岩屋に出る。ここには、彦

照葉樹林の中にある清純ノ滝

鹿児島

188

吾平から見た黒尊岳（左奥）と甫与志岳（右奥）

火火出見尊（ほほでみのみこと）が祀られた祠がある。

　この岩屋の下の灌木の中を左側から回り込むと，広い露岩に出る。ここが一等三角点のある**甫与志岳**山頂だ。南大隅の最高峰だけあって素晴らしい眺望である。山頂からは360度の展望が得られる。北から東方向には，高隈山系（たかくまさんけい），国見山（くにみやま），黒尊岳（そんだけ）や太平洋に種子島が見える。南西から西方向には，荒西山（あらせやま）から肝属山地と続き，錦江湾（きんこうわん）から開聞岳（かいもんだけ）まで遠望できる。春にはアケボノツツジが見られる。

　山頂の北側には，三岳参りの黒尊岳と国見山への縦走路がある。車を回送すれば縦走は可能であるが，登山口から6時間かかる。事前の準備・計画が必要で，経験者と同行しよう。

　景観を楽しんだら往路を引き返すが，展望台までは滑りやすいので慎重に下ろう。　　　　［永重］

彦火火出見尊が祀られた祠

▷タイム：登山口▶15▶小滝▶15▶水場▶35▶甫与志岳▶50▶登山口

☆行程2時間30分＝3.2km

82 八山岳(はつさんだけ)　659.3m

イヌマキやイスノキの巨木が佇む山

- 25000図＝半ケ石
- 問合せ＝錦江町役場☎0994(22)0511
- 寄道＝神川大滝（神ノ川流域に両岸が切り立った岩肌の滝）／県立花瀬自然公園（花瀬川の河床が千畳敷の石畳で，県の自然景勝地に指定）／道の駅根占☎0994(24)5113
- 宿泊＝花瀬でんしろう館☎0994(25)3838／ねじめ温泉ネッピー館☎0994(24)5300／神川キャンプ場☎0994(22)0511
- 別ルート＝北登山口からイヌマキの巨木，542mピークを経て八山岳に登る。下山は分岐から南登山口へ下り，北登山口へ戻る

大隅半島南部に位置し，標高659.3mの低山であるが展望の良い山で，巨木が多く森林浴が楽しめる。登山道は丸太の階段や手すりも設けられ，よく整備されている。

垂水市方面から国道220号を南下，鹿屋市古江町交差点より右折し高須交差点で国道269号と合流，錦江湾を右に見ながらさらに南下する。錦江町の栄町交差点より国道448号を田代方向へ左折する。8kmで錦江町役場田代支所手前の交差点を左折して県道68号に入る。笹原峠を越え10kmで半ケ石集落に到着する。

神ノ川に架かる橋を渡ると右側に田之神像が祀ってあり，八山岳登山口の看板も立てられている。ここを右折し道なりに緩やかな勾配を登ると，林道分岐点に八山岳への道標がある。同様の道標が途中にもあるので間違えることはない。半ケ石集落から約3kmで八山岳案内板のある南登山口に到着する。

南登山口からスギ林に入り，広く切り開かれ整備された登山道をしばらく進む。階段状の急坂を越えると分岐点に到達する。植生が照葉樹林帯に変わり，イスノキの巨木と出合う。

丸太の階段と枯葉を踏みしめながらさらに稜線を登る。滑落防止用の手すりや手掛かり用のロープを利用しながら，稜線を右から廻り込むと八山岳山頂に到着する。広い山頂からは，北方向に鹿屋市街地，高隈山系，東方向には国見山，黒尊岳，甫与志岳から弧を描く志布志湾，南方向には肝属山地，さらに西側には錦

幹周り4.4mの巨大イヌマキ

よく整備された南登山口

鹿児島

190

ユーモラスなヤッコウソウ　　　　　　　　　　　　　　　　　　　池田からの八山岳全景

　江湾から開聞岳も遠望できる。360度の展望を楽しみ，山頂から南登山口分岐点まで引き返す。542mピークへ急勾配の木製階段道を進む。「携帯電話通話可能」の看板が設置されている**542mピーク**に到着する。周りは樹林帯で全く展望がない。また，運が良ければこの近くで11月に絶滅危惧種のヤッコウソウを見ることができる。

　ピークより南西方向に下ると近くには**イヌマキの巨木の道標**があり，北西方向へ照葉樹林に覆われた尾根を5分も下ると，幹周り4.4m，樹高16.3mもある巨木が現れる。屋久杉を思わせる容姿に圧倒される。道標まで引き返し，尾根道を下ると**北登山口**に到着する。南登山口と同じ八山岳案内板があり，ここから南登山口へは林道を5分位で到着できる。

[永重]

▷タイム：南登山口▶45▶分岐点▶45▶八山岳▶20▶分岐点▶15▶542mピーク▶5▶イヌマキの巨木道標▶5▶イヌマキの巨木▶10▶北登山口▶5▶南登山口

☆行程3時間55分＝6.6km

83 稲尾岳（いなおだけ）

959.0m（最高点枯木三角点）

西日本最大級の照葉樹林帯を形成する山域

▶25000図＝稲尾岳
▶問合せ＝稲尾岳ビジターセンター☎090(7388)7470（衛星電話）／錦江町田代支所☎0994(25)2511
▶寄道＝神ノ川流域に両岸が切り立った岩肌の神川大滝がある／県立花瀬自然公園（花瀬川の河床が千畳敷の石畳で県の自然景勝地指定）
▶宿泊＝花瀬でんしろう館☎0994(25)3838
▶別ルート＝西口コースから北口コースを経て、滝巡りをして西口に戻る周回コースがある。上り下りが多く約5時間、健脚向きである。ビジターセンターに届けて登山すること

「九州百名山」の稲尾岳は、枯木三角点（または枯木岳）や稲尾神社（または稲尾岳）を中心とするこの山域の総称である。稲尾岳とその西の木場岳一帯は、多種の照葉樹が垂直分布する、西日本最大級の植物の宝庫である。

垂水港から国道220号を南下し、錦江町栄町から国道448号に入り、田代から県道563号を南下する。花瀬大橋を渡り、照葉樹林の森の標識から左折し林道花瀬線に入って**稲尾岳ビジターセンター**に到着する。

稲尾岳には西口コース・北口コース・滝巡りコースの3つがある。ここではよく利用される西口コースを紹介しよう。

ビジターセンター前の駐車場を出発して東屋のある**登山道西口**に着く。ここはすでに標高840mもあり、最高峰の枯木三角点959mとの標高差は120mしかない。照葉樹林に覆われた川沿いの登山道に入ると、なだらかな傾斜で花崗岩の間を緩やかに流れる清水に心を洗われる。登山道には番号を書いた木柱が設置されており、迷うことはない。

48番には「**川の源**」と書かれた道標がある。ここから水のない道を登るとアシビ、ヤブツバキ、ミヤマシキミなどの低い灌木林となり稜線に出る。

58番には案内板があり、縦走路から南側に入ると、標高941mの大きな露岩の**自然石展望台**である。ここから稲尾岳の主な峰々が見え、晴れた日には太平洋に

鹿児島

（左から）花瀬公園から見る花瀬大橋と辻岳／東屋のある登山道西口／種子島も見える自然石展望台

192

下＝休憩できる岩テーブル
右＝辻岳から見た稲尾岳全景

浮かぶ種子島も見える。このコースの一番の休憩場所だ。眺望を楽しんだら再び縦走路に戻ろう。巨木樹根株を経て最高点である**枯木三角点**に着くが，樹木に遮られ展望はない。

坂を下ると登山道北口と稲尾神社への**分岐**に到着する。右折して稲尾神社へ向かう。木柱の色も変わり1番から始まる。11番辺りはモミ，アカガシ，ヒメシャラなどの**巨木群**が見事である。降水量が多いためか枝先に藻が垂れ下がった木もある。

稜線に出て26番には大きな板状の**岩テーブル**がある。ここからは太平洋側の海岸線が見え休憩によい場所だ。

打詰からの登山道を通過すると，30番の小さ

い鳥居と祠のある**稲尾神社**に到着する。スギや照葉樹林に囲まれて展望はない。参拝者が多いのだろう，御神酒やお供え物が置いてある。参拝を済ませ休憩したら登山道西口へ引き返そう。ビジターセンターには，稲尾岳周辺の自然に関する資料が豊富なので訪問するとよい。[栗屋]

▶タイム：ビジターセンター▶10▶登山道西口▶25▶川の源▶15▶自然石展望台▶30▶枯木三角点▶20▶分岐点▶20▶巨木群▶15▶稲尾神社▶100▶ビジターセンター

84 木場岳　890.8m

☆行程2時間＝4km

照葉樹林と触れ合う山

- 25000図＝辺塚
- 問合せ＝南大隅町商工観光課☎0994(24)3111
- 寄道＝神ノ川流域に両岸が切り立った岩肌の神川大滝がある／県立花瀬自然公園（花瀬川の河床が千畳敷の石畳で、県の自然景勝地に指定）／南大隅ウインドファーム（20基の風力発電機があり、南大隅の新観光スポット）／さたでいランド（レストランやキャンプ施設もある休養地）☎0994(26)0800／佐多旧薬園（国指定の史跡で薩摩藩の薬園跡）
- 宿泊＝花瀬でんしろう館☎0994(25)3838／さたでいランド（バンガロー）☎0994(26)0800

　木場岳は大隅半島南部にあり、東の稲尾岳とともに、西日本最大級の照葉樹の森として平成9年に「自然環境保全地域」として指定された。

　750m以上の植生を見ると、イスノキ、アカガシなどが高木層を形成し、亜高木層としてユズリハ、サザンカなどがある。850mになるとイスノキ、アカガシなどにモミが混在して、自然のままの植生としては、森林形態が完成した姿をなした極相林といわれている。

　この付近の大木には、ランの仲間であるセッコクが着生しているのを見ることもできる。山頂付近にはシキミ、ヤブツバキ、アセビ、リョウブなどが混在する風衝低木林である。

　垂水から国道269号を南下、錦江町から国道448号に移り、錦江町田代から県道68号を南下すると、南大隅町との町境近くに**大鹿倉林道**がある。林道を東に2.8km入ると**登山口**に着くが、林道は少々荒れており、車高の低い車は注意しながらの運転となる。

　登山道には、登山口と山頂間の距離を書いた道標と、1番から山頂の80番までの木柱が登山道に立ててある。よい目印になるだけでなく、照葉樹林の中で自然観察をしながら、自然環境保全について学べる「照葉樹林の森」となっており、学びながら登山を楽しめる山である。

　登山口には、「照葉樹林の森」の大きな案内板で保全地域の詳細が示されている。木場岳には山頂まで3つの沢があり、サンショウウオが棲息し、山ワサビも生育

上＝木場岳登山口
下＝大木とシダ類に覆われた登山道

している綺麗な水が得られて，水には不自由しない。ここから山頂往復のコースを案内する。

登山口からの緩やかな稜線には，タブやカシなどの大きな照葉樹が続く。登山口から20分で荒れた**作業道**と出合う。登山口から山頂までは，水平距離で2000mとなっている。

中間点を過ぎて山頂まで500mの道標周辺には**アカガシの巨木群**がある。最後の沢の木柱番号54番に「**川の源**」と書かれた看板がある。ここから山頂に向けては急坂で，ロープが張られ6カ所の階段が作られている。山頂近くは傾斜が緩くなり，ヒメシャラやミツバツツジが見られ，「携帯通話可能」の看板がある。

木場岳山頂は樹木に覆われて展望はないが，南東側に少し回り込むと，花崗岩の**自然石展望台**になっている。東に稲尾岳に続く照葉樹林の森と海岸線。南西には佐多方面や種子島も見ることができる。

［園田］

辻岳から見た木場岳（中央）

「川の源」と説明の看板

▷タイム：登山口▶30▶中間点▶25▶川の源▶15▶木場岳▶50▶登山口

85 辻岳・野首嶽

1 ☆行程50分＝1.8km／2 ☆行程35分＝1.3km

773.0m
897.3m

地元民にも親しまれている九州自然歩道を歩く

▶25000図＝大根占・辺塚
▶問合せ＝南大隅町商工観光課☎0994(24)3111
▶寄道＝道の駅根占☎0994(24)5113／パノラマパーク西原台（展望台）／南大隅ウインドファーム（西日本最大級の風力発電所）／県立花瀬自然公園
▶宿泊＝ねじめ温泉ネッピー館☎0994(24)5300／花瀬公園バンガロー村☎0994(25)3838／さたでいランド☎0994(26)0800／神川キャンプ場☎0994(22)0511
▶別ルート＝1 辻岳南登山口から山頂まで30分／2 野首嶽南登山口から山頂まで90分

辻岳と野首岳は大隅半島の先端の山で、山裾は林道根占中央線の舗装道路で結ばれ、車で10分の近さである。初夏にはサタツツジが咲き、日帰りの登山コースとして最適な山で、両山とも九州自然歩道になっている。ここでは両山をまとめて紹介する。

1 辻岳

辻岳は根占富士とも呼ばれる美しい山容の山である。山頂には東・南・北の三方向から登れるが、ここでは樹林帯の中を通る北登山口からのルートを紹介する。

垂水市から錦江湾沿いに南下し、南大隅町川南から県道563号で出口集落に入る。ここから南の栗之脇集落に着くと、九州自然歩道と合流する。ここから先は自然歩道の道標が案内してくれる。大久保集落から南へ行くと、**林道根占中央線**と合流する。合流点から300m南が**辻岳北登山口**である。

登山口には「山頂まで900m」と書かれた看板がある。そこから鬱蒼とした照葉樹林帯を登る。山頂まで200m地点には大きなヤマザクラもある。樹林帯を抜けるといきなり視界が開ける。

辻岳山頂は草地に巨岩がドッシリと鎮座し、岩の間には馬頭観音が祀られている。山頂からは360度の展望が得られ、南に野首嶽、西には錦江湾を挟んで開聞岳をはじめ北に桜島や高隈の山々、東は稲尾岳と木場岳を含めた大隅の照葉樹の森が見える。

タカやサシバの渡り観測点やサタツツ

上＝眺望の良い辻岳山頂
左＝川南から見た辻岳

196

左＝辻岳・野首嶽に自生するサタツツジ／右＝さたでいランドから見た野首嶽と風力発電所群

▷タイム： 1 辻岳北登山口▶30▶辻岳▶20▶辻岳北登山口／ 2 野首嶽北登山口▶20▶野首嶽▶15▶野首嶽北登山口

ジの名所としても知られている。地元の人に親しまれハイキングや遠足の地にもなっており、小・中学校の登山記念柱が立てられている。下山は往路を引き返す。

2 野首嶽

　辻岳の北登山口から林道根占中央線を南へ約5.5km（車で10分）の**野首嶽北登山口**に向かう。この区間はスカイラインで、大隅の山々の景観が素晴らしい。また、林道の両側は秋になるとススキで覆われ、見事なエビ色に染まる。

　北登山口からの登山道は照葉樹林の中の緩やかな上りで、山頂までハイキングコースである。登り詰めた稜線を東へ50m行くと、一等三角点の**野首嶽**山頂である。山頂にはヤマボウシが多く見られる。展望はあまりないが、南に風力発電所群と南東に大隅の山々が望める。往路を引き返した後、野尻野から、国道269号の登尾小学校脇を通り帰途につく。

［園田］

86 屋久島縦走

☆☆☆行程17時間＝30.2km

黒味岳1831.0m
宮之浦岳1935.0m
永田岳1886.0m

洋上アルプスの山々と個性的な屋久杉を満喫する

▶25000図＝永田・宮之浦岳・尾之間・栗生
▶問合せ＝屋久島町商工観光課☎0997(43)5900／屋久島観光協会☎0997(49)4010／屋久島観光協会・安房案内所☎0997(46)2333
▶寄道＝屋久島町立屋久杉自然館（9〜17時、毎月第1火曜日休館、入場料600円）☎0997(46)3113／屋久島世界遺産センター（9〜17時、12〜2月の毎週土曜日休館、入場料無料）☎0997(46)2992／屋久島環境文化村センター（9〜17時、月曜日休館、入場料500円）☎0997(42)2900
▶注意＝冬期は積雪により通行止めの場合あり。路線バスは12月1日〜2月末日まで運休／荒川登山口へはシャトルバスまたはタクシーを利用する／黒味岳からの下りは足場が悪く、道から外れないように注意／ヤクザサ帯では登山道が浸食されて深い溝になっている所があり要注意

このコースは，世界自然遺産に登録された素晴らしい自然を体感できる。1泊2日でも縦走できるが，山中2泊3日で宮之浦岳，黒味岳往復とシャクナゲの多い永田岳を経て鹿之沢往復を歩き，個性的なスギの多い大株歩道を歩くコースを紹介する。

このコースの各登山口と山小屋，大株歩道入口，小杉谷山荘跡にトイレがあるが，最近登山者が増えて，屎尿問題が大きな課題となっている。解決策の1つとして携帯トイレの使用をお願いしている。このコースの携帯トイレブースは，淀川小屋，花之江河，翁岳直下，鹿之沢小屋，新高塚小屋，高塚小屋，大王杉に設置されている。また，回収ボックスは淀川登山口と荒川登山口のトイレに設置してあるので，ぜひ協力をお願いしたい。

■第1日　淀川登山口ー鹿之沢

第1日目は長丁場なので，早朝に出発する。安房から車で，屋久島公園安房線から安房林道に入り，淀川登山口には70分で着く。ここは尾之間歩道との合流点でもある。

淀川登山口から，大きなモミ，ツガ，ヤマグルマ，ヤクスギなどに覆われた道を上り下りしながら淀川小屋に着く。水場もあるので，ここで休憩しよう（また，前日にこの小屋に泊まり，翌日ここを出発する方法もある）。

休憩後淀川を渡ると，木の根っこの急坂が始まる。一旦鞍部に出るが，再び急坂が続き痩せ尾根に出る。ジグザグの急坂を登るとサクラツツジやシャクナゲなどの灌木が多くなり，高盤岳展望台に着く。西側に展望が開け，どの山頂にも屋

淀川の清流

198

高層湿原の花之江河

小花之江河から高盤岳を望む

久島特有の大きな花崗岩が見える。

　また，登山道に戻って急坂を登ったピークの右にもビューポイントがある。ここは東側の展望が開け，黒味岳，投石岳，石塚山が見え，眼下には原生林を見下ろせる。登山道に戻って坂を下ると，高層湿原の小花之江河(こはなのえごう)に到着する。湿原の中に木道が敷かれ，周りはシャクナゲ，ハイビャクシン，枯存木(こそんぼく)のヤクスギに囲まれ，日本庭園を思わせる。さらに小尾根

投石平から黒味岳を望む

を越えると花之江河に到着する。黒味岳を背景に、小花之江河より一回り広い高層湿原で、真ん中には祠が祀られている。またここは登山道の要衝でもあり、左は栗生歩道と湯泊歩道、右は尾之間歩道と安房歩道の分岐点になっている。縦走路は右へ行き、安房歩道と分かれて左へ登山道を登り、小屋根を越えると黒味分かれに着く。ここにメインザックを置いて黒味岳まで往復するが、登山に必要な携行品は持参すること。灌木帯を登り岩場を越えると、黒味岳の大岩が見えてくる。尾根に沿って登り、岩を左に回り込んで黒味岳山頂の大岩に立つ。永田岳と宮之浦岳を同時に眺めるにはここが一番いい。さらに、栗生岳、翁岳、安房岳、投石岳と続く。また、南にはジンネム高盤岳、烏帽子岳、七五岳の岩峰、そして栗生の

海岸も見える。素晴らしい景観を楽しんだら黒味分かれへ下る。再び縦走路に戻り、黒味岳の裾を巻いて沢を渡って黒滝の左を登ると投石平に着く。

投石岩屋の右を通り、シャクナゲの多い急坂を登り投石岳の裾に出ると、森林限界に入りヤクザサが現れる。投石岳の裾を上り下りしながら進み遭難碑を過ぎ尾根を越えると、小楊子川流域から安房川流域に変わり、この辺は分水嶺になっている。安房岳の裾に来ると、水辺にコイワカガミなどが生え休憩に良い場所だ。ここから最後の水場を通過し翁岳鞍部に出ると巨大な岩峰の翁岳は間近だ。ここからヤクザサの中の急坂を登り、栗生岳の大岩の基部に着く。さらに急坂を登ると、九州の最高峰である宮之浦岳の山頂に着く。ここからの眺望は素晴らしく、遮るものは何もない。永田岳は目の前にあり、他に奥岳はもちろんのこと、前岳の向こうには太平洋が広がり、天候次第では開聞岳や桜島まで遠望できる。あらためて、ここが島であることを実感できるだろう。

山頂から祠のある大岩の基部を経てヤクザサの中を下り焼野三叉路に着く。右

左＝栗生岳から翁岳と安房岳を望む
下＝九州最高峰の宮之浦岳を目指して

は宮之浦歩道だが，左折して永田岳に向かう。一面のヤクザサ帯にはシャクナゲやアセビの低木しかない。永田鞍部の水場を通過して，急坂をジグザグに登ると大岩の下に到着。祠の横から岩を登ると**永田岳**の山頂だ。西側は絶壁で，永田川が真下に見え永田浜へ注いでいる。東シナ海には永良部島が浮かぶ。北にはネマチから障子岳の岩峰が並ぶ。振り返ると，宮之浦岳や黒味岳，その向こうにはジンネム高盤岳，七五岳などを望むことができる。また，午後は永田川から吹き上げる気流でよく霧がかかり，西日を背にブロッケン現象が見えることがある。

宮之浦岳から永田岳・口永良部島を望む

再び登山道に戻り，山頂の肩から西に向かって登山道を下る。**前野**に着くと巨大な岩峰が右手に見える。これが**ローソク岩**だ。ここからの西日に当たるローソク岩の景観は素晴らしく，特に6月のシャクナゲの開花時期は抜群だ。このローソク岩は，**本富岳**，七五岳とともによく知られている。景観を楽しんだら，花崗岩をロープ伝いに左へ下る。

シャクナゲの群落を抜けると，石造りの小屋が見え**鹿之沢**に着く。ここは大川の源流で幾筋もの清流が流れ，鹿が多く，シャクナゲや枯存木のヤクスギに囲まれ，花之江河とは異なる景観の高層湿原の日本庭園である。鹿之沢の名称は柿木司元営林署員がこの景観に感動して命名された。また，作家深田久弥の案内もされたという。

シャクナゲの咲く前野からローソク岩を望む

沢に沿って西の道は永田歩道で，七ツ渡を経て永田へ下る。永田の人たちは岳参りにこの歩道を使う。沢を越えて南の尾根に登る道は花山歩道で，花山を経て栗生へ下る。この2つの歩道は難コースのため登山者は少ない。それだけに静かな山旅ができる。トイレは小屋から離れているので，夜に迷わないよう昼間に確認しておこう。夜は鹿の鳴き声を聞きながらゆっくり休もう。

花崗岩の丸い大きな坊主岩

▷タイム：淀川登山口▶40▶淀川小屋▶60▶高盤岳展望台▶30▶花之江河▶20▶黒味分かれ▶25▶黒味岳▶20▶黒味分かれ▶30▶投石平▶30▶遭難碑▶40▶翁岳鞍部▶45▶宮之浦岳▶20▶焼野三叉路▶50▶永田岳▶40▶鹿之沢（計7時間30分／11.7km）

■第2日　鹿之沢－新高塚小屋

　朝は鹿之沢のせせらぎの音で目を覚ます。永田岳まで登り**焼野三叉路**まで引き返す。宮之浦岳と永田岳に囲まれた焼野周辺はヤクザサ帯で，その中にシャクナゲが点在している。開花時期には辺りを一斉に彩り，花は蕾が赤で咲くと桃色になり，次第に白に変化していく。これが山裾から次々と山頂に展開していく。

　焼野三叉路から左折して**宮之浦歩道**に入る。永田岳を左に見ながら下り，鞍部から緩い坂を登ると**平石**（ひらいし）の山頂に着く。岩の上から，宮之浦岳，永田岳や石塚山などが見えるので景観を楽しもう。下りは岩場を慎重に下り，中程から左に曲がり樹林帯に入る。背丈を超えるシャクナゲの群落の中を通り，緩やかなピークを越えると宮之浦川上流の斜面に出る。前には花崗岩の丸い大きな**坊主岩**（ぼうずいわ）が現れ，

　後方には永田岳周辺がよく見える。風雪にさらされ矮小した枯存木のヤクスギやシャクナゲの群落があり，開花時期には素晴らしい景観を呈してくれる。尾根を右に越えるとまもなく**第2展望台**に到着する。ここから宮之浦岳，翁岳や石塚山などがよく見え，休憩場所にはもってこいだ。景観を楽しんだら，登山道に戻り足場の悪い坂を下る。尾根伝いに上り下りを繰り返して，大きな岩の間を登ると**第1展望台**に着く。ここからの眺望も良い。緩い坂を下ると樹木がだんだん高くなり，ヤクスギの切り株もこの辺りから見られる。

　高塚山の手前の広い鞍部に着くと**新高塚小屋**だ。テント場は小屋前のウッドデッキである。トイレは登山道の北側にあるので，夜に迷わないよう昼間に確認しておこう。また，鹿が残飯をねだりに来るが，餌はやらない方がいい。小屋は収容人員約40人と屋久島では大きな方だが，登山シーズン中は登山者が満杯になることがある。体力のある人は，テントを持参するか，高塚小屋まで約1時間足を延ばす方法もある。

ヤクスギ最大の縄文杉

上＝仲睦まじい夫婦杉／右＝ウィルソン株

▷タイム：鹿之沢▶50▶永田岳▶50▶焼野三叉路▶30▶平石▶25▶坊主岩▶5▶第2展望台▶30▶第1展望台▶20▶新高塚小屋（計3時間30分／6.0km）

■第3日　新高塚小屋－荒川登山口

　新高塚小屋を出発し，緩やかな坂を登り小高塚岳山頂の南側を下ると，大きなシャクナゲが目立ってくる。丸山を越えると，ヤクスギ，ヤマグルマ，ヒメシャラなどの大木が多くなり，高塚小屋に着く。ここから大株歩道に入り，右折して尾根を下り東屋を通過すると，推定樹齢約7200年の縄文杉が現れる。展望デッキで休憩し，しばらく観賞しよう。下り専用の階段を下りると水場がある。大きなヤマグルマの根をくぐって幾筋もの沢を渡り下っていくと，世界自然遺産の看板に出合う。その右手に，2本のヤクスギが仲良く手を取り合っているようなH状の夫婦杉がある。少し下ると左手に大王杉が現れる。しばらくして急坂に敷かれた階段を下ると，アメリカの植物学者ウィルソンの名が付けられたウィルソン株が現れる。切り株の空洞には祠があり水も流れている。株の周辺は広く，休憩によい場所だ。すぐ近くの翁杉（倒木）の横を通り，沢の音を聞きながら急坂を下

ると軌道に出る。ここが大株歩道入口で，橋を渡るとトイレがある。ここで休憩をしよう。ここから，安房川に沿って敷設

ウィルソン株の中からハート形の外を見上げる

された軌道を延々と歩く。昔はランダムに敷かれた枕木の上を歩きリズムを崩したが，皇太子が登山される計画（雲仙普賢岳噴火で中止）があり，板が敷かれてから歩きやすくなった。乱川の橋を渡った所の三代杉には水場がある。小杉谷山荘跡にはトイレがあり，休憩場所によい。白谷雲水峡への楠川分かれを過ぎて，小杉谷小・中学校跡に着く。ここは小杉谷事業所跡でもある。

　小杉谷橋を渡り安房川を左に見ながら歩き，トンネルを抜けると荒川登山口に着く。シャトルバスまたは予約したタクシーで安房に下る。

▷タイム：新高塚小屋▶60▶高塚小屋▶10▶縄文杉▶45▶大王杉▶50▶ウィルソン株▶25▶大株歩道入口▶70▶三代杉▶10▶楠川分かれ▶30▶小杉谷小・中学校跡▶60▶荒川登山口（計6時間／12.5km）　　[日高]

87 白谷雲水峡−太鼓岩

☆☆行程4時間＝6.8km
610.0m
1070.0m

躍動する渓谷，苔むした原生林，そして奥岳の絶景

▶25000図＝宮之浦岳
▶問合せ＝屋久島町商工観光課☎0997(43)5900／屋久島観光案内所・宮之浦☎0997(42)1019
▶寄道＝屋久島環境文化村センター（9〜17時，月曜日休館，入場料500円）☎0997(42)2900／志戸子ガジュマル園（志戸子バス停より徒歩5分）／楠川温泉（9〜20時，無休，入場料300円）☎0997(42)1166
▶注意＝冬期は積雪により通行止めの場合あり。路線バスは12月1日〜2月末日まで運休。シーズンは混雑。朝食は弁当にして早朝に出発。楠川歩道の徒渉点，原生林歩道のびびんこ杉と三本足杉間の徒渉点は増水時は危険。植物を守るため登山道のロープから出ないようにしよう

　宮之浦港から車で県道77号に入って宮之浦大橋を渡り，宮浦小学校前の信号から右折し，県道594号（白谷雲水峡宮之浦線）に入る。30分で**白谷雲水峡の駐車場**に着く。トイレや携帯トイレ回収ボックスもあり，車道脇には「延命水」という飲み水がある。3月下旬から4月上旬はヤマザクラ，サクラツツジが見頃で，5月末には渓谷に沿ってサツキが咲く。

　白谷雲水峡にはいくつかのコースがあるが，太鼓岩コースはこれらのコースが含まれ，太鼓岩から宮之浦岳などの奥岳が展望できるので，このコースを紹介しよう。

　管理棟で協力金300円を収めて**登山口**に入る。白たえの滝の横に架けられた木道を通り，憩いの大岩に出る。**飛流橋**を過ぎると飛龍おとしが豪快な水しぶきを上げる。白谷川に架かるさつき吊橋を渡り急坂を登ると**楠川歩道**に出る。この歩道は江戸時代に花崗岩で造られた登山道で岳参りの参道や屋久杉の搬出に使われた道であるが，今でも立派な道である。徒渉点を渡ると，**原生林歩道の分岐点**に出る。ここから坂を登りくぐり杉を通過すると**白谷小屋**入口に到着する。白谷小屋にはトイレ，携帯トイレブースや水場もあるので休憩しよう。

　再び楠川歩道に戻り**七本杉**を過ぎて沢を渡ると，ヤクスギやヤマグルマで空は

左＝飛龍おとし／下＝苔むす森

覆われ、樹木や岩は苔むして緑の世界が広がる。ここが**苔むす森**だ。この景観を楽しみながら歩くと、まもなく道標とベンチのある**辻峠** 979mに到着する。この峠を下っていくと、荒川登山口から大株歩道への軌道に出る。また、すぐ近くには**辻の岩屋**がある。時間があれば立ち寄ってみよう。

　太鼓岩へは左の尾根の急坂を登るが、登りと下りの2コースあるので道標に従って登ろう。稜線から右へ樹林帯を抜けると大きな花崗岩の**太鼓岩**に出る。目の前に繰り広げられるパノラマは、南の太忠岳から宮之浦岳を中心に奥岳までずらりと見える。また注意してよく見ると、平石の後ろに永田岳がわずかに見えるだろう。眼下には安房川が見える。春にはヤマザクラが小杉谷をピンクに染める景観は素晴らしい。

　太鼓岩からは下りコースを通り、辻峠を経てくぐり杉まで引き返す。すぐ下の分岐から**原生林歩道**に入る。2本の沢を渡り**奉行杉**から沢を経て、**三本槍杉**やびびんこ杉を通る。徒渉点を渡って、**三本足杉**、**二代大杉**を経てさつき吊橋に戻ってくる。ここから登山口はもうすぐだ。

[日高]

太鼓岩から奥岳（中央は宮之浦岳）を望む

▷タイム：白谷登山口（駐車場）▶10▶さつき吊橋▶40▶原生林歩道分岐▶10▶白谷小屋▶30▶辻峠▶10▶太鼓岩▶15▶辻峠▶25▶白谷小屋▶10▶原生林歩道分岐▶20▶奉行杉▶40▶三本足杉▶20▶さつき吊橋▶10▶白谷登山口（駐車場）

☆☆☆ 行程 6時間20分＝12.6km

88 愛子岳(あいこだけ)

1235.0m

ピラミッド形の岩峰で，植物の垂直分布を観察できる山

▶25000図＝宮之浦岳・安房(あんぼう)
▶問合せ＝屋久島町商工観光課☎0997(43)5900／屋久島観光案内所・宮之浦☎0997(42)1019
▶寄道＝屋久島環境文化村センター（9～17時，月曜日休館，入場料500円）☎0997(42)2900／志戸子(しとこ)ガジュマル園（志戸子バス停より徒歩5分，入場料200円）／楠川温泉（9～20時，無休，入場料300円）☎0997(42)1166
▶注意＝標高差が1000mを超えるので，早朝に出発しよう。標高980m付近に水場の案内板があるが必ず水を携行する。下りは急坂が続くので慎重に，特に雨の時は木の根は滑りやすい

錦江湾(きんこうわん)から太平洋に出て，開聞岳(かいもんだけ)が航跡の彼方に小さくなる頃，屋久島が姿を現し，前方左手にひときわ目立つ秀麗な山が見えてくる。また宮之浦岳山頂から北東を眺めると，種子島の手前にピラミッド形の山が見える。これが愛子岳だ。

この山は岳参りで昔から親しまれていたが，愛子様のご誕生以来さらに人気が出てきた。宮之浦港からは県道77号に入って小瀬田(こせだ)に向かう。また，安房港や屋久島空港からは県道77号を経て，**愛子岳登山道入口案内板**から山手に延びる**小瀬田林道**に入る。**山の神**を過ぎて植林帯を進むと，大きな案内板のある**愛子岳登山口170m**に到着する。車で宮之浦港から約30分，安房から25分かかる。

林道から尾根の右を巻くように登山道に入ると，まもなく**200m階層別植生図板**に到着。愛子岳では標高200mごとにこの図板が設置されており，登山者の目印にもなっている。この辺り一帯は大きなイスノキやイヌガシが見られる。鞍部に出て標高300m辺りからピークの左を巻いて尾根に出ると，樹間から尾根の向こうに愛子岳の岩峰が初めて顔を出す。休憩するには良い場所だ。

この辺から傾斜がきつくなってくる。まもなく，**400m階層別植生図板**に到着。イヌガシやサクラツツジが多くなってくる。急坂はさらに続き，木の根っこの尾根道を登る。**600m階層別植生図板**に到着。スタジイやヒメシャラが混じり出す。700m付近も木の根っこ急坂はまだ続く。**800m階層別植生図板**に到着。ヒメシャラが多くなり，サクラツツジも延々と続く。

850m付近から傾斜が緩やかになる。980m付近でコースが西に変わり，涸れ沢を渡ると**1000m階層別植生図板**に到着。ヤクスギ，ヤマグルマ，サクラツツジ，イヌガシ，ハイノキが見られる。緩やかな尾根の右を巻いて広い鞍部に出ると，

屋久島

女川の照葉樹林と愛子岳

206

下＝登山道に咲くサクラツツジ／右＝山頂直下の岩場から海岸線と種子島を望む

　再び愛子岳の巨大な岩峰がほんの目の前に見える。ここで休憩しよう。

　岩場の基部に着く。大きな岩を木の根やロープを伝って登る。灌木と岩場の連続。花崗岩の割れ目に堆積岩が見られるのは，この島が海から隆起したことを物語っている。1200ｍを通過して**愛子岳**山頂に到着。山頂には祠があり，アセビが多く4月には白い花をいっぱいつける。眺望は屋久島一と言っても過言ではない絶景だ。北東には空港，太平洋，種子島，南から西には宮之浦岳を中心に奥岳が，眼下には安房川，小杉谷や荒川ダムが見える。眺望を楽しんだら，下りは往路を引き返す。

[日高]

岩と灌木帯を登る

▷タイム：登山口▶50▶400ｍ階層別植生図板▶40▶600ｍ階層別植生図板▶40▶800ｍ階層別植生図板▶40▶1000ｍ階層別植生図板▶60▶愛子岳▶150▶登山口

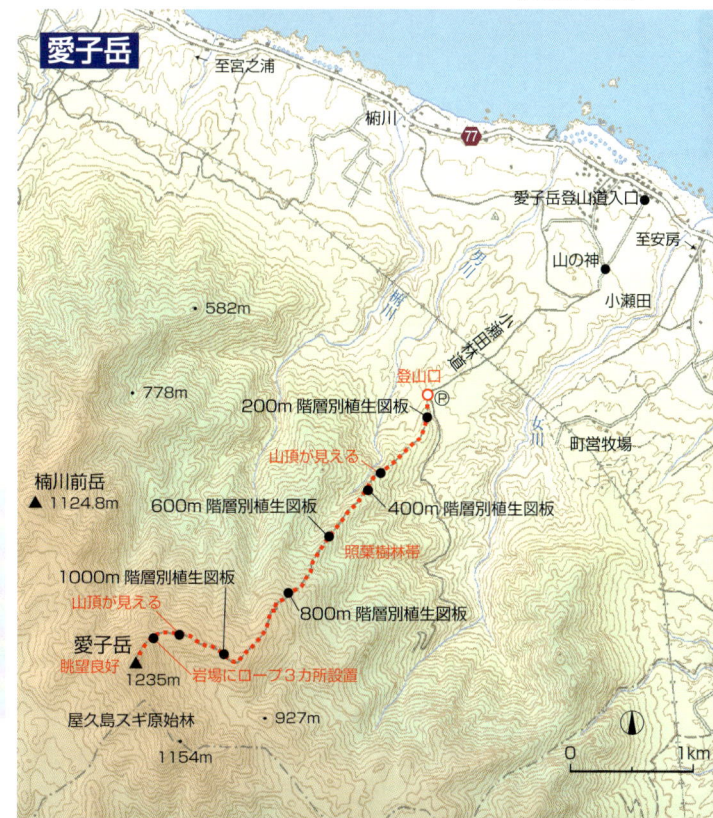

89 ヤクスギランド－太忠岳(たちゅうだけ)

☆☆行程5時間45分＝8.6km
1010.0m
1497.0m

天を突く大岩と屋久杉を観賞するコース

▶25000図＝宮之浦岳・尾之間
▶問合せ＝屋久島町商工観光課☎0997(43)5900／屋久島観光協会・安房案内所☎0997(46)2333
▶寄道＝屋久島町立屋久杉自然館（9〜17時、毎月第1火曜日休館、入場料600円）☎0997(46)3113／屋久島世界遺産センター（9〜17時、12〜2月の毎週土曜日休館、入場料無料）☎0997(46)2992／屋久島環境文化村センター（9〜17時、月曜日休館、入場料500円）☎0997(42)2900
▶宿泊＝屋久島青少年旅行村（4〜10月、入村料400円、テント200円、バンガロー1万2000円）☎0997(48)2871
▶注意＝冬期は積雪により通行止めの場合あり。路線バスは12月1日〜2月末日まで運休／天柱石の基部を一周すると北面に岳参りの祠があるが、しっかりした道ではないので慎重にかつ樹木を傷めないように歩いてほしい

県道77号の安房(あんぼう)から車で、屋久島公園安房線を経て安房林道に入り、**ヤクスギランド入口**に40分で着く。ここには駐車場と売店、トイレ、携帯トイレ回収ボックスを完備した休養施設「森泉(りんせん)」がある。また、公衆電話もある。

管理棟で協力金300円を払いヤクスギランドに入る。くぐりツガ、千年杉やヒメシャラを見ながら荒川歩道を歩いて、**荒川橋**から荒川の渓谷を楽しむ。**分岐点**から150分コースの**小花山歩道**(こはなやま)に入る。ここの屋久杉は真っ直ぐ伸びて花山歩道の景観と似ており、この名が付いたという。木の根の道を登っていくと屋久杉の**ひげ長老**と出合う。まもなく、屋久杉で造られた携帯トイレブースを過ぎると倒木の**蛇紋杉**(じゃもんすぎ)に着く。東屋もあるのでここで休憩しよう。

ここから、150分コースと別れて太忠岳登山道に入る。モミ、ツガ、ヤクスギ、ハリギリ、ヒメシャラの大木を見ながら木の根の登山道を登っていくと広い尾根に出る。道標に**天文の森**(てんもん)とある。これは江戸時代の天文年間に伐採された跡に育った森だという。このコースのほぼ中間点で、ベンチもあるので休憩しよう。

ここから下って小尾根をいくつか越えて主尾根に戻って登っていくと、左手にせせらぎが聞こえ**水場**に着く。疲れを癒すのに良い場所だ。

左＝ヤクスギランドから花折岳（左奥）と太忠岳（右奥）を望む／下＝天文の森を目指して登る

そそり立つ天柱石の東面を見上げる　　　　　花折岳から太忠岳と安房港（水中翼船入港）を望む

　急坂の尾根を登っていくと樹木の中に**大岩**が突然現れる。岩を右に巻き，西に向きを変えて露岩の基部を通過すると，傾斜も緩やかになり低木が増えて**石塚分かれ**に到着する。ここから尾根を東へ進み登山道の右手の露岩に登ると，太忠岳山頂の天柱石は目の前だ。後ろには花折岳と石塚山，南西にジンネム高盤岳が見える。

　再び登山道に戻り稜線を下ると天柱石の基部に着く。ロープを伝って広いテラスに登る。**太忠岳山頂の天柱石**には登れないが眺望は素晴らしい。北側に愛子岳や荒川ダム，東には安房の海岸が見える。

　下りは蛇紋杉まで引き返し，150分コースを経てヤクスギランド出口へと向かう。このコースは**天柱杉，仏陀杉，くぐり杉**など名前の付いたヤクスギの観賞や荒川の渓谷美を楽しめる。

[日高]

▷タイム：ヤクスギランド入口▶10▶荒川橋▶10▶分岐▶20▶ひげ長老▶10▶蛇紋杉▶30▶天文の森▶35▶水場▶30▶大岩▶25▶石塚分かれ▶20▶太忠岳▶100▶蛇紋杉▶15▶天柱橋▶25▶仏陀杉▶15▶ヤクスギランド出口

ヤクスギランド－太忠岳

90 千尋滝展望台−本富岳

☆☆☆行程5時間45分＝5.2km
270.0m
940.0m

巨大な岩壁を持つ山を一般ルートから登る

▶25000図＝尾之間
▶問合せ＝屋久島町商工観光課☎0997(43)5900／屋久島観光協会・安房案内所☎0997(46)2333
▶寄道＝屋久島町立屋久杉自然館（9〜17時，毎月第1火曜日休館，入場料600円）☎0997(46)3113／屋久島世界遺産センター（9〜17時，12〜2月の毎週土曜日休館，入場料無料）☎0997(46)2992／ぽん・たん館（土産屋）／トローキの滝
▶温泉＝尾之間温泉（入湯料200円）☎0997(47)2872／平内海中温泉（入湯料寸志）／湯泊温泉（入湯料寸志）
▶宿泊＝屋久島青少年旅行村（4〜10月，入村料400円，テント200円，バンガロー1万2000円）☎0997(48)2871
▶注意＝吊り尾根は岩登りの基本三点支持をしっかり守ること。難コースのため，下りも登りと同程度の時間を要するので早朝に出発する

尾之間の町から山手を見上げると，西から割石岳，耳岳と本富岳が見える。これらを「尾之間三山」と呼んでいる。また本富岳は永田岳のローソク岩，湯泊歩道の七五岳の岩壁とともによく知られ，ロッククライマーたちがこれらの岩壁に挑み，幾本かのルートが開拓された。ここでは，一般によく利用されるタナヨケ歩道からの登山ルートを紹介しよう。

安房から車で県道77号を尾之間へ向けて南下，麦生の「ぽん・たん館」を過ぎ，鯛ノ川の橋を渡ると，山手に**千尋滝入口案内板**がある。ここから山手に向かい，案内板に従って進むと**千尋滝展望台**の駐車場に35分で着く。ここには売店，水場やトイレもある。**本富岳登山口**は千尋滝展望台の手前にある。登山口から少し登り，小さな沢に出て花崗岩の川床をロープ伝いに渡る。千尋滝左岸の大きな岩壁を高巻きするため急勾配の登山道が延々と続き，**592mピーク**の尾根付近で勾配が緩やかになる。

尾根を乗り越して北斜面を斜めに下ると，水場のある沢に出る。この一帯の大きなヒメシャラは見事である。支尾根に向かって登ると，**万代杉**が尾根をまたぐように立っている。休憩に良い場所だ。

さらに北側の斜面を斜めに下ると水場のある苔のきれいな沢に出る。尾根を登る時は見えにくいが，坂の途中で登山道から奥まった所に**モッチョム太郎**という大きなヤクスギがある。幹の右側に黒く凹んだ所は江戸時代に試し切りをした跡だといわれている。尾根の急坂をさらに登っていくと傾斜が緩やかになり，**神山展望台**に着く。これまで眺

尾之間から耳岳（左端）・本富岳（右端）を望む

210

万代杉

本富岳から南の海岸線を展望する

本富岳登山口近くから千尋滝を望む

千尋滝展望台－本富岳

望はほとんどなかったが，本富岳の山頂は目の前，その向こうには原の集落や海岸線が見える。ここで一息入れよう。

　ここから南に尾根を下る。大木の根をくぐり，岩の基部を通り，ロープを伝って岩を登ると痩せ尾根に出て，岩と草付きの吊り尾根を上下しながら進む。岩壁の上を過ぎ，大きな岩場に取り付けられたロープを伝って登ると**本富岳**の山頂に出る。眼下には尾之間の町と太平洋に浮かぶ種子島まで見える。振り返ると今登ってきた吊り尾根と神山展望台，耳岳，割石岳が見える。岳参りの祠は山頂直下の岩の基部にある。

　下山は往路を登山口へ引き返す。登山口近くの展望台から**千尋滝**を見てみよう。　　［日高］

▷タイム：登山口▶65
▶万代杉▶30▶モッチョム太郎▶35▶神山展望台▶45▶本富岳▶170
▶登山口

211

☆☆☆行程8時間20分＝21.8km

91 七五岳・烏帽子岳
しちごだけ・えぼしだけ

1488.0m
1614.0m

奥岳や美しい海岸線，トカラの島々を展望できる山

▶25000図＝栗生
▶問合せ＝屋久島町商工観光課☎0997(43)5900／屋久島観光協会・安房案内所☎0997(46)2333
▶寄道＝屋久島町立屋久杉自然館（9～17時，毎月第1火曜日休館，入場料600円）☎0997(46)3113／屋久島世界遺産センター（9～17時，12～2月の毎週土曜日休館，入場料無料）☎0997(46)2992／大川の滝／千尋の滝
▶温泉＝尾之間温泉（入湯料200円）☎0997(47)2872／平内海中温泉（干潮の前後時間程度が入浴可。入湯料寸志）／湯泊温泉（入湯料寸志）
▶宿泊＝屋久島青少年旅行村（4～10月，入村料400円，テント200円，バンガロー1万2000円）☎0997(48)2871
▶注意＝時間がかかるので早朝出発し，体力に余裕がない場合は七五岳往復をカットする。湯泊林道は登山者が少ないため，登山道の木の根や岩にヌメリがあり，雨天時は滑りやすいので注意。水場がないので，必ず水を携行すること

　奥岳から南に延びる尾根の端に烏帽子岳と七五岳の岩峰が見える。また，中間の海岸から山手に七五岳の鋭い岩峰が見える。この山に登る湯泊歩道を紹介する。
　安房から車で県道77号の湯泊バス停の東側の消防車庫前を右折し，町道を経て**湯泊林道**に入ると，約4kmで**ゲート**（水道水源池の施設あり）に着く（安房から65分）。車はここまでしか入れない。路肩に4～5台分の駐車は可能であるが，通行の支障にならないように駐車すること。
　ここから登山口まで約6.5km歩く。春はサクラツツジ，秋はヤクシマオナガカエデの紅葉を楽しみながら歩けるが，夏場は日差しを直接受けるのでつらい。
　破沙岳を東に見ながら，湯川の支流をいくつも渡り，850mの尾根上の**登山口**に到着する。この尾根に付けられた**湯泊歩道**を登る。しばらくは展望の利かない森の中を歩くが，時々樹間から七五岳の岩壁や海岸線を垣間見ることができる。1200mを超えた辺りから急登になり苦しくなる。右手に大岩を見ると，もうすぐ**七五岳への分岐**に出る。
　この分岐を道標に従い左へ行き，テープを目印に尾根沿いに進むと岩場に出る。慎重に岩を登ると**七五岳**の山頂に立つ。

上＝烏帽子岳山頂から烏帽子岩と七五岳（右奥）を望む／左＝中間から見た七五岳

七五岳頂上から中間集落を望む　　平内付近から見た七五岳（左奥）と烏帽子岳（右奥）

北側へは，ほぼ垂直に大きく落ち込み，思わず腰が引ける。烏帽子岳からの尾根の行き止まりに位置する七五岳は，周りを遮るものはなく，海岸線やトカラの島々の眺望は素晴らしい。

分岐に戻り，花之江河方向にしばらく行くと，三能山舎跡・烏帽子岳への分岐に出る。この分岐を右に入り，烏帽子岳へ登る。しばらく尾根沿いの森の中を歩く感じだが，灌木帯になり次第に展望が利き始めると，まもなく行く手を阻むように烏帽子岳の岩が現れる。岩を回り込み烏帽子岳の頂上に出る。山頂の岩の下には，湯泊集落の岳参りの祠がある。

南西方向に七五岳を従え，東から南側に鈴岳，破沙岳に囲まれた湯川沿いの豊かな森や海岸線が美しい。北側に目を向けるとジンネム高盤岳の肩越しに宮之浦岳をはじめとする奥岳が一望できる。休憩後，登山口へ引き返す。

[日高]

▷タイム：湯泊林道ゲート▶100▶登山口▶115▶七五岳分岐▶35▶七五岳▶35▶七五岳分岐▶5▶三能山舎跡▶25▶烏帽子岳▶20▶三能山舎跡▶5▶七五岳分岐▶80▶登山口▶80▶湯泊林道ゲート

213

登山を始める前に

　山登りを始める動機は，みな様々だろう。自然を求めて野山を歩き始めたり，四季折々の花を愛でるため山登りを始める人も多い。また，アクティブな岩登りや冬山登山に憧れ，魅了される人も多くなってきた。近年は熟年の登山愛好家に加え，「山ガール」と呼ばれる若い女性の登山者も増えている。

　山登りを始めるに当たり第1に心がけておくべきことは，自然は人間に優しい面と厳しい面を持っているということだ。天気が良く気候に恵まれた山野は快適そのものだが，突然の悪天候に苦労するなどということは日常茶飯事である。時には思いがけないアクシデントが起こり，遭難ということにもなりかねない。そのようなアクシデントを乗り越えるための知識と技術は，野外活動時だけではなく，人生の様々な場面で役立つものである。

　登山に関する能力は経験と創意工夫から生まれ，回を増すごとにその能力は積み上げられていく。ただ，登山に関しては，その能力を過信することによって過ちを犯すこともある。

　登山を始める際には，自分の体力・能力とよく相談し，登る山や登山時期を選ばなければならない。「連れられて行く山登り」ではなく，「自分で考え，自分で計画し，自分で登る」という心構えが大切である。最初のうちはベテランに連れられての登山であろうが，その際にも，登山計画作成の場には参加しておきたい。その他，基本的な心構えを挙げる。

- 簡単な山であっても，充分に山を調べて計画書を作り，家族や友人には知らせておく。または記録を残す。
- ただ登るのではなく，楽しみながら，かつ登山技術の研鑽に努める。
- 関連図書などを読み，登山に関する知識を蓄積する。
- 近年GPSの活用が多くなってきたが，読図の技術は安全登山の基本であるので，日頃から地図に慣れ親しんでおく。
- 日帰り登山で必要な装備，宿泊を伴う登山で必要な装備を熟知し，使いこなしておく。また，装備の応用力を研究する。
- 出発前に装備の確認を念入りに行い，無駄なものは持っていかない。
- パッキング（荷造り）は，体力の消耗や歩行の安全性と密接に関係している。理想的なパッキングの仕方を日頃から勉強しておく。
- 服装は季節や高度に見合ったものを選ぶ。夏でも防寒対策が必要な場合があるので注意する。
- 携帯電話を頼りにしない。電池切れや電波エリアの関係で役に立たないこともある。
- 天候不順をはじめとするトラブルの際の対処方法を研究しておく。
- いざという時のエスケープ技術（レスキューロープワーク，読図，気象の知識）を習得しておく。　　［松本莞爾］

執筆者紹介

■熊本県

井藤憲幸（いとう・のりゆき）菊池市
九州の山を中心に登る。菊池山楽会主宰。日本山岳ガイド協会公認ガイド。中国大姑娘，キリマンジャロなどにも登る。

田北芳博（たきた・よしひろ）菊池郡菊陽町
主に熊本県の山を中心に九州の山，そして北アルプスなどへ登る。山の魅力を写真に撮る。熊本市役所写真クラブ会員，日本山岳会会員。

廣永峻一（ひろなが・しゅんいち）熊本市
高校時代，国体登山で北アルプスに登り，20代の10年間は信州で生活。九州に帰って40年，日本全国の山，特に五家荘を歩く。また，アコンカグア，キリマンジャロ，ネパールなどを歩く。高山植物の写真撮影を得意とし，新聞社のカレンダーに使われた。日本山岳会会員。

松本莞爾（まつもと・かんじ）合志市
35年間高校登山部の顧問を務め，全国の主な山に登る。チベット，カナダ，ニュージーランドのトレッキング，キリマンジャロなどの登山。元熊本県スキー連盟理事長，元全国高体連登山部副部長，日本山岳会会員，日赤救急員，文科省上級指導員。本書編集委員。

安場俊郎（やすば・としろう）熊本市
山とスキーを楽しみながら，日本の山を踏破。近年ネパール・アンナプルナ，キナバル，キリマンジャロなど海外登山を活発に行う。日本山岳会会員。熊本アルペンスキークラブ主宰。

■宮崎県

飯干治充（いいほし・はるみつ）高千穂町
居住地の特性を活かし大分・熊本・宮崎の山を登りまくる。ロングウォークとキャンプ好きで，週末は"家なき子"状態。植物・きのこ・地質・歴史をからめた山登りを実践。

下村真一（しもむら・しんいち）小林市
霧島山系の山・沢を中心に，年間を通じてオールラウンドに登山を行う。日本山岳協会上級指導員。

末廣文夫（すえひろ・ふみお）宮崎市
宮崎市周辺及び霧島や県北など，宮崎県内の山を中心に活動。熊本県阿蘇，大分県九重や四国にも足を延ばしている。登山というよりは山歩きが好み。ハイキングクラブやまぼうし所属。

久永博之（ひさなが・ひろゆき）宮崎市
霧島，大崩山系，九州脊梁山系と，九州の山の四季折々の花や風景を追っかけ楽しんでいる。北アルプス，南アルプス，国内各地の山，海外はネパール，チベットのカイラス山，チョモランマＢＣなど。日本山岳会会員。本書編集委員。

■鹿児島県

栗屋三郎（くりや・さぶろう）姶良市
登山歴52年。北海道から日本アルプス，屋久島まで全国各地。高体連登山部顧問ＯＢ。南日本新聞開発センター登山講座講師。霧島パークボランティア会員。県山岳連盟しゃくなげ会会員。本書編集委員。

園田康隆（そのだ・やすたか）鹿児島市
登山歴50年。元国体山岳競技監督。岩登り，沢登り。最近は県境202km，九州自然歩道鹿児島ルート570kmを踏破。高体連登山部顧問ＯＢ。南日本新聞開発センター登山講座講師。県山岳連盟しゃくなげ会会員。

永重　貢（ながしげ・みつぐ）鹿児島市
登山歴38年。若い頃は冬山（穂高，八ヶ岳），岩登り（穂高，阿蘇，屋久島），沢登り（大分，宮崎，鹿児島）。現在は県内の一般ルート登山。南日本新聞開発センター登山講座講師。県山岳連盟しゃくなげ会会員。

日高順一（ひだか・じゅんいち）屋久島町
登山歴47年，屋久島町役場山岳部員，山岳救助隊隊員を経て同隊隊長やボランティアガイドとして屋久島の山々を踏破。屋久島パークボランティア設立。屋久島ガイド，屋久島山岳遭難防止対策協議会顧問。

福吉　巧（ふくよし・たくみ）鹿児島市
登山歴57年，北海道から日本アルプス，屋久島まで。外国はネパール・トレッキング。最近は花を愛でながらの山行。南日本新聞開発センター登山講座講師。霧島パークボランティア会員。県山岳連盟しゃくなげ会会員。